日本国憲法を読む

臼井雅子 著

同友館

はしがき

本書は拙著『日本国憲法への招待（改訂版）』（同友館、2012年）をベースとして執筆したものである。

前著刊行後、新たな判例や学説も登場した。今回はそれらや前著で書き足りなかった部分を補って書いている。

前著は人権保障から説き起こしているが、個人にとって最も身近な身体（の自由）を出発点にし、次に精神活動の自由…というようにだんだん距離がある項目・内容を説き起こしてゆくという目次スタイルをとっていた。しかしこれを講義でテキストとして使っている間に、やはり総論に当たる基本は先に講じてゆかないと説明がしにくい（学生にとってもかえってわかりにくい）と反省せざるを得なくなった。そのため本書では、憲法の成り立ちや人権の成り立ち、日本国憲法の原則・立憲主義を最初にきちんと説明する、という本来の順序に組み替えることにした。そこで、書名も前著とは変更し、『日本国憲法を読む』と一新して公刊することになった。

本書の構成はそのため、三部構成とした。第1部が総論（第1～3章）、第2部が基本的人権（第4～13章）、第3部が統治機構（第14～20章）である。厳密にいうと第14章の平和主義・第15章に入れた国民主権・第20章大日本帝国憲法と日本国憲法制定は本来的には第1部の憲法総論として扱うテキストが多いのだが、講義での話の順序・流れを考慮してこの形にした。また、統治機構は国会から始めるのが通例であるが、このトップの平和主義をもってきていること、第16章の国会と財政は別章にするところを関連性が大きいと、前著同様ひとつの章にまとめている、という点で特徴的、というよりへそ曲がりを引き継いでいる。

日本国憲法の条文・大日本帝国憲法の条文も巻末に蛇腹で入れてもらっている。この点はささやかながら読者の便をはかっている。

本書が前著よりも少しでも読みやすく、大学生、とくに初学者の皆さんの学習教材として役に立つならこれ以上の喜びはないと思っている。

最後になったが、まず、亡き恩師・大須賀明先生に2冊めの本を出せたことを報告申し上げたい。不肖・不徳の弟子を最後まで見捨てずご指導くださったことに今更ながらありがとうございました、と申し上げたい。この本をお目にかけることができなかったことを残念に思う。

そして出版事情が厳しい折に機会を与えてくださった同友館代表取締役の脇坂康弘氏に感謝申し上げたい。また、本来もっと早く出版するところがかなり遅れてしまった、遅筆の著者を辛抱強く待ち、煩雑な原稿を整理し編集の労をとってくださっている出版部次長の佐藤文彦氏に改めてお詫びし深く感謝する次第である。

2021年7月26日

臼井　雅子

目　次

第2部　基本的人権

第3部　統治機構

第1部

総　論

第1章

憲法の成り立ちと人権の種類

1. 憲法の成り立ちについて

今のような憲法は、ヨーロッパの近世～近代の時代に成立した。それに寄与したのは自然法思想家たちである。その中でも有名なのがホッブス、ロック、モンテスキュー、ルソーなどである。

中世から近世にかけて、国といえばほとんどが王国であり国王が統治者として支配していた。国王の力が強くなり、国家権力＝国王権力となった。そして絶対王政といわれる時代には、国王は気に入らない家来を牢屋に放り込んだり首をはねたり、屋敷や財産を没収したり好き放題（恣意的）に権力をふるうようにもなったのである。そうした国王は、自分の権力は神から与えられた（王権神授説）と主張したのだった。それに反発して、国王といえども国家権力といえども従わなければならない普遍的な法があると考える人々が現れた。そのような普遍的な法を「自然法」と称したのである。そして身分を問わず人間ならば誰しも生まれながらにもつ「自然権」というものがあると主張した。自然権が発展して今の基本的人権になったのだった。国王も自然法に従い自然権を尊重しなければならないと、自然法思想家たちは考えた。国家の成立についても、人々が安心安全に生活できるようそれぞれがもつ力や武器等を結集し、国家をつくって力をそれに委ねたものなのだ、という考え方ができた。それが社会契約説と呼ばれるものである。自然法と個人が有する自然権が先にあり、個人が集まって後から国家をつくった。歴史上はそんな事実はないので社会契約説はフィクションであるが、そう説明することによって、国の統治者や国王が恣意的に力を振るうことを抑えようとしたのである。

歴史上の事実としては、イギリスやフランスでは革命を起こし、アメリカはイギリスの国家権力に対抗して自ら独立を果たすという形で古い国家権力や国王を倒した。同時にそれぞれの国では「憲法」を制定し、国の統治の仕組みをルール化した。

その第1の目的は、国家権力（誰が統治者であっても）を、強大になりすぎず抑制されたものにすることだった。そのために、国家権力が集中しないよう分立させること（権力分立・三権分立）や、個人の基本的人権を国家が保障すること、そして統治者をその国の民（国民・人民）にすること（国民主権）といった基本原則を定めた。そして国家もしくは国家権力（またはそれを委託された者）は憲法に必ず従わなければならないことになっている。これを立憲主義と呼ぶ。国家権力や権力が行なった行為が憲法に違反してはならないとされているのである。そうでなければ憲法をつくった意味がなくなってしまうからである。さらに国民主権・権力分立と、人権保障が（近代市民）憲法の三原則と呼ばれるようになっている。このような原則をもった憲法を遵守し従わなければならない義務を負っているのは国家や国家権力（やそれを委託された者）の方である。国民が憲法の定める条文に直接従わなければならない義務を負っているわけではないことに注意をしてほしい（時々国民が憲法に従う義務があると間違ったことをいう人がいるからである）。また、国家権力の担い手は、その権力を国民から委託された者としてある意味公僕であると考えられている。その典型例が、アメリカ合衆国憲法に少し先立って制定された、バージニア州憲法の元になったバージニア権利章典である。とくにその第2条がそのような内容になっている。

〔参考：バージニア権利章典の抜粋〕

第1条　全ての人は生まれながらにして等しく自由で独立しており、一定の生来の権利を有している。それらの権利は、人々が社会のある状態に加わったときに、いかなる盟約によっても、人々の子孫に与えないでおいたり、彼らから奪うことはできない。すなわち、財産を獲得して所有し、幸福と安全を追求し獲得する手段と共に生命と自由を享受する権利である。

第２条　あらゆる権力は人民に与えられそれ故に人民から得られる。行政官は人民の被信託者であり僕であって、常に人民に従うものである。
第３条　政府は人民、国家あるいは社会の共通の利益、保護および安全のために制度化されるものであり、あるいはされるべきである。さまざまな様式や形態の政府の中でも、最大限の幸福と安全を生み出すことができ、悪政の危険に対して最も効果的に防御されているのが最善である。いかなる政府もこれらの目的について不適切であるとか反していると認められたときには、公共の福祉に最も資すると判断される方法で、政府を改革し、置き換え、あるいは廃止する疑いも無く、不可分で剥奪できない権利を社会の多数派がもっている。
第4条　いかなる人も、あるいは人の集団も、公的な務めと考えられるものを除いて、社会から排他的あるいは別の報酬あるいは特権を付与されることはない。その公的な務めは子孫に伝えられるものではなく、行政官、議員あるいは判事の職は世襲されてはならない。

このように憲法はまず国や国の権力を担う者が従わなければならないものである。つまり、憲法は国家や国家権力、その権力を直接担う者（政治家や官僚・裁判官や公務員など）を縛る（拘束する）ものである、ということをまず頭に入れてほしい。そして、国や国家権力は、憲法に縛られかつ憲法に従って国民のために政治という仕事を行なわなければならないことになっている。

2. 人権保障の成り立ち

自然法思想によると、自然法というのはただ法というよりも自然法則のようなものであった。

その法則の一環として、人は自然権（natural right）を生まれながらにもつとされた。それがのちに「人権（human right）」となってゆく。およそ人であれば人権が保障されるのは当然であり、それは不可侵で、誰にも奪うことも譲り渡すこともできないものであった。

国家（権力）もまた、自然法則には従わなければならない。したがって自然権に由来する人権を国家（権力）が絶対に保障しなければならないものとされている。国家もまた個人の人権を侵害しても奪ってもならない、これが人権というものである。法学の世界では人権を保障することが、個人個人を尊重すること、個人の尊厳を守ることであるということになる。

ジョン・ロックによれば個人にとって最も身近で重要なもの（property）とは、「生命・自由・財産」を意味した。近代市民革命より少し前の時代、絶対王政の時代には国王によってこの3つが脅かされる状況に置かれた人々がいたことを考えると、非常にこれは重い意味をもっていたといえる。現在に置き換えても、生命は生存権等の社会権に、自由はさまざまな自由権、そして財産も保有する自由と考えると自由権に含まれるが、人が生活するための必要な経済的な基盤と考えれば通じるものがあると考えられる。

現在ではもちろん、人権にはさまざまな種別および内容のものがあり、ほとんどは憲法の人権規定によって保障されている。しかし後述することになるが、憲法ができてから後になって、社会状況の変化によって新たに人権として保障されるべきである、とされる権利や利益が認識され、その一部は人権として認められてきている（プライバシーの権利など）。

3. 基本的人権の種類

基本的人権は、現在だいたい4つの類型に区分されている。プラス、包括的人権と呼ばれる法の下の平等や、幸福追求権に含まれる主として人格的な権利が加わる。

(1) 自由権

これが最も種類が多いのは、人権（ことにその前身の自然権）が国家権力からの抑圧からの解放（国家権力からの自由）を求めて主張されるようになったからでもある。数が多いために、さらに種類別されている。

①　心の自由（精神活動の自由）：思想・良心の自由（内心の自由ともいう）、表現の自由、信教の自由、学問の自由

② 身体の自由　これに、適正手続の保障や、被疑者（犯罪の容疑者）や被告人（刑事裁判の被告）に対する権利保障が加わる。

③ お金や財産の自由（経済活動の自由）：職業選択の自由、財産権

本来的な人権というと、こうした自由権と平等とをさす。これらは、自然法思想でいう社会契約によって国家を成立させる以前から、人には保持されていたと考えられているからである。つまり国家が存在しているかどうかにかかわらず、人ならば必ず保持し保障されるべき人権だということになる。

これ以外の類型の基本的人権は、国家の存在をむしろ前提としたり国家権力の手によって保障される、といった性質をもっている。

(2) 受益権

国家が制度を設けることによって個人が利益を受けたり、国家によって侵害行為があった場合にその救済を受けることができる権利である。

前者の例は、裁判を受ける権利である。これは裁判制度や裁判官養成制度を国家がつくることにより、トラブルが生じた場合個人が公平な裁判を受けることができるようになる、という性格をもっている。

後者は、国家賠償請求権や刑事補償請求権である。国家賠償は、国に対し損害賠償を請求する権利である。不法行為といって個人が国家の行為で権利侵害を受けたり損害をこうむったりした場合に、こうした請求をすることができる権利である。刑事補償請求権は、犯罪の容疑をかけられて刑事裁判にかけられたが無罪判決となった場合、取り調べや裁判によって仕事ができなかったり生活に支障が出てしまったりしたことへの国からの補償を受けられる、という権利である。

(3) 参政権

文字どおり、国の政治に参加する権利である。国民主権の原則を基本的人権の形で保障するものともいえる。参政権と書かれた条文は日本国憲法のなかに

はないが、該当する条文は第 15 条であるとされる。細かい内容は、選挙権、被選挙権、国民投票権、公務員になる権利などであるとされる。

ここまでと法の下の平等が、近代市民憲法が 17〜18 世紀に成立した頃に基本的人権であると認識されていたものである。

⑷　社会権

20 世紀以降には、さらにもうひとつの類型が加わる。

これが社会権であるが、元々自由権とされていた一部の人権が、特に貧しい人々にとっては自由権として実質的に保障されなくなってしまった、という社会情勢の変化に伴って生まれたものである。現在は生存権、勤労権と労働基本権、教育を受ける権利が社会権であると認識されている。それぞれ、元は生きる（生活する）自由、労働して金をもらい生活する自由、自分が受けたい教育を受ける自由、であった。自由権のままでは十分な保障がされない人々がたくさん出てきたため、国家が政策的にこれらの権利を人権として積極的に保障するようになった。社会政策とも関連しているため社会権と呼ばれることになった。

さらに、「新しい人権」（日本国憲法制定時に認識されず、条文で明示されて保障されていないから）と呼ばれるプライバシーの権利などが基本的人権として認められるようになった。人権として保障するからには、憲法の中に条文としての根拠がなければならない。そのため、「幸福追求に対する権利」（憲法第 13 条）の内容である、と解釈されている。

今後も新たな基本的人権が生まれてくるかもしれない。

4. 国家の役割の変化

こうした人権保障に社会権という第 4 類型が現れたことで、大きな変化が起こったのは、国家の役割であった。

自由権保障を中心とした近代では、国家の役割はむしろ小さいものとされていた。具体的には、治安維持（警察）と防衛（外交・軍事）を担うのが中心で、経済活動などは国家がタッチできない私的領域とされていた。国がなまじ手を出すと自由が侵害されると考えられていたからである（近代より前の国王の振る舞いを考えると、国家権力が信頼されず、警戒されていたのは無理もない)。そこで、その時代国家は、消極国家や夜警国家と呼ばれていた。

しかし 20 世紀以降弱い者の権利を社会権として保障するようになると、国家の役割は一挙に増えることになった。福祉政策・社会政策・経済政策などを行なう必要が出てきたからである。国家権力三権のうち、政策を実行するのは行政権の役目とされたため、後には行政権の肥大も生じることになるが、これは後の話になる。こうした役割の大きくなった国家を積極国家と呼ぶことになった。

国家の役割が増大するということは、国家権力の増大や、その結果の権力の暴走も懸念されることになる。役割が増大しても、憲法が国家権力の抑制装置・拘束具であるということには変更はない。むしろ行政権の肥大に伴い、しっかりと国家権力の行使に関心をもち監視してゆかなければならないことになるのである。そして、その監視をまず第１に行なうのは、国民主権の原則により主権者となっている我々自身であることを忘れてはならない。

第2章

憲法を守る（憲法保障）

1. 近代市民憲法と立憲主義

憲法がどのように成立したかについては第1章で説明した。それを踏まえつつもう一度憲法の成立ちを考える。

憲法はたとえば英語では constitutional law というが、この constitution は構造・組織、転じて体制を意味する。つまり constitutional law は国家の統治に関する組織や機構を定めた法を意味していたが、それに人権保障の規定を加えたものが現在にいたる憲法の形になっている。現在の憲法がつくられたのは近代の市民革命（と宗主国＝イギリスからのアメリカ独立）によってであり、そのとき憲法の意味は個人の人権を保障するため国家権力を制限する基本的な法であるとされるようになった。そしてまさに国家権力をコントロールするための近代立憲主義を体現したものが憲法であるとされたのである。

憲法の特徴としては、最高法規性（日本国憲法第98条）・国家権力の拘束や抑制（三権分立制や公務員の憲法尊重擁護義務・第99条）・硬性憲法である、というのがある。最高法規性によって、憲法に違反する法令等は憲法に違反するとされる。そうした違憲の法令等が存在していないかどうかは違憲審査制（第81条）でチェックされることになる。硬性憲法とは、憲法を改正する際には法律の制定や改定よりも手続きを厳重にして安易に変更を加えられないよう「硬く」している憲法であるということを意味する。時代が変わっても政治体制が変わっても、憲法が最高法規であることや憲法の定める基本原則、とくに人権保障については普遍かつ不変のものであるという考えに基づいている。

フランスの国家体制は、フランス革命の後も共和制・王政復古・帝政などとかなり頻繁に変わった。第2次世界大戦後に第4共和制となったが1958年に憲法をつくり直し現在第5共和制になっている（アルジェリア問題解決のため大統領権限を強化した。しかし憲法が国家権力をコントロールする役割は変わらない）。またフランスの人権規定は、フランス革命の際のフランス人権宣言が今も通用している。フランス人権宣言のキーワードは、自由・平等・博愛（友愛）である。

憲法の三原則は、今更いうまでもなく、国民主権・人権保障・権力分立である。権力分立は国家権力をひとつに集中させない工夫であり、ジョン・ロックは立法権を国王（行政権）や司法権より優越させる二権に分割する案を、さらにモンテスキューが立法権・行政権・司法権の3つに分立させ互いにチェックとバランスを取り合える関係に仕立て、現在これが受け継がれている。

2. 憲法と国家観

しかし憲法をめぐる状況のなかでも全く変わらなかったものばかりではない。上記のフランスでの頻繁な政体交代は国家体制をどう構築してゆくか、フランスの民の奮闘の証であったが、もっと根本的なところでも変化は起きた。それは国家に対する見方である。

近代市民憲法は、革命によって成立した。それはその前の時代における国家権力（国王権力）からの抑圧への反発でもあった。市民革命期の民にとって国家権力とは暴力的で、正当な理由なく自分たちの首を切ったり牢屋にぶち込んだり財産を取り上げたりする横暴な存在であった。そのために憲法で国家権力を統制するとともに、国家の果たすべき役割自体も小さいものと位置づけた。19世紀頃までは、国家の役割は国内的には治安維持（警察）を対外的には外交や軍事を担当するものであるとされ、国民・人民の自由や権利を国家は侵害してはならないとされた。国民・人民の自由な活動（主に市民革命期から発展しつつあった資本主義による経済活動）の場である「社会」には国家はノータッチであるという私的自治の原則も生まれた。この当時の国家をその役割から夜警国家または消極国家（消極的な役割のみを担う）と呼ぶ。

ところが資本主義経済の発展は、社会構造を変え私的自治の原則が前提としていた国民・人民の対等性が失われて経済格差が広がり、社会階級まで生まれた。人々は経済的・社会的強者と弱者に分断され、強者は生きるための選択肢が多く保持され人権や自由も十分に享受できた。しかし弱者は財産もなく貧困にあがき自分が生きるための選択肢が非常に狭くなった（生きるために人に雇われて働き賃金を得る労働者となった）。その結果強者につけ込まれてますます選択肢を失い（その結果劣悪な労働環境や低い賃金で働かされる）、最低限生きていくのもおぼつかない状態になる者も現れた。こうなると、個人の自由や平等はこうした弱者・貧者には保障もされなくなる。市民革命期の自由・平等の理想はすでに達成されない状態に陥った。

そこで、20 世紀に至りこうした弱者・貧者に対し最低限の生存や生活を保障する生存権という考え方が生まれ、そうした人権を多くの弱者に保障するための存在として国家がクローズアップされることになる。こうして当時の新しい人権として国家が積極的に保障する社会権が生まれ、国家にはこの社会権保障という大きな役割が追加された。社会権には弱者が労働者であったこともあり、生存権のほか労働権も加わった。さらには経済の発展と国の力とがますます結びついてゆき国の富を生み出す源のひとつとして国民自身の労働が、そのためには国民の教育レベルが重要であると認識された結果、教育を受ける権利も社会権に追加されるに至っている。そうして、このような役割の増えた国家を積極国家と称するようになった。

積極国家においては国が社会保障や福祉政策に重点をおいていったが、財政上の出動も大きくなる。1970 年代にはそうした財政負担の大きさの問題、また社会保障の反作用として経済活動の規制が行なわれた反発から、「大きな政府と小さな政府」のどちらが国家にとってより良いあり方なのかが議論され、1980 年代以降は新自由主義の考えから過剰な経済活動の抑制を控え福祉や社会政策への国家の関与を削減する動きが各国で徐々に見えてきた。当時のイギリス首相サッチャーが有名である。しかし新自由主義の考え方は、効率性を重視する一方、社会の中での弱者への支えが弱体化することになる。

日本でも 2000 年代以降（主に経済の）規制緩和が盛んに行なわれたが、その結果は経済格差の拡大となって現れ、非正規雇用の労働者が増え経営状態の都合によって安易に切り捨てられる労働者が増えている。労働者だけではない。社会的なインフラに当たるものも削減（たとえば病院の入院ベッドの削減は国の予算をかけて行なわれている）が進められている。

その結果社会のなかに人的にも物的にも「余力」が失われてしまってきている。これは平時には何とか社会を維持できても、非常時にはきわめて危うい状態になってしまいかねない。大規模災害や社会的混乱が生じるような事態では対応が困難になってしまう。実際に災害級の事態となった新型コロナウイルス感染症拡大で医療崩壊とまでいわれ、感染しても医療措置を受けられずに死亡者が出ているところにも現れている。

もともと憲法は個人を保護し権利保障をするよう（そして最大の権利は生命ある個人の生きる権利である）国家の役割を定めたものである。憲法に従っての国家の役割とは何か、というところを今一度問い直さなければならない。

3. 日本国憲法の原則と憲法保障

日本国憲法の三原則（つまり憲法が国に守るよう要求している最も重要な事柄）は、国民主権・人権保障（基本的人権の尊重）・平和主義である。日本国憲法はこれらを中心に組み立てられ、またこれらを保障するために存在しているともいえる。上記の近代憲法の原則とよく似ているが、一部異なっている。どこが共通して何が異なっているのであろうか。

近代憲法の三原則にあって日本国憲法の三原則にないのは、権力分立である。これが平和主義に置き換わったのである。もちろん日本国憲法においても権力分立は、非常に重要な原則である。しかし、日本国憲法は戦争を経て、平和を世界に先駆けて維持しようとすることを誓って制定されたので、平和主義をどうしても三原則に入れざるを得なかった。そこで憲法をもつ国であればある意味「常識」とされた権力分立と入れ替えたのである。こうした三原則＋権力分立、さらには憲法が守られる立憲主義を維持するために、この憲法の最も重要な部分を確保しようという仕組みもつくられている。それらは憲法保障と呼ばれている。それには３つの条文・装置が設けられている。

まずは日本国憲法第98条で、日本国憲法を日本国の最高法規（一番上位に立つ法）であると宣言し、憲法に反する法律や政令や条例、行政処分などの国の行為は無効になるとしている。

それを具体的に宣言するのは、第81条で保障された違憲審査制である。裁判を行なう際、憲法の条文に違反したり人権侵害をしたりしている（人権保障は国の義務であるから侵害などもってのほかである）と疑いをかけられた法律や国の処分などが、本当に憲法違反かどうか審査し、違反であれば違憲判決を下すことになる。

さらには第99条で国会議員、国務大臣、裁判官など国家権力の担い手などが憲法を尊重し擁護する義務があるとされる。

一般国民は憲法尊重擁護義務を負う対象にはなっていないことに注意しよう。あくまでも国家の政治統治・権力に携わる人々が負う義務であるということである。

1776年アメリカの独立に先立って、バージニア州憲法がつくられた（これはアメリカ独立宣言やフランス人権宣言にも影響を与えた）が、その条文のなかにこのような一節がある。

「第２条　あらゆる権力は人民に与えられそれ故に人民から得られる。行政官は人民の被信託者であり僕（しもべ）であって、常に人民に従うものである〔以下の（　）内は引用者・臼井が加えた〕。

国家権力の担当者は、決して『偉い人』なのではなく、国民・人民に仕えるべき存在であり、国民や人民の意思に本来反してはならない立場なのである。」

そして、日本国憲法第10章の内容ではないが、このような憲法の最高法規性や憲法が守られているかどうかをチェックする仕組みが、司法権のもつ違憲審査制（第81条）である。「一切の法律・命令・規則または処分が憲法に適合するかしないかを決定する権限」が裁判所にあり、立法権や行政権が行なった行為や処分、法令が違憲か合憲か審査することができるのである。

また憲法改正をする場合、普通の国会制定法（法律）を改正するよりも高いハードルを設けている。法律の制定や改正は、国会の衆議院・参議院の各院で過半数の賛成で行なうことができるが、憲法の改正は第96条により、衆参両院の議員の2/3の合意による国民への発議（いわば提案）と国民投票を経なければならないことになっている。こうした憲法改正が法律制定・改正より難しくなっているのを、硬性憲法であると呼ぶ。世界的にいっても、ほとんどの国の憲法は硬性憲法である。それだけ憲法の条文の変更は慎重になるべきであるとされているのである。

このような形で日本国憲法の内容は、それが遵守されるよう求められている。ただし憲法を改正すること自体は否定されてはいない。しかし、もしも改正するのならば、それは慎重に行なわれなければならないのである。

第3章

人権総論と基本的義務

人権の種類は第1章ですでに紹介した。ここではその人権保障についてさらに一般的な説明を行なってゆく。また義務についても後で触れる。

1．人権を保障される主体

我々肉体をもった人間（自然人）以外にも、人権を保障される存在がある。法律上「人」と位置付けられている「法人」である。民間企業や団体、大学や福祉施設など多様な法人が存在する。

もともと法人は、それ自体が財産や物を所有したり契約を団体の名で締結したり、他人に損害を与えたりしたときに賠償責任を負う、といった民法上の必要性から（民法上の）権利を与えられたものであった。しかし法人の社会的な活動やその重要性が高まるとともに、性質上可能な基本的人権も保障されると認められるようになったものである［八幡製鉄政治献金事件：最大判 1970（昭45）. 6. 24］。

一般には、選挙権と生存権は権利の性質上認められていない。その他は、企業においては経済活動の自由（ただし経済的弱者や一般消費者の生存権を侵害してはならない）、学校ならば学問の自由（教授の自由を含む）、宗教団体ならば信教の自由、マスメディアならば表現の自由（報道の自由）が認められる。

判例では、法人や団体が政治献金を行なうことの是非が問題となっている。上記八幡製鉄事件で最高裁は、「国や政党の特定の政策を支持したり反対するなどの政治的行為をなす自由」があり、「政治資金の寄付もその自由の一環である」として企業による（政治献金も含めた）政治活動の自由を認めている。

ただ、南九州税理士会政治献金事件［最判 1996（平 8）. 3. 19］の場合には、税理士会が政治献金をすることは税理士会の目的外の行為であるため認められない、として企業の場合と一線を画した。それは税理士会が税理士として職務にあたるとき必ず入会することになる強制加入団体であるため、会費とは別に強制的に献金用の費用徴収をすることは個々の会員の意思に反する献金である可能性もあり、会員に対し会が協力義務を強制するのも限界がある、と判断したことによる。つまり脱退の自由がない環境のなかで個々の会員の思想・良心の自由を侵害する可能性を重くみたのである。

労働組合が政治活動を行なうことができるか、またその場合組合員に対する統制を行なえるか、ということも問題となった事例がある。三井美唄労組事件判決［最大判 1968（昭 43）. 12. 4］は、前者に関しては「労働組合の目的を達成するために必要な政治活動等を行うことを妨げられ」ない、と判断した。具体的には「地方議会選挙の際に特定の候補者の支持を決定し、組合員にそれに従うよう要求したり、自ら立候補しようとしたりする組合員に対して立候補を思いとどまるよう勧告・説得してもその限度においては、組合の政治活動として許される」。ただし組合員への統制の程度については限界があるとしている。組合の決定に従わずあくまでも独自に立候補しようとした組合員に対して勧告・説得の域を超え、「立候補を取りやめることを要求し」たり、それに「従わないことを理由に」その組合員を労働組合の統制の違反者として処分したりする」のは、「組合の統制権の限界を超え」て違法である、と判断している。

このように、団体としての目的や構成員への統制権の程度により、法人（団体）の政治活動の自由は、そのまま認められる場合もあれば一定程度制限される場合もある。

2. 人権が制約される主体

1. とは逆に、人権保障が制限されている人々や制限される場合がある。

(1) 外国人

自由権は国家が成立する以前から自然権由来の権利として存在しているため、国籍に関わらず保障すべきであるというのが原則である。しかし、制限されざるを得ないとされる人権もある。

制約されるものとしては、政治活動の自由、入国の自由、再入国の自由、参政権がある。逆に出国の自由については制限がない。

政治活動の自由が制限された例についてはマクリーン事件［最大判 1978（昭53）. 10. 4］がある。日本に入国後ベトナム反戦運動や日米安保条約に反対する活動を行なっていたアメリカ人男性の在留期間の更新を不許可とした法務大臣の処分の取消しを求めた裁判である。第１審の東京地裁は、法務大臣の相当広範な裁量権を認めつつも、憲法その他の法令上一定の制限に服するので、裁量範囲を逸脱した違法な処分であるとした。第２審の東京高裁は、法務大臣は在留期間の更新を適当と認めるにたる相当の理由がある場合に更新許可処分を行なえばよく、その判断は自由裁量に任されているとしてアメリカ人男性の訴えを退けた。最高裁は、「外国人は在留の権利を保障されているわけではなく、更新事由の有無の判断は法務大臣の広範な裁量権にゆだねられている」としたうえで、「憲法第３章の基本的人権の保障は」、とくに日本国民にのみ保障される権利を除いては在留外国人にも認められるものの、在留外国人への人権保障は「外国人在留制度の枠内で与えられているにすぎない」と外国人に対する人権保障を狭く解釈した。つまり法務大臣の在留期間更新不許可処分を合法であると結論づけた。

生存権などの社会権については、かつては国籍のある国が保障すべきであるという主張もあった。しかし人は誰でも個人として尊重されるべきである、人として最低限度の生活保障はすべきである、とくに子どもには教育の機会を保障されるべきである、として社会権を保障するべきであるという意見が有力になりつつある。

公務員になる権利は以前は公務就任権という参政権の一部であるとされてきたが、現在では職業選択の自由の問題であるとも考えられている。国家公務員や警察官・消防官などの治安維持系の職種にはつけないが、それ以外の地方公務員については国民の権利義務に直接触れる（公権力の行使にあたる）職でない範囲で外国人も任用する地方自治体が増えてきている。

外国人にどれだけ人権保障をすべきなのかについて議論があるのは、憲法が普遍的自然権の考えを前提としながら、その中では、基本的人権について定めた第3章の冒頭にある第10条で「国民たる要件は法律でこれを定める」として基本的人権の保障は第一義的には日本国民つまり日本国籍をもっている人に対するものとする、という原則を定めているからである。

だが、一時的に日本に滞在するのではなく、少なくとも永住資格をもっている人たちには、国政参加は認められないとしても、地方公共団体の長（都道府県知事や市町村長）や地方議会議員（都道府県議会や市町村議会）を選挙する場合、投票権を認めてもいいのではないかという意見も出てきている（地方参政権と呼ばれている。第12章参照）。理由のひとつは、永住資格をもつ人たち（実は彼らばかりではなく、他の国籍をもっている人々もそうなのだが）は、国税や住民税といった税金などは支払っているのだから、そのような人々に対し、納税の義務ばかり押し付けて、権利を与えないというのは不公平だということである。

国政選挙では、外国籍の人々の選挙権や被選挙権を認めてしまうと、外国籍の人々に日本国の政治の要を握られてしまうのではないかという不安感や抵抗感がなお根強い。が、地方公共団体では地域社会での一住民として投票ができるようにすべきであるという意見が、近年高まりつつある。

(2) 受刑者・未決拘禁者など

被疑者、裁判途中の被告人（未決拘禁者）、受刑者といった刑事施設に強制的に収容されている人たちには、拘束されて身体の自由を制限されているほか、必要に応じてその他の自由等の制限がある。被疑者や被告人には、逃亡や証拠隠滅防止などが、受刑者には矯正や教化といった目的があるからである。

制限される人権や自由には以下のものがある。飲酒や喫煙の禁止、図書や新聞の閲覧、手紙類を出すことや受け取ること、接見の制限、集会や結社の自由の制限などである。

喫煙者である未決拘禁者に喫煙を禁止したことについての最高裁判決［最大判 1970（昭 45）．9．16］は、「監獄の現在の施設および管理体制のもとにおいては、喫煙に伴う火気の使用に起因する火災発生のおそれが少なくなく」、「喫煙の自由を認めることにより通謀のおそれがあり、監獄内の秩序の維持にも支障をきたす」。「喫煙を許すことにより、罪障隠滅のおそれがあり、また、火災発生の場合には被拘禁者の逃走が予想され」る。「のみならず、被拘禁者の集団内における火災が人道上重大な結果を発生せしめることはいうまでもない。他面、煙草は生活必需品とまでは断じがたく、ある程度普及率の高い嗜好品にすぎ」ないので、「あらゆる時、所において保障されなければならないものではない」、と判示している。

また、よど号ハイジャック記事抹消事件［最大判 1983（昭 58）．6．22］は、未決拘禁者が私費で新聞を購読していたが、拘置所長が「よど号」ハイジャック事件に関する記事を墨で塗りつぶしてその部分を読ませないようにした措置によって「知る権利」を侵害されたとする訴えである。

その最高裁判決は、新聞や図書の閲読の自由が思想・良心の自由や表現の自由から派生する自由であり、憲法第 13 条の個人の尊重の趣旨にもみあうものであると認めつつも、「未決勾留により監獄に拘禁されている者の新聞紙、図書等の閲読の自由」も「逃亡および罪障隠滅の防止という勾留の目的のため」のほか、「監獄内の規律および秩序の維持のために必要とされる場合にも、一定の制限を加えられる」。そしてこの件では「公安事件関係の被拘禁者らによる東京拘置所内の規律および秩序に対するかなり激しい侵害行為が相当頻繁に行われていた状況」に加えて、塗りつぶした記事が赤軍派学生による航空機ハイジャック事件に関するものであること等であることから、拘置所長がその記事の閲読を訴えた未決拘禁者に許した場合、「所内の規律および秩序の維持に放置することのできない程度の障害が生ずる」可能性がきわめて大きいと判断したことには「合理的な根拠があっ」たとしている。

したがって未決拘禁者に対する種々の自由の制限は、当人に対する拘禁目的のほか、施設の規律と秩序維持のために必要かつ合理的な範囲で許されることは異論がないとされている。

3. 日本国憲法上の人権総則規定（第11条〜第13条）について

第13条はのちに述べるいわゆる新しい人権（例：プライバシーの権利など）の保障を行なう条文であるとされているが、元々は人権規定の総則的な条文である。第11条〜第13条はそれぞれ人権保障に関しての原則を定めたり、人権を保障される主体である我々の責任にも言及したりしている。しかし、国家が人権保障を行ない、それを奪うことは許されないということが最も重要である。

第11条では、国民は全ての基本的人権の享有を妨げられない、とある。さらにこの憲法が保障する基本的人権は「侵すことのできない永久の権利」であること、現在だけでなく「将来の」国民にも与えられる、とされる。国は基本的人権を永久に侵害せず保障するものとされる。

同様の規定は、憲法第97条にもあり、基本的人権が現在及び将来の国民に対し、侵すことのできない永久の権利として信託されたもの、とされている。

このように重複した内容の規定が設けられているということは、人権保障を現在と将来の国民に保障することが、この憲法においてまず第一に重要であることを示している。

第12条では、憲法が保障する自由と権利は、国民が不断の努力によって保持せよ、とする。権利が保障されていることにあぐらをかかず、権利主張すべきときには主張すべきである。

しかしながら同時に、権利は濫用してはならない、とされ、公共の福祉のために利用する責任を負っているとされている。人権や権利は、他人の人権や権利を侵害してまで主張することは許されない。それが後述する公共の福祉の意味である。逆に社会公共のために、といって個人がその犠牲になることは正義に反することになり許されない。

第13条は、全て国民が個人として尊重される、という。そして生命・自由・幸福追求に関する国民の権利については、立法その他の国政のうえで最大の尊重を必要とする。つまり国家の行なう国政において個人の尊重と生命以下の権利の保障を行なうよう国に要求している。そしてもちろん、そうした国民の権利は濫用されて公共の福祉に反するようなことになってはならないのである。

しばしば「個人が権利ばかり主張して義務を果たさない」ということを言い立てる人が後を立たない。しかし上記の第 12 条では、権利を濫用してはならない、とある。人権を主張したり行使したりするに際しては、人を傷つけたり侵害したりしてはならないと、この第 12 条で一般的に戒めている。

たとえば、人に悪意をもってもしくは差別意識から、特定の人を蔑むようなことを言ったりそのような振る舞いをしたりすることがある。これは「ヘイト・スピーチ」と呼ばれ、現在社会のなかで問題となっている。貧しい人、とくに母子家庭の人、日本国籍をもたずに特別永住資格をもって生活している朝鮮半島にルーツのある人、性的マイノリティ（少数者）と呼ばれる同性愛者、自分の体と心で思う性別が一致しない性同一性障害と呼ばれる人などが、そうしたヘイト・スピーチのターゲットとなっている。

スピーチというからには表現行為であって表現の自由の行使であると主張されることもあるが、しかしそうしたスピーチを浴びせられた人たちは、当然傷つき、侵害を受け、身の危険や精神的な影響を受ける。ヘイト・スピーチはそれがいくら表現行為であっても、人権濫用にあたることになる。

権利を主張したり行使したりするには、12 条の意味に従うならば、主張者や行使者は正当に行使する「責務」を負うことになるが、それは「義務」とは異なるものである。

4. 公共の福祉について

(1) 公共の福祉＝人権を制約する理由

かつて、戦後から 1970 年頃までは「公共の福祉」をもち出せば、自由権といえども規制できる、という考え方が横行していた。人権保障を一般国民に十分に行なって来なかった大日本帝国憲法時代の発想の名残であったのかもしれない。民主主義や国民主権にとっても極めて重要であると考えられた表現の自由でさえ（というよりも表現の自由に対してとくに）このような形での人権制限や侵害が行なわれていたのである。このような人権に対抗して公共の福祉を制限理由としてもち出すのを、「外在的制約」と呼んでいた。

(2) 公共の福祉＝人権衝突の際の利益の調整をする

現在では(1)の考えはさすがに通用せず、一般論として、他人の権利侵害をしたり社会公共の安全を害したりする（公衆衛生など）ことは互いによくないことである。しかし他人の権利侵害や社会公共の安全を害しない限りでは自分の人権や自由は最大限に主張できる、という考えに変わっている。「他人の権利侵害や社会公共の安全を害する」部分が制約されるのは、互いに社会生活を安心して送るには当然のことである。権利や自由の主張にはもともと「他人に迷惑をかけない」という内部規律が含まれているのだ、という考えを内在的制約と呼ぶ（これは、上記の権利を濫用してはならない、という考えと繋がっている）。

こうした他人や社会公共の利益を考えて権利主張の振る舞いをするのを、公共の福祉と呼ぶようになっている。他人に害悪を与えることはまず考えられない内心の自由を除いた全ての自由や人権は、こうした内在的制約としての公共の福祉に服することになる。

しかしながら、どの程度の主張が他人の権利侵害となるか、また人権主張同士が正面から衝突してしまった場合にはどう線引きをするか。上記のヘイト・スピーチの場合には明らかに一方的に人を侵害していることになるが、一方的な侵害関係ではなく、本当に立場の上下関係はないが人権の行使や利益が真っ向から対立してしまうことも、社会関係のなかでは起こりうるのである。その場合には、比較衡量（利益衡量）を行なう。衡量とは「天秤ではかる」という意味であり、天秤に、ある人権を保障した時に得られる利益と、その人権を保障しなかった時に得られる利益とを両側に吊るしてはかる。天秤が下がった方の利益を優先させるのである。

言い換えると、一方の当事者（A 氏）の主張する人権保障と、もう一方の当事者（B 氏）の主張する人権保障と、その場合どちらを優先的に保障するか、秤にかけて判断するのである。たとえばＡ氏の表現の自由の行使と、その表現行為によってＢ氏のプライバシーを侵害されることになるとしてＢ氏がプライバシーの権利を主張する、といった事例が考えられる。

こうして1980年代以降、人権主張同士が対立した事件では、昔のような外在的制約ではなく、このような比較衡量を行なって裁判の判決を出す例が多くなっている。

(3) もうひとつの公共の福祉の考え：政策的制約

ただし、こうした制約原理としての公共の福祉には、内在的制約の他にある一定の人権が衝突したときだけに用いられるもうひとつの意味の制約がある。それは社会的経済的に弱い立場の人の生存権や社会権と、社会的経済的に強い立場の人の経済活動の自由（営業の自由）が対立した場合である。この場合ほぼ全て、弱い立場の生存権が優先される。弱い立場は強い立場に比べてゆとりや余裕や選択の余地がないので、より余裕がある側が譲るのが公正であり正義であると考えられている。このような制約原理を政策的制約と呼ぶ。社会政策や経済政策を伴うことが多いからである。

もちろん互いに弱い立場同士の衝突ならば、比較衡量によって決することになるであろう。

経済活動の自由が、政策的制約を課せられる可能性をもっているのは、憲法の条文のなかにもその根拠があると指摘することができる。職業選択の自由を定めた第22条と財産権を定めた第29条には、あえて「公共の福祉」という文言が入っているからである。

他に公共の福祉という文言が入っているのは、上記の第12条と第13条だけであり、この２つは人権総則としての役割があるから公共の福祉が入っているのである。だから、12条13条で公共の福祉という文言（言葉）が入っているのと、22条29条で入っているのとでは、意味が異なることになる。

公共の福祉は、以上のように、すべての人権（ひとつの例外を除いて）にあてはめられる比較衡量に基づく内在的制約と、経済活動の自由が経済社会政策や生存権との衝突の際にあてはめられる政策的制約の2つがあると考えられている。

ただし、「公共の福祉」が人権との関わりでもち出されるときは、注意を要する。つまり、いわゆる「社会通念」や「常識」といったものが「公共の福祉」なるものをバックアップしていることがある。そうした場合、社会のなかで多数派に属する人はとくに不利益を受けることがなくても、少数者の人権または主張が押しつぶされてしまう可能性があるからである。したがって「公共の福祉」の名の下での人権の制限には、合理性があるかどうかを検討してみる必要があろう。

5. 第三者効力について

一部の例外（第18条や第28条）を除いては、憲法の基本的人権の条文は、国家権力が個人に対し人権保障を行なうことを前提とし、国家によって人権侵害をされた個人を救済するために設けられている。

したがって原則は、民間人（私人：企業・団体含む）同士で基本的人権に該当する権利や法益侵害があったとしても、憲法の人権保障の規定を用いての条文を直接適用して被害者を救済することはない・できないとする。

これが問題となったのは、三菱樹脂事件［最大判1973（昭48）.12.12］である。

ある学生が就職したが3カ月間の試用期間後に本採用を拒否された。その理由は大学在学中に学生運動をしており、そのなかには無届デモなど違法な活動もあったということを隠していたからだという。元学生は雇用契約上の権利の確認と、会社側が本人の思想信条による差別を行なったとして訴えたのである。

最高裁は、憲法の人権保障は国または地方自治体による人権侵害に対するものであり、「私人相互の関係を直接規律することを予定するものではない」。「私的支配関係において」個人の基本的人権が「具体的に侵害またはそのおそれがあり、その態様、程度が社会的に許容しうる限度を超えるときは」、「私的自治に対する一般的制限規定である民法1条、90条」などの「適切な運用によって」、「社会的許容性の限度を超える侵害に対し」基本的人権の「利益を保護」することもできる、とは認めた。ただし会社側にも経済活動の自由を保障しているため、そのような「経済活動の一環としてする契約締結の自由を有し」、「いかなるものを雇い入れるか、いかなる条件でこれを雇い入れるかについて」法律などの特別な制限がない限り「原則として自由にこれを決定できる」から「企業が特定の思想、信条を有する者を」「雇い入れることを拒んでも」違法とはならない、として訴えを斥けた。

学説上では私人間効力について、以下①、②、③がある。

①無適用説：憲法の人権保障の規定を用いて被害者救済はできないとする。

②直接適用説：憲法の人権保障の規定を直接適用して、被害者を救済する。

②は憲法の本来の目的と矛盾する。①を貫くと私人同士での人権侵害の歯止めがかからなかったり救済したりすることもできなくなる。

ではどうするか。社会関係のなかで強い立場・弱い立場の格差が拡大している現代、人権侵害に該当するような侵害行為をこうむった個人を救済するのが社会的正義にかなうものである。そのため、憲法を直接もち出さずにどのように被害者を救済するのか、工夫がされてきた。そこで第三の選択肢である③である。

③間接適用説：民法の規定を使い、憲法の保障する基本的人権を侵害するような民間人の行為は違法であると宣言して被害者救済を行なうというものである。三菱樹脂事件では結果としては訴えた元学生の利益を保護する判断にはならなかったが、上記で紹介したように許容しがたい侵害に対し民法の規定を適用して基本的人権の利益を保護することを否定はしていない。

実際に民法の規定を使って権利侵害の救済を図ったのが日産自動車事件［最判 1981（昭 56）.3.24］という、男は 55 歳・女は 50 歳と性別で差のある定年制度を設けていた企業に対し従業員が性別差別で不当であると裁判を起こした事例である。その際裁判所は、民法第 90 条（「公の秩序、善良の風俗を侵害する契約は無効である」という内容の条文である。公の秩序善良の風俗を縮めて公序良俗という）を使った。

男女別の定年制度は憲法第14条の法の下の平等に反する（が憲法は直接適用できない）　→　ただし平等違反＝差別的な契約（とそれに基づく定年制度）は、民法90条違反である　→　この日産自動車の男女別定年制は違法であって従業員は救済されるべきである、ということで訴えた女子従業員が勝訴した。こういう形で、憲法14条での差別禁止の保障を、民法を代用して行なうのが間接適用説での実行手段である。

この場合民法90条が使われたが、そのほか民法第1条の「私権は濫用してはならない」などといった規定もこうした社会のなかで人権侵害が行なわれた際、憲法を直接適用できない代わりの救済手段として使われることがある。

6．人権の国際的保障

20世紀の前半頃までは、基本的人権を保障するのは国家の役割だと考えられてきた。しかしグローバル化した国際関係や、人間関係も国境をこえて密になってきていることや、何よりも20世紀前半に2回の大戦を経て平和と人権保障との関係について改めて強く認識され出した。そこで、国際連合は平和の維持とともに人権を国際的に（国際条約をもって）保障することに力を入れるようになった。

まずは1948年に世界人権宣言を出した（これはまだ法的拘束力はなく遵守しなかったとしても制裁はない）。1966年に国際人権規約（経済的社会的および文化的権利に関する国際規約：A規約と市民的および政治的権利に関する国際規約：B規約）が国連で採択され（日本は1979年に批准した）、さらに人種差別撤廃条約や女子差別撤廃条約等、さまざまな人権保障条約が国連を中心に策定された。また国連とは別に、一定地域において人権保障を手厚くすることを目的とする条約も生まれており、たとえばヨーロッパでは欧州人権条約が締結されている。こういった条約は、締結後各国で批准（その条約に拘束されると宣言すること）を経なければならないが、日本はしばしばそうした条約の批准をなかなか行なおうとしない、という批判が出されている。たとえば上記の国際人権規約については、批准し日本における効力が発生したのは国連での採択の13年後のことであった。

国際人権規約以降国際連合その他が呼びかけて締結された主な人権条約は22ある。だがこのうち日本が批准（この条約の内容に拘束される＝遵守するとした）したのは15にとどまる。条約によっては選択議定書と呼ばれる付属の条約が設けられているものもある。国際人権規約Ｂ規約と呼ばれる主として自由権や参政権を保障している条約もそうである（なお選択議定書については本文の条約に参加しても、議定書には参加するかどうかは締約国の選択の自由を設けている）。日本は選択議定書については批准しているものはほとんどない。また、国際会議の場で締結されたり発効（一定以上の数の締約国が批准すると効力を発する仕組みになっている）したりしてから日本国が批准するまでかなりのタイムラグがある。こうしてみると、日本は人権の国際的保障に対しあまり積極的でないようにみえる。

さらに、このような人権条約は一般的にはそのまま国内法としても通用するとされているのだが、日本において人権条約を適用して人権保障を手厚くしたり人権を侵害された被害者を救済したりした例はほとんど聞いたことがない。裁判において、人権侵害があったことを訴える際に日本国憲法の何条違反であるという主張と同時に○○条約の何条違反であると主張したとしても、その人権条約の部分は無視されている。裁判所の言い分では、日本国憲法での人権保障がすでに行なわれているので人権侵害を訴える裁判でわざわざ人権条約をもち出す必要はないという。しかしこのような状況で、果たして日本は国際化を図っていると堂々と主張できるのであろうか。少なくとも人権保障においてはどうであろうか？

7. 基本的義務

日本国憲法では国家によって保障されるべきさまざまな人権について規定が設けられている（これは国民に対する国家の義務を規定していることでもある）。同時に逆に、国家に対して国民が果たさなければならない義務の規定もいくつか存在する。

(1) 納税の義務（第30条）

国家がさまざまな政策を行なうための財源となる。社会権や受益権保障のための原資でもある。国民が国家を構成し維持するためには必要不可欠のものである（ただし、「日本国籍を有する者」だけでなく、定住外国人も納税していることに注意が必要である：住民税、消費税など）。

(2) 勤労の義務

第27条1項に勤労の権利とともに勤労の義務が課されている。つまり、自分の生計は自ら立てること、働ける者は働いて収入を得ることが国民に求められている形になっている。

ただしこれは、自ら働ける年齢であり働けるだけの健康な状態である人が「不労所得（利子収入や株の投機などで収入を得ること）」をよしとしない動機で導入された義務である。戦前は広い農地を所有しそれを小作人に耕作させて、自分自身ではまったく働くことのない地主もいたが、そういった身分制的不労所得を排除するのが目的であった。したがって職を解雇されたり就職活動がうまくいかなかったりするなど、次の職が見つからずに働きたくても働けないでいる人に対してこの義務を強調するのは適切ではない。

(3) 教育の義務

第26条2項に「すべて国民は、その保護する子女に普通教育（義務教育）を受けさせる義務を負う」と定められている。子ども自身が学校へ通う義務を負っているのではない。親など保護者が、子どもを働かせる・介護を担わせるなどで子どもの通学を妨げることを禁じているのである。戦前など日本がまだ貧しかった頃、学齢期の子どもまで働かせて学校に通わせないということがよくあったため、あえて保護者に対するこのような義務を課しているのである。

普通教育を授けることができるのであれば、実はその手段は必ずしも学校でなくてもよい。保護者にとって子どもに教育を与えるのに最も簡便な手段が学校に通わせることである、というにすぎない。さまざまな理由により学校に通えなくなった状態にある不登校の児童・生徒に無理に登校させるのは、むしろ虐待になりうる。その分はフリースクールその他の代替手段でも差し支えないことになる。

納税の義務は果たさなければ法的な制裁を伴うことになる、法的義務である。しかし勤労の義務や教育の義務は制裁措置（罰）があるわけではない（保護者があえて子に教育を与えなければそれも虐待となりうるし、子どもに対する何らかの保護措置が与えられる可能性はある）。

第2部

基本的人権

第4章

法の下の平等

1. 人権と平等

18世紀のフランス革命に際し、人権宣言の3つのキーワードは「自由・平等・博愛（友愛）」とされた。そのとき打ち出された自由が現在の基本的人権の中心にもなっている。しかし自由を個人がどこまでも追求してゆくと、結果としてどうしても差ができてしまう。そうすると誰でも人権や自由を享受することができなくなってしまいかねない。そのため、「誰でも」自由や人権を保障されるためには「ひとしく」つまり「平等」というのが欠かせないのである。

平等というのは、「平等権」として人権の一種と説明されることがある。その場合「差別されない自由」といわれることもある。と同時に、誰に対しても人権をひとしく保障するべきである、という「原則」という側面もある。法の下の平等というのは、人権（自由権）という側面と平等原則というべき側面との両方をもっている。法の下の平等が「包括的人権」のひとつという説明をしている憲法教科書があるのはそういう意味である。

2. 差別とは

差別とは、通常は誰かを自分（たち）より下であるとみなし、さまざまな嫌がらせを行なうこと、などである。相手を自分と同等の人間であり、人権をもち個人として尊重されるべき者であるという扱いをしないことを意味する。今問題となっている○○ハラスメントも、そうした差別の一種である場合が多い。また、最近よく聞く「ヘイト・スピーチ」もまた、差別行為である。

こうした差別的な扱いを、国や国家権力が行なうことを禁じているのが、法の下の平等を定めた憲法第14条である。全ての人が、人間として個人としてひとしく扱われる、という人権保障である。

ただ、憲法と差別問題との関係は、単純なものではない。それどころかかなり複雑な問題が生じてしまう。そこには２つのポイントがあるからである。

ひとつには、憲法が直接、平等扱いをするよう求め差別を禁じているのは、国家や国家権力に対してである、ということである。憲法の人権保障は、国家に対しそうするよう命じているものであって、我々一般人に対して直接命じてはいない。一般人が他人に対して行なう差別を、直接憲法第14条をもち出して禁止することはできないことになっている。実際に、社会のなかで一般個人が他の個人に対して差別的な考えをもち、差別的な行為を行なっているのは日常よく目にすることである。上記のヘイト・スピーチもそうである。

とはいえ、一般人の行なう差別行為を憲法が直接禁じてはいないからといって、許されるというわけではない。第３章で挙げた日産自動車における男女差別のある定年制度について、法の下の平等違反になるような契約は民法第90条違反になる、という判例（裁判所の判決）が出されて差別が解消されたように、なんらかの措置を取ることは多い。ヘイト・スピーチに関しては、直接の取り締まりではないがヘイト・スピーチを行なう団体が集会を行なう場所（市の公園）を貸さないという条例（都道府県議会や市町村議会がつくる法を、条例という）を制定した川崎市の例などがある。間接的な方法でも、差別的な行為をさせないような工夫は可能である。また、あまりにも甚だしい差別的な言動に対しては、刑法上の犯罪である名誉毀損罪に問える場合もあろうし、民法上の規定（第709条など）で精神的な侵害を受けたとして損害賠償を請求できる場合がある。

そのほか、具体的な差別行為を禁止する法律などを制定することも可能であろう。

２つめとして、憲法も法律も禁じることができるのは、差別「行為」という外形だけであって、人の心の中の差別「意識」や差別「感情」などは規制できない。心の中、内心には法（憲法も法律も）踏み込むことは許されていないのである（→この内心に法の規制を踏み入れることができないことについては、次章で説明する「内心の自由」という人権保障が関わっている)。

差別行為の元には、人が意識しているかいないかは別としてなんらかの心の中での差別の気持ちが存在している。どんなに差別に対し、自分では気をつけて差別行為をしないようにし、他人や国家が行なう差別行為に反対を唱える人であっても、どこかで自分で気がついていない差別意識が潜んでいるかもしれない、というようなこともある。そして、法は差別的な気持ちを禁じることはできないのである。仮に差別意識を禁じることができるとすれば、それは道徳や宗教上の教えなどであって、法ではない。社会の中で規制を行なうことのできる決まりといえばまず法律であるため、その法律が差別意識を禁じることができない、そのためにどれだけ差別をなくそうとしても完全になくすのは難しいのである。なぜなら、本人が「無意識のうちに」差別している、という場合も多いからである。そういう時に限って、その本人は差別している、と指摘されたとしても全く自分自身でそんな認識がない、そのため差別行為をやめたり改めたり反省することもない、ということがしばしばある。

我々は、自分の心の中に、誰かに対する差別的な気持ちが潜んでいるかもしれない、という意識をもち、なるべくならそれをなくさなければならない。完全になくせなくてもその差別的な気持ちを表に出して言動にすることは、絶対にしないようにする、という自分自身への戒めはもっておいた方がいい。

差別をするということは、その相手の尊厳を傷つけることであるし、相手の心や身体に対する重大な侵害行為をすることになる。自分の尊厳と同じくらい、他人の尊厳も重要である。

3. 法の下の平等の意味

(1) 相対的平等

平等というといつでもどこでも誰でもひとしくする（扱う）ことを意味するとイメージされがちだが、実は「いつでもどこでも誰でもひとしく」するのは現実的なことではない。「いつでもどこでも誰でもひとしく」することを絶対的平等と呼ぶが、それはどんな場合でも「例外なく」平等に扱うことでありそんなことを達成するのは理想の次元のことである。社会においても憲法や法の世界においてもひとしく扱うことには一定の例外を設けている。これは（絶対に対して）相対的平等と呼ばれている。「原則」や「理想」には「例外」がつきものであり法の下の平等もまた、そうであるということである。

(2) 形式的平等と実質的平等

①形式的平等

本来なら平等は個人を皆ひとしく扱うことを意味する。いわば頭割りの平等であり、機械的に平等に扱うことである。したがって平等といえばこの機械的に誰でも平等に扱うことが原則となる。誰にでもひとしく機会を与えられる、という意味で機会均等と呼ばれることもある。とくになんらかの必要性がなければ平等といえばこの形式的平等を意味する。第 14 条が意味する法の下の平等も基本はこの意味である。たとえば選挙において誰でも一人一票の投票権を保障されているのは投票の機会を均等に保障されていることになる。

なお近代市民憲法がつくりだされた時点での「平等」といえば、この意味の平等であった。

②実質的平等

しかし、頭割りの平等では社会的にみてむしろ不公正になってしまう場合もある。近代社会において資本主義経済の発展とともに経済的強者と経済的弱者という格差が生じてしまった。お金をたくさんもっているかそうでないか、豊かであるか貧しいか、というのはときに機会を得るうえでの大きな差になることがある。現在もお金がある家庭に生まれれば栄養価の高いものを食べられ、より教育レベルの高い学校へ進学したり塾へ通ったりすることもでき、結果高い学歴をもって社会に出る可能性が高くなる。逆に貧しいと食事内容も高価なものは食べられず、学校や塾も学歴も十分な機会を得られにくくなる。そしてたとえ自分が希望する学校や学歴を得られずに社会に出ざるを得ないこともある。そうした結果、社会人になってから就ける職業や収入に差が出てしまうことにもなる（貧しい家庭で育った人が大人になっても貧しくなりがちで、さらにその子どもも貧しい状態になりやすいことから、「貧困の連鎖」となりうることが指摘されている)。

心身に病気や障がいを抱えた人の場合、こうしたさまざまな機会、とくに教育・学業面での機会や収入の高い職を得るのはさらに困難になることもある。

そうしたハンディキャップをもった人に頭割りの平等を保障しても、そもそもスタートラインがひとしくならないので、機会均等にはならなくなってしまう。

そこで、さまざまな理由で不利な立場にあるために機会を十分に保障されない人たちには、ある程度の優遇措置や配慮をすることで（ある意味でゲタを履かせることで）不利な状況にない人たちと同じスタートラインに立てるようにするのも、平等を達成するのに必要であると考えられるようになった。この優遇措置や配慮をしてスタートラインの条件をひとしくするすることを、実質的平等という。進学費用に困る人に奨学金を与える、障がいのある人に何らかの給付や就職の機会を設ける、社会的な補助などを行なうのである。「ひとしく扱うべきはひとしく、異なって扱うべき（事情があるなら）は異なって」扱う、というのがこの実質的平等の考えの基礎にある。この実質的平等の考えは、社会権が保障されるようになった20世紀以降から用いられるようになった。そこでそれまでの（原則的な）平等の考えを「形式的」平等と区別して呼ぶようになったのである。

ただしこの実質的平等をどの程度達するべきなのかについては、考え方が2通りある。ひとつは「条件の平等」といい、上記で述べたように不利な人に配慮をして機会均等になるよう保障するものである。そこからどこまで不利でない人と肩を並べられるかは、ある意味競争になり、そこで得られる結果についてはそれぞれの素質・能力・努力や運にかかっている。

もうひとつは「結果の平等」といい、不利な立場の人とそうでない（相対的に有利な立場の）人が同じ結果が得られるように優遇策を積極的に施す考えである。これは長らく（とくに歴史的に）差別を受けてきた人々（集団）に対し、できるだけ早期にその不平等状態を解消するためにとられるものである。

たとえば人種差別や女性差別によって長い間差別されてきた人々（これをマ

イノリティ：少数者ともいう）は、すでに社会の中にできあがってしまった枠組みや人々の社会意識によって優位にある人々（マジョリティ：多数派ともいう）と社会的になかなか肩を並べることができない。そのため、「現実に」平等を達成するため、たとえば進学や雇用の面で男女を半々に採用すべきである、といった措置がとられることがある。アメリカ合衆国においては1960年代から人種差別や女性差別の解消のためアファーマティブアクション（積極的差別解消策）として採用されてきたし、ヨーロッパにおいてもポジティブアクションとして女性の雇用や社会進出が図られてきた。

しかしこれは一種の「劇薬」でもある。アメリカではやり方によってはマジョリティと呼ばれる白人または男性などの機会が奪われたり制限されたりすることもあり、それでは「逆差別」になってしまうとの反論や批判も出され、裁判にもなっている。

日本ではこうした積極的な策はとられていない。日本の場合外国人差別や女性差別が問題となっているが特別な措置は行なわれていない。性差別に関しては1999年に男女共同参画社会基本法はつくられたものの（それ以前に1985年に男女雇用機会均等法が制定されている）、男女平等法ともいえない内容であるという批判もある。雇用面・給与面での女性の不利が指摘されているため、差別状態が固定化してしまっている社会状況の打開をめざし、日本でもとくに雇用の面でポジティブアクションを取り入れるべきだ、という意見もある。

(3) 平等の達成に関する国家に対する義務付け

「法の下の平等」というと、法がまずあってそれを平等に適用するようなイメージになるかもしれない。現に古い学説ではそのように解釈されていた。つまり、個人に対する平等な取り扱いを行なわなければならないのは、行政権と司法権のみで、立法権はそのような義務を負っていないと考えられていた（法適用の平等または立法者非拘束説ともいう）。

しかしこれでは、立法内容が不平等〔例：父親が日本国籍をもっていれば（つまり日本人であれば）その子供は生まれながらに日本国籍をもてるが、父親が日本人でなく母親が日本人である場合には生まれた子供は当然には日本国籍をもてない――現にかつての国籍法の規定はそうなっていた〕であると、行政権・司法権がその法律を「平等に適用」しても、実際は不平等な状態になってしまう、という欠点をもつ。

そのため、法律の内容も平等になるように立法することが、立法権にも求められている。したがって平等の実現は国家権力の三権すべてに要請されている（法内容の平等または立法者拘束説ともいう）というのが、現在の考え方である。

４．法の下の平等の一般条項（第１４条）

一般条項は第 14 条であるが、家族関係に関しては後述する第 24 条がある。

そのほか、平等（もしくは「ひとしく」などの用語を使って）に関連する条文としては、参政権に関連する第 15 条と第 44 条、教育を受ける権利に関する第 26 条がある。

(1) 第 14 条の内容

第 14 条 1 項では、「人種・信条・性別・社会的身分・門地」について差別されない、と定めている。

これらの項目は平等を達成する必要十分条件ではなく、例示列挙（差別されてはならない項目を例としてあげたもの）であって、それ以外の理由でも差別されてはならないという。

「人種」は単に白人とか黄色人種といったものを指すばかりでなく、民族も含まれるとされる。「信条」は宗教的な信仰、政治的・思想的信条も含まれる。「門地」は家柄のこと、「社会的身分」は生まれながら（先天的）に決定される社会的地位（門地は除く）のこととされている。たとえば、日本国籍に帰化せず居住しているいわゆる「在日」の人々や、法律上の結婚をしていないカップルの間に生まれた非嫡出子、被差別部落出身者などがこれに該当する。

例示列挙された 5 項目のうち信条を除けば、すべて「生まれながらに」決定してしまう事項であることが特徴的である。本人が選択したわけでなく責任もない事柄で差別をすることは許されない、ということである。信条は人の心の中の思想にかかわるものであり、思想や考え方・価値観について差別を許さない、ということになっている。これは思想・良心の自由（内心の自由）と関連する（思想・良心の自由については第5章）。

また2項ではかつて存在した家柄に基づく身分制度を否定し、3項では栄誉（文化勲章授与など）に対する特権、また栄誉による利益が次世代以降に受け継がれることも否定している。

(2) 第14条が関わる差別問題

とはいえ、1項の例示列挙の項目に関連する差別（や差別意識）は現に存在する。上記のように人種には民族も含まれるが、日本という国が単一民族国家であるという誤解である。

まず、日本の領土内の「先住者」の問題が挙げられるが、その典型がアイヌ民族の人々である。アイヌ民族は、主として北海道に居住しており、いわゆる日本民族とは異なる言語や文化を発展させていた。かつて北海道の領有を確固たるものとしようとした日本政府は、アイヌ語を禁じ、和風の名前を名乗らせ、アイヌ文化や伝統を否定した。そうやって独自の存在性を否定しながら、「日本人」としては差別扱いしていた。現在、ようやく公式にアイヌ民族や文化の存在が認められるようになったが、なお十分とはいえない。琉球民族がいわゆる日本民族とは別に存在するのかは民族学でも説が分かれているようであるが、一般には知られていないごく少数の民族も日本には存在するという。少なくとも日本国は多数民族国家とはいえないまでも複数民族国家である、というのは事実である。

もうひとつは「移民」問題である。日本国籍をもたないまま永住する朝鮮・韓国や中国にルーツをもつ人々が社会的に大きな存在でありながら受け入れられていない問題はよく知られている。しかし、それだけでなく、海外から労働力として求められた人々が短期滞在に留められることなど、排他的雰囲気から、法が「移民」に向き合っているとはいいがたい。ことに、移民送り出し国であった日本の過去と結びついたブラジル移民の子孫の人々たちへの日本社会の扱いは、その矛盾の露呈と言えるだろう。

外国籍の人々に対する日本国籍の者と異なる扱いに関しては、人権の主体の問題でもあるので人権総論第３章を、さらに選挙権の扱いは参政権を扱う第12章、公務員になる権利については経済活動の自由の第９章も参照されたい。

(3) 性別差別の問題

性別差別も後をたたない。第３章で紹介した男女別定年制を設けていた日産自動車事件［最判 1981（昭和 56）. 3. 24］もあった。これは民間企業という私人による差別扱いであったが、直接憲法第 14 条で救済できなかったため、民法第 90 条まで動員して違法な扱いとした。

さらにかつては子どもの国籍取得は、国籍法により父親が日本人である場合には自動的に日本国籍となったが、父が外国人で母親のみが日本人である場合には、簡易帰化制度を使って子どもの日本国籍を取得する必要があった。日本国籍をもっているのが父であるのか（または両親ともか）と母のみであるのとでは、扱いが異なっていたのである（簡易な制度といっても帰化手続を取らせることで母のみ日本人である子どもには、それ以外の子どもと異なり余分な負担をかけていたことになる）。1984 年に国籍法が改正され、父または母のいずれか一方が日本国籍である場合子どもは自動的に日本国籍を取得できるようになり、一部の子どもへの負担がなくなった（ただし自主的にそのように改正されたわけではない。国連で採択された女子差別撤廃条約の日本での発効が 1985 年になることに合わせたもので、国際社会からの批判を受けないためであった。なお同年に男女雇用機会均等法も施行されている）。

(4) 社会的身分に関わる問題

①尊属殺重罰規定判決［最大判 1973（昭 48）. 4. 4］

これは最高裁判所が初めて違憲判決（しかも法律内容について）を出した判決としても名高い。

旧刑法には尊属殺人罪（第200条）、尊属傷害致死罪（第205条2項）があり、自分または配偶者の直系の尊属（親・祖父母など祖先にあたる人）を殺したり怪我を負わせて死に至らしめたりした場合に、一般の殺人罪や傷害致死罪よりもより重い刑罰に処していた。尊属殺人罪の刑罰は死刑または無期懲役、一般の殺人罪である第199条では死刑、無期懲役または3年以上の（有期）懲役（当時）と定められていた。

なおこの裁判より20年余り前の1950年には、尊属傷害致死罪を合憲とする判決［最大判1950（昭25）.10.11］が出されており、尊属殺人罪の規定が合憲となるか違憲となるか注目された。

尊属殺事件では娘が父を殺害したものであったが、その経緯は娘が実の父に14歳のときから近親相姦をされ、10年以上も夫婦同然の生活を強いられて5人も子供を生まされたことに発する。娘は成人したのち職場の同僚との結婚を望んだが、父親が怒って虐待し思いあまって娘が父を殺したのである。

第1審は刑法第200条は憲法第14条違反であるとして適用せずに刑法第199条の一般の殺人罪を適用したうえで刑を免除した。第2審は刑法第200条を合憲としてそれを適用したが情状酌量による減刑を与えた。

最高裁は、刑法第200条の立法目的は正当であるとして「尊属に対する尊重報恩は、社会生活上の基本的道義」であり「このような自然的情愛ないし普遍的倫理の維持は、刑法上の保護に値する」から「被害者が尊属であることを」「具体的事件の量刑上重視することは許される」とした。だが第200条は刑の「加重の程度が極端であって」前述の「立法目的達成の手段として甚だしく均衡を失し」ている。したがって、「刑法200条は、尊属殺の法定刑を死刑または無期懲役刑のみに限っている点において」、「刑法199条の法定刑に対し著しく不合理な差別的取扱いをするものと認められ、憲法14条1項に違反して無効である」と最高裁は判断した。

最高裁は、尊属殺人罪という罪をおいていること自体は違憲ではないとしたが、ただし刑罰が一般の殺人罪と比べて著しく重くなっていてバランスが取れていないことを違憲理由としたものである。

このの ち尊属殺人罪・尊属傷害致死罪とも適用されなくなり、新刑法施行により削除された。

②国籍法３条事件［最大判 2008（平 20）.6.4］

法律上の結婚（婚姻届を出していること）をしている男女間の子どもは、親のどちらか一方が日本国籍であれば日本国籍をそのまま認められた。ところが法律上の婚姻をしていないカップルで子どもが生まれた。父は日本国民であり、自分の子と認めて認知したが、母は外国人であった。2008 年改正前の国籍法３条１項では、父が認知していたとしても両親が婚姻していなければ子どもは日本国籍を取得できなかったのである。これは両親が婚姻しているかいないかという子ども自身の責任ではない理由で、子どもを差別していることになってしまう。

最高裁は、父母が婚姻しているかどうかということは子ども「自らの意思や努力によっては帰ることのできない」「事柄である」のでこれによって「日本国籍取得の要件に関して区別を生じさせることに合理的理由があるか」、「慎重に検討する必要がある」としたうえで、「日本国籍の取得が」「基本的人権の保障等を受ける上で重大な意味を持つ」ことやこのような「差別的取り扱いによって子の被る不利益は看過しがたい」として、国籍法が「不合理な差別を生じさせている」と認めた。そして３条１項全体ではなく、子の日本国籍取得に「父母の婚姻」を要件とした部分のみを違憲であると判断した。

③非嫡出子相続分差別に関わる決定［最大決 2013（平 25）.9.4］

民法第 900 条は法定相続人の範囲とその相続分を定めた規定である。かつては４号ただし書と呼ばれる部分があり、婚姻をしていない男女間に生まれた子ども（非嫡出子）は嫡出子（父母が婚姻して生まれた子ども。嫡出子と非嫡出子はたいてい父違い・母違いの兄弟姉妹である）の 1/2 の相続分しか認められていなかった。この規定については本人の責任ではない理由で相続差別をしていると指摘され、裁判でも何度も争われてきた問題であった（たとえば［最大決 1995（平 7）.7.5］では、この 1：1/2 の相続分について、法律婚の尊重から合憲としている）。

2013 年の最高裁は、「家族形態の多様化や国民の意識の変化、諸外国の立法」状況などさまざまな状況や法制の変化を総合的に考察し、法律婚が制度として定着しているとはいえ、「父母が婚姻関係になかったという、子にとっては自ら選択ないし修正する余地のない事柄を理由としてその子に不利益を及ぼすことは許され」なく、「子を個人として尊重し、その権利を保証すべきであるという考えが確立されてきている」と述べ、ここで問題となっている相続が発生した時点では「嫡出子と嫡出でない子の法定相続分を区別する合理的な根拠は失われていた」と判断し、この規定を違憲とした。

その結果2013年中に民法改正が行なわれ、第900条4号ただし書は削除された。現在は父母が婚姻関係にあったかなかったかを問わず、法定相続は兄弟姉妹の頭数で均等割りすることになっている。

5. 家族関係における平等（第24条）

(1) 第24条の必要性

家庭生活や家族関係における平等を保障するために、あえて第24条が加えられている。家族は社会のなかでの集団の最小単位であるが、そんな小集団のなかでも個人の力関係の差が生じやすい。しばしば家庭内での暴力DVやモラハラが問題になっている。この場合女性または妻から夫へのDVやモラハラもあるが、夫または男性から妻または女性へのDVやモラハラの方が多く報告される傾向がある。これは伝統的に女性が男性によって支配され、女性に対する差別的・不利益な扱いが多かったことを一定程度反映しているものとみられる。

日本もとくに戦前までは「女三界に家なし」といわれ被従属的な立場におかれていた。また男女を問わずしばしば結婚相手は本人たちの意思にかかわらず、親同士で決められ、本人の意思に反していても結婚を強いられることがあった。その傾向は女性により強く働いていた。そのため結婚自体、家庭を築くこと自体は本人たち自身が決定すべきものであるとして、第24条の規定を必要としたのである。この規定の元のアイディアを出したのが、戦後まもなくGHQに勤めていた20代のアメリカ人女性のベアテ・シロタ＝ゴードン氏であったことはよく知られている。彼女は戦前の一時期日本に在住しており、日本の女性の立場を見聞きしていたと言われている。

なお、「男女」「夫婦」という言葉があるが、呼び慣わされたこれは男性が先に表示されている。性別にかかわらず誰でもひとしく、家庭生活においてもひとしいパートナーたるべく、第 24 条では「両性」という言葉が使われている。そして第 24 条 2 項では、家族関係や家庭生活に関する法律（とくに民法のうち家族法と呼ばれる規定の部分）を平等・公平な内容にしなければならないという定めを設けているが、この家族法の規定は本当に平等・公平を保障するものになっているのか、まだまだそうでない規定が残っているのではないかと疑問視する声もある。

たとえば、民法第 750 条の規定がまだ不公平を呼び起こす規定ではないかと一部で指摘されている。これは、結婚をする際にそのカップルが同じ名字（姓）を名乗らなければならないとする内容である。「夫婦は婚姻の際法律の定めるところにより、夫または妻の氏を称する」。婚姻届には、夫または妻が生まれた時から名乗っていたどちらかの名字を選んでこれからそれを 2 人で名乗ると記載して役所に提出しなければならない。つまりどちらか一方は必ず名字を変えて改姓しなければならない。夫婦同氏強制制度になっていると言われる。さて、婚姻届を出すカップルのうち、いったい何％が夫が名乗っていた名字に妻が改姓し、何％が妻が名乗っていた名字に夫が改姓しているだろうか？　調べてみるとかなりの偏りがあって驚くかもしれない。

今は性別にかかわらず社会で働き、結婚前にそれなりのキャリアを積んでいたり財産をもっていたりする人が大多数になっている。結婚で名字を変えるとすると、どちらの性別であれ変える側がそのための手続きでかなりの負担を強いられることに注意してほしい。改姓する側はたとえばスマホの名義・銀行口座・職場の給与振込の名義・運転免許証・家や車を所有していればその名義変更をしなければならない。また家や車の所有者ならば実印と呼ばれるハンコをもっており、それは役所に印鑑登録しなければならないことになっている。改姓に伴い新しい実印で印鑑登録する（つまり印鑑登録を変更することになる）必要もある。その他、名字が変わることにより届出しなければならないものは多数あるはずだ。仕事をしている人は平日働いていることが多いだろうが、届出は平日昼間に行なわなければならないこともある。仕事を休んで手続きをしなければならないこともあるはず。めまいがしてこないか？　住所変更以上に名前が変わることは大変なことである。

このほかにもまだまだ民法の規定のなかには真の意味で両性の平等が確保されるような内容ではないと指摘されているものが残っている。

(2) 民法の規定が平等違反として訴えられた事例

①女性の再婚禁止期間規定の違憲判決［最大判 2015（平 27）. 12. 16］

民法第 733 条 1 項の規定は 2008 年当時、女性が一度離婚（または死別）したのち再婚するには 6 カ月間の再婚禁止期間を設けていた。男性の場合は離婚・死別したのちすぐに再婚することは可能である。女性のみ、6 カ月も待たされることになっていたのである。

この規定の趣旨は、婚姻により子どもが生まれた場合、父を推定することが必要であることと関連している。民法第 772 条 2 項によれば、婚姻から 200 日以降に出生した子、および婚姻解消（離婚・死別など）から 300 日以内に生まれた子をその時の夫の子と推定する、となっている。かつては受胎したと思われる時点から何日くらいすれば出産となるか、ということで夫の子と法律上決めていたからである。この場合、仮に女性が前の結婚を解消してすぐに再婚した場合、前婚解消＝再婚から 300 日以内に子が生まれれば前の夫の子となる一方で、前婚解消＝再婚から 200 日以降に生まれた子は再婚夫の子ともなる。前の結婚と再婚、どちらの夫の子と推定されるのか重複期間（最大で 300 − 200 ＝ 100 日間）が生じることになる。

とはいえ、女性のみ再婚を一定期間禁じられるのは不当である、仮にどうしても再婚を待たせなければならないとしても、上記の重複は 100 日間であるから 6 カ月は長すぎる、としてこの規定は第 14 条や第 24 条に違反する、ととして裁判が起こされた。

最高裁は、再婚に関して男女で区別をすることに合理的な理由はあるとした。とはいえ、民法第 772 条の父推定の規定からすれば、100 日を超過する分

図１　嫡出推定

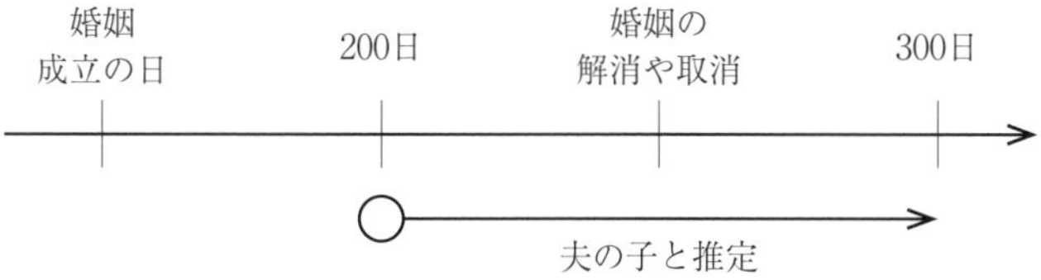

出所：緒方桂子・豊島朋子・長谷河亜希子編『日本の法〔第２版〕』日本評論社、2020年、77頁。

については合理性を欠くとして違憲であると判断した。

現在は親子関係を決定する必要があればDNA鑑定でほぼ間違いなく確定できるようになっている（以前はDNA鑑定もまだ技術的な問題があり、刑事事件で冤罪を引き起こしたこともあったが、今ではそういうこともまずない）。子どもができてから結婚する例も多い昨今、民法第772条にどれだけ実質的な意味があるのか疑問でもあるところではある。とはいえ、今回の事例は法律規定をあれこれ変更することを避け（その意味では一番簡単なやり方をとって）判決を下したともいえる。

この民法第733条１項の規定も速やかに改正され、現在女性の再婚禁止期間は100日となっている。

ただ、前婚が長く別居状態であったりDVから逃げた上で離婚に至ったりするなど、再婚を本当に一定期間待つ必要性がどれだけあるのか、また父推定の規定が現在の社会状況に合っているのかということは、さらに検討されなければならないところであろう。

②夫婦同氏制度の合憲性［最大判2015（平27）.12.16］

①と同じ日に同時に判決が下されたのは、上記でも述べた民法第750条の夫婦同氏（強制）について争われた裁判であった。

婚姻に際して名字を変更するのは実際手続きにおいてかなりの負担が、「一方だけに」発生する。しかも名字と名前とをワンセットで個人のアイデンティティと感じる人も増えている。そのため改姓することで自分でなくなったような、人格権が侵害されたかのように感じられる人もいるという。

一方で、名字を変えた側には旧姓を通称として用いることを認める勤務先なども多くなってはいる。しかしながら表向きは通称を使いながらも、給与や法律が絡む事項については改姓した戸籍上の名字を使わなければならないことも多い。結局ハンコなども2種類用意して使い分けなければならないといった、常日頃の不便さも改姓した側（それが妻側であれ夫側であれ）に多くなると指摘する声も聞かれる。

この裁判も個人の人格権の侵害と第24条違反とを争ったものであった。

最高裁は、「婚姻の際に『氏の変更を強制されない自由』が憲法上の」「人格権の一内容であるとはいえ」ず、民法第750条は「夫婦が夫または妻の氏を称するものとしており、夫婦がいずれの氏を称するかを」二人の「協議に委ねている」のだから「文言上性別に基づく法的な差別的取扱いを定めているわけではな」い。たまたま「夫の氏を選択する夫婦が圧倒的多数を占める」としてもそれが第750条の「在り方自体から生じた結果」ではない、と述べている。そして女性の改姓が多いことから女性に不利益が生じやすいと認めつつも、通称使用が認められていることでその不利益は緩和されているとしている。そこで、夫婦同氏制は「直ちに個人の尊厳と両性の本質的平等」に反する「合理性を欠く制度」とは認められない、として民法第750条は合憲とした。

なお、裁判官5名（女性裁判官は当時3名いたが全員）がこの規定は違憲であるという反対意見を出している。民法第750条は社会的・歴史的に女性差別を温存する作用があったという指摘もなされた。

夫婦同姓の歴史は実はそれほど古式ゆかしくはない。せいぜいこの100年あまり、つまり明治時代の民法制定とそこに規定された家制度に由来するものである。歴史上名字と名前とが知られている女性はほとんど実家の名字で呼ばれている（北条政子、日野富子など）。

実のところ、1993年に当時の法制審議会民法部会ですでに、夫婦同氏強制になっているこの民法第750条の規定を改めて、選択別姓制度の導入を提案している。これは夫婦が同じ名字を名乗りたいカップルはそうすればいいし（片方が改姓する)、どちらも生まれながらの名字を名乗り続けたいのならばそれを選ぶ（別姓となる夫婦も出る）こともできる、カップルに選択肢を与える制度である。別姓を強制するわけではないことで、夫婦それぞれの個人の自由と選択肢が増える制度であるが（選択同姓制度とも呼んでもいいかもしれない)、自民党議員などの反対により、30年近くも放置されたままになっている。選択制であるにもかかわらず夫婦が別姓になるのに反対するのは、主として「家族の絆」が失われる、離婚が増える、というものである。しかし絆は個人それぞれの感覚であって法制度で外形を強制されて維持されるものではない。離婚は時代が進むにつれてますます増加していることが指摘されている。同姓維持の主張は、社会的事実としても根拠がないし、また個人の内心に国家が介入するという問題をはらんでいる。子どもの名字をどうするか、という問題もあるが、法制審議会ではいくつかの提案をし、そのうちの第一候補が婚姻届を出す際にどちらの名字を名乗らせるつもりかあらかじめ届け出させるというものであった。法律改正をすればいいだけの準備はすでにできているのである。

(3) 同性婚など

近年は個人の自由やパートナーシップの自由・家庭生活の自由の主張の反映として、同性パートナーとの婚姻を希望する人も増えている。もともと第24条は明確にはそう書いていないが個人がいつ誰と結婚するかを決定できる婚姻の自由も保障していると解釈されている。両性という言葉になっているが、これはけっして異性婚だけに限っているのではなくパートナーを選ぶ自由は相手が異性か同性かを問うものではない、という考え方がある。法律上は現在同性婚は認められてはいないが、伝統的な結婚にこだわらないパートナーシップを保護する制度はフランスをはじめとする諸外国のなかには設けているところもある。また東京都渋谷区など、一部の地方自治体でパートナーシップ制度を設けるところも出てきている。

両性というが、生物学的には生物学的性別の区別はあいまいであることも研究が進んできている。性・性別・家族の問題についてさらに議論を進める時期にきている。

6.（もう一度） 憲法と、社会での差別と

人権保障の原則と、社会のなかの差別に憲法が直接適用できないことと、ここに隙間がある。これをどう埋めてゆくか。つまり、上記2.でも書いたことであるが、社会のなかの差別をどうなくしてゆくか。

法学の分野では、人権というと憲法で保障する基本的人権を意味する。しかし社会のなかではハラスメントや、基本的人権に該当する権利や利益を侵害することも、広く「人権侵害」と呼んでいる。法学の舞台では、人権（基本的人権）は、個人が国に対して保障しろと要求するものであり国はそれに応えて保障しなければならない義務を負っている。だが社会のなかでハラスメントや侵害は実際、差別扱いをしたり平等にしなかったりと基本的人権の侵害同様のものが多い。

問題は、個人やある集団が自分の価値観・考え方のみを正しいものとみなし、他の人の価値観や考え方・ポリシーを認めない・あるいは価値観を押し付けるところにもあると考えられる。多数者（マジョリティ）による少数者（マイノリティ）への侵害にもつながる。

さらに家族のあり方（これは個人の生き方と当然密接に関連する）も法制度だけでなく、民間の間でもどのように扱うかという問題も今後もっと前面に出てくるであろう。

今後、憲法上の問題だけでは済まないこうした侵害をどう解決するか、ということが我々の社会に求められている。

第5章

精神活動の自由の概念と内心の自由（思想良心の自由）

1．精神活動の自由の概念

精神活動の自由には、2つの領域がある。ひとつは内心面であり、心の中や頭の中で感じたり考えたりすることである。もうひとつは行動面であって、人が感じたもの・考えたものにもとづいてある（表現）行為を行なうことである。

図2は、精神活動の概念図である。基本は二重の円である（その上に左と右におうぎ形が重なっている状態だと思ってほしい）。内側の円が人の心の中（内心）の領域を表し、外側の円は人の行為・行動の領域を表している。内側は外側にすっぽりおおわれて閉ざされている。また二重円の外側には、外界や社会や第三者が存在していると想像しよう。

内心の領域は直接外界に接していない。ということは内心で感じたり考えたりしていることは直接第三者や外界に伝わることはない。我々が自分の考えや感じていることについて誰にも話さず黙っていれば、自分の内心を誰にも知ら

図2　精神活動の自由の概念図

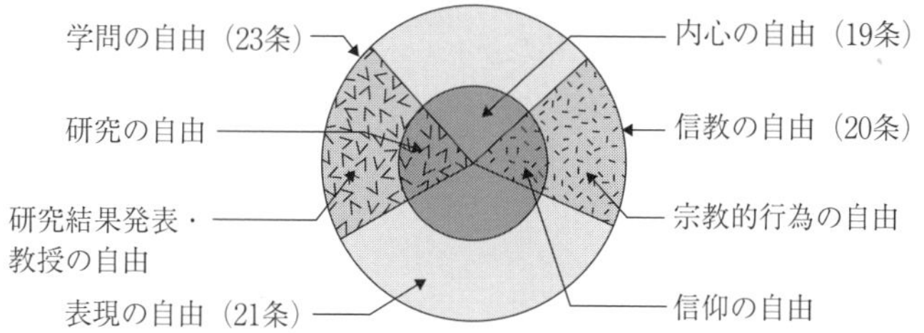

出所：渋谷秀樹・赤坂正浩『憲法1〔第3版〕』有斐閣、2007年、13頁。

れることもないし、同様に他人から内心に直接踏み込まれることもない。どんな思想や考えをもとうが、心のなかに止めておく限り他人からとやかく言われることはない。

しかし内心で考えたり感じたりしたことを他人に伝えることもできる。それは何らかの行動や行為を行なうことによってである。これは二重円のうち外側の円の領域にあたる。裏返せば人が取る行動や行為は、その本人の心の動きを反映していることになる。そして人の行動や行為（外側の円は外界に直接面している領域である）の結果は第三者や社会（外界）に何らかの影響を及ぼすことになる。その影響は、他人や社会にとって（もちろん自分にとっても）良いものや有益であることもあれば、逆に不利益や害悪になることもある。ある行動や行為が人の権利や利益に重大な侵害を与えたり、社会に不利益を与えたりする場合には、その行動や行為を行なうことが法によって禁じられたり制限されたりすることもある。

内心でどのようなことを考えるかは内心の自由（日本国憲法では思想および良心の自由）として保障され、行為や行動は表現の自由〔表現をしようという積極的な動機によらなくても（つまり無意識だと自分では思っていても）、人の心を反映するものとして行動が行なわれるため、表現行為・行動とされている〕として保障される。内心の自由は原則として制限されることはなく、国からはほぼ全面的に侵害されずに保障される。しかし表現の自由は、他人の自由や人権を侵害してまで主張でき保障されるとは必ずしもいえず、また社会公共の安全などの理由で一定程度の制限を受ける可能性がある（これは「公共の福祉」によるものである。こういう場合にはその都度、相手方の人権主張と自分の主張する表現の自由と比較衡量し、どちらを保障することにするか判断することになる。詳しくは、第３章を参照）。

内心の自由と表現の自由は、自由権のなかでは精神活動の自由に属している。日本国憲法では精神活動の自由にはあと２つ、信教の自由と学問の自由がある（概念図のおうぎ形の部分である）。この２つの自由は、それぞれ内心の自由の領域と表現行為の自由の領域と両面をもっている（信教の自由と学問の自由については第７章で扱う）。

2. 内心の自由（思想・良心の自由）

(1) 内心の自由（思想・良心の自由）とは

内心の自由の保障は、日本国憲法では第19条思想及び良心の自由に該当する。

この内心（思想及び良心）の自由がどの程度広く保障されるのかには、①、②にみるように若干の解釈の違いがある。

①信条説：思想・良心を宗教的信仰に準じる世界観や人生観などの人格形成の核となる体系だった主義・主張に限られるとする。保障される内心の範囲を比較的狭く解釈している。判例ではこの立場をとっているとされている。

②内心説：内心での物の見方や考え方など内心面の活動一般を意味する。善悪の判断・事実の認識も含まれる。学説では有力に主張されている。

いずれの説をとるにせよ、保障される内心の範囲では、ほとんど制限されることはない（というよりそのような場合は考えにくい）。考えるだけ・思うだけで、表現したり行動したり（これは表現行為になり表現の自由の範囲に属する）することがなければ（仮に人を殺したいと思っても実行しなければその人は死ぬことはない）他人の権利侵害をしたり害悪を与えたり、社会に有害な影響を与えたりすることはないからである。外部に影響を与える行為・行動は必要に応じて制限されることもあるが（これが表現の自由には制限が加えられる場合もある、という理由である）、内心は個人にとっての最後の不可侵領域なのである。

(2) 内心（思想・良心）の自由の保障内容

内心（思想・良心）の自由で保障される内容は、より詳しくいうと次の３つになる。

①内心での思想信条等への統制（強制）を受けない

戦前にあったように、思想による国からの弾圧を受けない、逆に戦前に国家神道を強制されたように、現在では一定の考えを信じろという強制も受けない。戦前の思想統制・弾圧への反省の上にたった保障である。

②沈黙の自由（とくに自分に不利になる事柄に関して）

これは自分が何を考えたり感じたりしているのか、明らかにするよう国から強制されることはない、ということである。何を考えてもいいということは、それを明かさなくてもいいということである。

③沈黙によって差別されない

そして自分の信念等を明らかにしなくても、それによって国から不利益な扱いを受けないということである。

どれも内心に、国（および地方公共団体）――すなわち権力が、踏み込むことを許さない、許されないということから受ける保障なのである。

(3) 内心を侵害したかどうかが微妙な場合・検討を要する問題

個人が名誉を侵害されたり嘘の情報を社会に流され権利侵害を受けたりしたとして裁判になる事例はしばしばある。その結果裁判所の判決で、加害者が新聞・雑誌等に被害者についての嘘や誤った情報を流したと謝罪する広告を出すよう命じられることがある（名誉毀損による権利侵害の事例ではこうした措置をとることができると民法の条文にも根拠づけられている）。

謝罪広告事件［最大判 1956（昭 31）. 7. 4］の最高裁での審理では、そうした裁判所による謝罪広告掲載命令に対し、思想・良心の自由の侵害であると被告（訴えられた側）が主張している。

事件は選挙の立候補者Ａが、対立候補のＢが汚職をしたことがあると選挙演説で発言したことが発端だった。Ｂは身に覚えがないとしてＡを名誉毀損による権利侵害で訴えたものである。Ｂの汚職の事実は認定されず、ＡはＢの名誉を不当に傷つけたとして新聞各紙に謝罪広告を出すよう裁判所は命じた。ところがＡは「自分はあくまでも個人的な考え（内心）としてはＢが汚職をしたと信じているから、謝罪広告をさせるのは思想・良心の自由の侵害である」と主張したのである。しかし最高裁判所は、謝罪広告を命じた場合、「時にはこれを強制することが（謝罪広告を出すべく命じられた者の）人格を無視し著しくその名誉を毀損し意思決定の自由な意志良心の自由を不当に制限することも」ありうるが、「単に事態の真相を告白し陳謝の意を表明するにとどまる程度のものにあっては」、「屈辱的もしくは苦役的労苦を科し」たり「倫理的な意思、良心の自由を侵害することにはあたらない」と判断してＡの主張を却けた。このように最高裁が述べたことで、判例は内心の自由の保障範囲の狭い信条説をとったとされているのである。

麹町中学内申書事件［最判 1988（昭 63）. 7. 15］も最高裁判決は（元）生徒と学校との内申書の記載をめぐる争いを、生徒の思想信条の自由の問題であるとして判断を下した。

元生徒は中学生時代大学生に混じっての学生運動を行ない、集会に参加したり校内で「全共闘」を名乗ったりした、ということが高校受験のための内申書の行動記録に記載されていた。それが理由かは定かでないが元生徒は受験校全て不合格になった。のちに自己情報開示によりそれを知り、内申書記載のため不合格になったとして、（区立中だから）学習権の侵害であるとして区と都に慰謝料請求を行なったものである。

地方裁判所や高等裁判所は、元生徒の学習権と学校側（教員）の教育評価権限との対抗関係ととらえている。地裁は内申書で生徒を分類評定することは、生徒の「学習権を不当に侵害するもの」と判断して元生徒の勝訴、高裁は学習権を認めつつも内申書の記載は「高等学校に対し学校の指導を要するものとして」「知らしめる」ためであって違法ではないと元生徒の敗訴となった。しかし最高裁は学習権と教育評価権限には触れず、元生徒の政治的活動の記載は、「本人の思想・良心を直接記載したものでないことは明らかで」、そのような「記載にかかる外部的行為によっては」元生徒の思想、信条を了知するものでは」なく、元生徒の「思想、信条自体を高等学校の進学者選抜の資料に供したものとはとうてい解することはできない」以上、中学校が元生徒の思想、信条の権利侵害という違憲の行為をしたとは言えないという判決を下した。これにより、この裁判は外部的行動の記載が個人の内心を表すものかどうか（この場合は他人に知らせるものではない）を判断した裁判として記録されることになった。

この裁判には、生徒の活動（表現の自由に入る場合もあろう）記録を読めば、元生徒の思想を推知できるのではないかという疑問も呈された。そもそも高校側にも思想を基準に選抜しないことが求められるし、中学の内申書の記載にも志願者の思想を知らしめることは認められないともされる。教員の教育評価権限も学期ごとの成績表のような教師と生徒との日常的な教育情報の交換関係が可能であることが前提になるが内申書は進学志願者には秘密とされている。とすれば内申書の評価は教育評価権限の対象と言えるかどうか。またこの事件は本来は、思想、信条の問題だけではなく、生徒の学習権と教員の成績評価権限との関係に踏み込んで、教育を受ける権利との関連性の検討をすべき側面があったという指摘もあった。

学校の入学式や卒業式の際、式場の壇上に日の丸を掲げ、君が代をピアノ伴奏によって斉唱するよう各学校に通達され、君が代に違和感を感じている人にも強制的に起立して歌う、またはピアノ伴奏を行なうよう命じられる例が1999年の国旗国歌法により法律上日の丸と君が代が国旗と国家になってから公立学校で増えている。日の丸は国家の関与を想起させ、君が代は天皇の賛美につながるとして、思想信条から抵抗のある者にも起立・斉唱を強制するのは、思想・良心への干渉（または統制）にあたるのではないか、という指摘もある。ピアノ伴奏をするよう指示されそれを拒否したことによる教員に不利益処分が与えられていることも問題となっている。

第6章

表現の自由

1．表現の自由の内容（第21条1項）

表現の自由は精神活動の自由のうち、行動面の自由を保障するものでる。1項では集会・結社・言論・出版と表現行為の例が挙げられている。ただしこれも法の下の平等を保障する14条1項に定める差別されない事項の列挙同様、表現行為の一例を挙げているもので、「その他一切の」とあるようにおよそ表現行為であるとみなしうるものは全て該当し、どこまでと範囲を区切ることは、かなり困難だと思われる。

単独で行なう行為もあれば、集会や結社などのように多数の人が集まって集団または団体で行なう行動もある。我々肉体をもった人間だけでなく法人といって法律上「(個）人」とみなされる企業や団体等も表現の自由を保障される。そのなかには報道機関も含まれ報道の自由も表現の自由の一部分であるとされる。

また、技術進歩により現在では新たに表現行為の手段となったインターネットやSNSも含まれてくる。今後もそのように手段の種類は増え続けてゆくであろう。

(1) 表現手段や内容

現在の主な表現手段としては、現状以下のものが考えられるが、もちろんまだまだ出てくるかもしれない。

・言論

・出版（本、雑誌やその記事など）

・芸術やその周辺（音楽・演劇・映画・写真・アニメ・マンガ等…それぞれがさら

に細分化された分野になろう）
・集会・デモ（などの集団行動や団体行動）
・結社（グループや団体の結成…部活やサークルも含まれる）
・ビラやチラシの配布・ビラやポスター貼り
・SNSなど

そして、その手段によって表現される「内容」としては、以下のものが考えられる。

・娯楽や個人的楽しみ…性的表現の一部もこれに含まれるであろう
・政治的な主張や選挙対策など、政治的な活動
・哲学や思想に絡むもの…芸術性のある性的表現の一部はこちらにかかわってくる可能性がある
・学術
・宗教
・情報提供（中立的なもの、偏ったもの、営利を目的とするもの、有益なもの・無益なもの・有害なもの、など多様なものがある）

「表現行為」とは、こうした表現手段と内容との組み合わせで成り立っている。その組み合わせもさまざまなパターンが考えられることになる。そうすると、表現行為と一口に言っても非常に多様なものになってくることになる。

思想・良心の自由（内心の自由）の領域では考えていることが心の中・頭の中にとどまっていて他人や社会を侵害することがないので、ほぼ無制限である。他方表現の自由で保障される領域では、さまざまな表現行為により他人や社会を侵害する可能性があるため、表現の自由は制限される可能性がある。とはいえ「表現行為」（表現内容と表現手段の組み合わせ）がこれだけ多様であるとすれば、どんな「表現行為」であるかによって、制限をされる場合やその可能性が大きいか小さいか、また制限の度合いもどの程度になるのか、というのも違ってくることになる。

(2) 情報と「知る権利」

さらには、表現された内容は「情報」と考えることもできる。情報は発信者→受信者と流れてゆくものと考えれば、発信から受信への一連のものと捉えることができる。発信者が情報を流すなら、その先に情報を受け取る受信者がいる。発信者の行動が表現行為として表現の自由の保障を受けるなら、受信者が情報を受け取るのも表現の自由の一部である。受信者の情報を受け取る権利は情報を「知る権利」であるとして、知る権利も表現の自由の一分野であるとみなされるようになっている。また発信をするためにはまず調べる・知る必要がある（レポートを書くために調べるなど）ので、受信してさらに情報を発信する、そしてそれをまた誰かが受信する、という情報の流通の連鎖として考え、その過程の全てを表現の自由の保障の範囲であるとみなすこともできるのである。

ただし個人は知る権利を表現の自由、つまり人権として保障されるのだが、同じように情報を仕入れてから発信する報道機関の知る権利すなわち取材の自由は、最高裁判所判例により表現の自由の一部（人権保障）としての保障を受けないとされている。

(3) 表現行為の限界

暴力行為の煽動や、他人を中傷して名誉を侵害したり、意図的にデマを流布するような、特定個人や社会に対して害悪を及ぼすような表現行為までは、保障されてはいない。また、わいせつなものの公表も公益に反するものとされることがある。自由の保障は無制限のものではなく、他者や社会を侵害することまでは認めていないのである。

(4) 表現の自由を保障される主体

表現の自由は生きている個人（自然人）だけでなく、法人にも認められている。ことに、マスメディアが報道をする権利も表現の自由の一部とされている。ただし、報道というアウトプットに先立つインプットである取材活動に関しては、判例（後掲博多駅TVフィルム事件）では、「取材の自由は直接表現の自由の一部というわけではないが、報道の自由の重要性に照らして十分尊重に値する」ものであるとして、報道自体より一段低い扱いになっている。

2. 表現の自由が重要とされるのは？

表現の自由は全面的に無制限というわけにはいかないのだが、反面非常に重要視されるべき特徴をもっている。したがって制限がどうしても必要ならば制限もやむを得ないが、制限するのは慎重になるべきであるとされている。

(1) 表現の自由の重要性

表現の自由の重要性については３つの次元で説明することができる。

①個人のため：

人格の形成や自己実現のため（これは内心の自由とも関連している。心の中、頭の中で考えたこと、感じたことを表に出して表現するからである）。また表現することで、考えたことや感じたことを、さらに向上させたり磨きをかけたりすることができる。

②社会のため：

社会を構成する個々の個人は多様な意見をもっている。それを互いに発表したり批判しあったりするなかで、真理が見いだされ、社会も進歩すると考えられている。

このように互いの意見や考えを自由に発表しあう「場」というものがあると想定して、それを「思想の自由市場」と呼ぶ。そのなかのさまざまな意見のなかで、より真実に近いもの、または優れているものがおのずと生き残ってゆき、社会全体の財産となってゆくとされている。

③政治的決定のため：

これは国民主権の原則と密接に関連するところである。国民が主権者である以上、政治のあり方も最終的には国民自身で決定しなければならない。すなわち自己統治であり、民主主義の基盤である。そうした決定を下すためには、社会のなかにさまざまな意見や考え方が発表されている必要がある。それらを知ることで自分の判断を決めてゆけるからである。ここではとりわけ「知る権利」が重要となってくる。

我々自分自身にとっても、自分のような個人がたくさん集まって構成している社会全体にとっても、そして国民主権の原則との関連で民主主義にとっても非常に重要である。民主主義というのは素人が政治に参加することであるから、十分な情報を得て政治的活動や判断をしなければならない。また国会議員や政権担当者などは、我々が政治や行政を行なうことを委託した存在であるから勝手な振る舞いや政策決定を行なわないよう監視する責任がある。そのためにさまざまな情報を仕入れる必要があるし、報道機関も公正で中立的な報道をする責務を負っているとされている。

こうした民主主義のためにも、内心の自由や表現の自由の保障が必要かつ重要になってくるのである。

(2) 規制の明確性の原則

こうした表現の自由に対し規制をかけなければならないとすれば、どんな表現内容や範囲を規制するのか、明確でなければならない。規制する法令の条文の文言の意味もはっきりしていて、一般の人が読んでこの表現行為が規制・禁止されると理解できるものでなければならない。規制の理由もそうである。刑法の条文を読んで、何が犯罪行為とされるのかを理解できるようでなければならないのと同様である。不明確な規定による表現行為の規制は本来自由であるべき表現行為まで差し控える萎縮効果を生む。それは表現の自由への不当な制限になる。

3. 表現の自由の保障装置（第21条2項）

表現の自由は、上で述べたように、他者の権利や法益を侵害してしまうばかりでなく、政治批判をすることも当然含まれるので、政府にとっては認めがたい場合がある。そのため、過去には表現の自由は制限され、批判的言論の弾圧も行なわれた。

２項には、そのように重要な表現の自由を保障するために条文中に仕込まれたものがある。ここでは国家が絶対にやってはならない統制手段（つまり禁じ手）を２つ挙げている。ひとつは検閲、もうひとつは通信の秘密を侵害すること、である。

検閲も通信の秘密の侵害も、戦前とくに戦争中によく行なわれたが、それによって表現（情報）が無きものにされたり情報発信の抑制になってしまうとして日本国憲法では禁止されている。

(1) 検閲

検閲を現在どう定義するかについては、税関検査事件判決〔最大判 1984（昭 59）. 12. 12〕において、最高裁判所自身が行なった定義がある。それによると「行政権が主体となって、思想内容等の表現物を対象とし、その全部または一部の発表の禁止を目的として、対象とされる一定の表現物につき網羅的一般的に、発表前にその内容を審査した上、不適当と認めるものの発表を禁止すること」である。

しかし、検閲を疑われる事例において、裁判所（も国家権力の一部なのだが）が「はい、これは検閲になります」と認めた事例はほとんどない。

税関検査事件では、外国から輸入しようとした書籍やフィルムが、税関検査で性的行為等を描写したものであると判明し、わいせつを理由として公安または風俗を害すべき書籍や図画（法律用語では「とが」と読む）として当時の関税定率法に抵触する輸入禁制品に該当するという通知などに対し、その取消を請求する訴えが起こされたものである。

最高裁は結論において税関で性的描写のある物品の輸入禁止をよしとしたが、その主な理由は以下のようなものである。

①輸入を禁じられる表現物は、国外においてはすでに発表済みであって、発表の機会が全面的に奪われているわけではない。

②税関検査は関税を徴収する手続に伴って行なわれるもので、「思想内容等それ自体を審査し」て規制しているわけではない。

③日本における健全な性風俗を維持するために、いたずらにわいせつ表現物

が流入することを阻止するのは公共の福祉に合致する。

④関税定率法でいう「公安または風俗を害すべき書籍」はわいせつなものを指すと解されるので、過度に広汎または不明確な規定とは言えず、違憲ではない。

しかし①については日本では現に手に入らなくなるのであるから、事前規制そのものではないのか、とも考えられる。また、「わいせつ」なものとは何か、というのは一律に判断できるものなのかどうか、疑問の残るところである。

とはいえ、他人の権利や利益保護のためにはどうしても発表前に止めなければならない事例も出てくる。北方ジャーナル事件［最大判 1986（昭 61）.6.1］がそうした例として挙げられる。

知事選挙候補者が、名誉を侵害する記事が掲載されることになったと裁判所に申し立て、その雑誌の出版が仮処分という形で差し止められた。これに対し、仮処分を受けた雑誌出版社社長が、この仮処分が表現の自由を侵害しているとして訴えた。

最高裁はまず、「仮処分による事前差止めは、『検閲』にあたらない」とした。その上で、「表現行為に対する事前抑制は、表現の自由を保障し検閲を禁止する憲法 21 条の趣旨に照らし、厳格かつ明確な要件のもとにおいてのみ許容され」、「出版物の頒布等の事前差止めは、このような事前抑制に該当するもの」で「原則として許されない」が、ただし「その表現内容が真実でなく、またはそれが専ら公益を図る目的のものでないことが明白であって、かつ、被害者が重大にして著しく回復困難な損害を被るおそれがあるときは、例外的に事前差止めが許される」として、仮処分による事前差止めは違憲ではないとした。

この事例では、表現物が個人の名誉やプライバシーを侵害するという場合に当たる。いったんそれが発表されてしまったなら、名誉権やプライバシーの権利の回復は困難である。そこで、明らかにそれらの権利が侵害されていると事前に判明した場合の、例外的な緊急措置ということになるだろう。人権侵害が行なわれる、しかも事後的救済では間に合わない、そういう場合である。

そのほかにも、国家が事前に内容をチェックして発行・発表を止めてしまう

（もしくは止めてしまう可能性がある）制度がある。代表例は教科書検定制度である（教科書検定については、教育を受ける権利にかかわってくるので、詳しくは第11章を参照）。

(2) 通信の秘密

通信の秘密にいう通信も現在ではSNSを含むかなり広い範囲にわたっていると考えられる。しかし、通信の秘密も今や完全に保障されているわけではない。1999年に通信傍受法が制定されたことにより、犯罪捜査や予防目的とはいえ通信の秘密は絶対とは言えなくなってしまっている。薬物、集団密航、銃器、組織的殺人のような重要犯罪の捜査や、将来起きるかもしれない上記の犯罪行為を事前に察知するためのものとされている。そうした傍受には、それをとくに許可する裁判官による令状を要し、期間も限られている（10日以内、ただし30日まで延長可能）。しかし通信傍受ができる範囲が拡大されたため、通信の秘密はますます保障されなくなってきており、「禁じ手」としての意味が薄くなりつつある。我々の電話やメール等、いつどのように覗き見・傍聴されているか正直わからない状況になってきている。

４．表現の自由の規制

(1) 規制の種類

表現の自由の規制には大まかに２つの区別がある。

①表現内容規制：特定の内容の表現を自由に流させない

わいせつ規制やプライバシー・名誉侵害表現への規制がこれに含まれる。

②表現中立規制：特定の手段や時・場所によって規制する

表現内容規制は、さまざまな情報や表現が社会に流通するのを妨害することになるので、慎重にしなければならないのはもちろんである。仮にこの規制が問題となり裁判となったならば、裁判所は規制が違憲にならないか慎重かつ厳格に判断する必要があるとされる。

しかし表現中立規制ならばもっと緩やかに判断してよいのかというと、必ずしもそうはゆかない。特定の手段・時・場所の規制に名を借りて、実質的には内容規制と変わらない規制になる可能性は否定できないからである。内容規制と中立規制の違いは実はそう明確なものではないのである。

(2) わいせつ規制

刑法第175条には「わいせつな文書、図画その他のものを頒布し、販売しまたは公然と陳列した者」、「販売の目的でこれらのものを所持した者」に処罰を与える規定がある。これが「わいせつ文書」の規制根拠になっている。これに基づいて、かつては小説でも、性行為を描写するような記述があるだけで規制されることがあった。

チャタレイ事件判決［最大判1957（昭32）.3.13］と呼ばれる、「チャタレイ夫人の恋人」という小説の翻訳出版が刑法第175条のわいせつ文書頒布販売罪に当たるとされた事件では、最高裁判決は、「わいせつ文書」とは「①いたずらに性欲を興奮または刺戟（しげき）せしめ、②かつ普通人の正常な性的羞恥心を害し、③善良な性的道義観念に反するもの」とされる。

「わいせつ」の観念は見る人の主観に左右されるものであるが、最高裁はそれが「社会通念」として客観化でき、判断は裁判官が行なうものであるとしている。また、社会通念が変化しても変わらない普遍的規範として「性行為の非公然性の原則」を挙げている。これは個人の法益ではなく、性道徳を維持することが主眼とされている。しかし表現の自由の意義のひとつである自己実現の観点から言えば、「わいせつ」表現にも憲法の保障が及ぶと考えるべきであるとの指摘がある。

そのほか「悪徳の栄え」事件［最大判1969（昭44）.10.15］や「四畳半襖の下張」事件［最判1980（昭55）.11.28］といった判例がある。わいせつ性の判断基準は、次第に単にわいせつかどうかだけでなく、文書全体からの個々の「わいせつ性」の位置づけを見たり、芸術性等を考慮するようになってきている。しかし最終的には「善良な性的道義観念」の維持に力点を置いた判断をしており、いずれも有罪判決が下されている。

しかし、何をもって「わいせつか」という観念は時代によって変化するし、現在ではいわゆる「ヘアヌード」も容認されている。最近では国際的に有名な写真家のメイプルソープの写真集が関税法第69条の11に規定された「公安又は風俗を害すべき書籍・図画等」に該当するとして税関で没収された事例において最高裁［最判2008（平20）.2.19］は、写真集や写真家の芸術性の評価が高いこと、性器の写真は写真集全体からみると比重が非常に低いことから、当該規定には該当しない、と判断している。芸術性や表現物の全体をより重視して判断するようになってきている。

ただ関連分野としては、未成年者を使ったいわゆる児童ポルノ文書の問題がある。児童ポルノについては「児童ポルノ禁止法」によって所持したり、たとえばインターネットに流すまたはダウンロード可能にすることは禁じられている。これは単純なわいせつ規制というだけではなく、判断能力を十分に備えていない子供を保護する趣旨で規制しているものである。日本はこの児童ポルノ規制がまだ十分ではなく、しばしば国際社会からの批判もあびている。そのため最近は規制が厳しくなってきている。ただ、これらはネット上で配信されることも多く、ネット上の児童ポルノの摘発はかなり困難がつきまとうと言われている。

児童ポルノが問題とされているのは、表現物の対象物にされている子ども・未成年者の判断能力が不十分な場合が多いだろうというところが大きい。これは判断能力のついている成人であれば、自分が性的表現の対象物となることも十分承知・合意しているであろうとされているからである。しかし判断能力が不十分で騙されたり、性的表現の対象物となった過去が将来どう影響してくるかまだ十分に予想のつかない子どもの場合は、たとえ「その時その場で」承知した、としてもその判断を後々悔やむことになったり、その過去について傷つくことも考えられるからである。つまり性的虐待であるとみなされることになる。

日本では、この児童ポルノについては諸外国に比べ、非常にまだ規制が不十分である。性的なもの以外でも、子どもへの虐待について、まだまだ日本は甘く、見逃しが多いと指摘されている。

子どものポルノはさておいて、では、性的表現は自由になっていいのかどうか、ということについては実はまだまだ議論があり、完全に決着がついたわけではない。というのもいくつかの問題点があるからである。

まず、ある程度は解決をみた問題であるが、性的表現を①見たくない者が見ないでいられる自由、逆にいえば見たい者だけが見る機会をもつことができる、という状況を作ることである。性的羞恥心など人の感情は個人差が大きい。40年前には無意味に水着女性のポスターや広告が街中にも電車のつり革広告にも溢れていたが、徐々にそういった「見たくもない者が無理やり見せつけられる」状態は改善してきている。

②は上記の女性の裸に近いポスターなどが溢れていた状況と関連することである。つまり、性的表現の対象物は圧倒的に女性が多く（児童ポルノの場合には男児もあるようだが）、逆にそれを見たがる（消費する）側はほぼ男性である、という性差が存在することである。つまりいかに対象物となっているモデルが自主的に承諾しているといっても、これにより男性が性的に女性または子どもを消費し、性的に支配する（娯楽作品では女性を性的にモノのように扱うシーンもある）という構造が再生産してゆく。またこれにより感情・感覚面で男性が女性や子どもを性的に支配する（してもよい）と刷り込みが繰り返されてゆく、という問題が一向に改善しないということである。

女性差別が人権侵害であることは、ずっと主張されているところであるが、その反面、性的支配やDV、セクハラなどはなかなか撲滅できないでいるところでもある。その原因が性的表現物であると断じるわけではないが、全く影響がないと断言もできない。

さらに、一部の（人間関係・男女関係やコミュニケーションについて未発達だったり問題を抱えていたりする）未成年者が、本来娯楽的フィクションである性的表現物での暴力シーンやレイプシーンを受け売りにして、女性と「付き合う」「普通に仲良くなる」ことを認識できないまま、性的非行に至るケースもあるという（たとえば石井光太『虐待された少年はなぜ、事件を起こしたのか』平凡社新書、2019年、142頁）。何歳にならそうした性的表現物を見せてもフィクションと認識できるか、そもそも見せないような工夫や手段があるのか、その点は困難がついてまわる。

我々は内心から考えたりアイディアを出したりして表現行為を行なうが、逆に表現行為によって内心が影響を受けることも、忘れてはならない。性的表現であっても表現行為であるなら、できるだけその表現は自由であるのが原則である。とはいえ性的表現ををやはり一定程度は規制すべきかどうか、規制するとしてどの程度・どのような形で規制するか、というのはまだまだ議論を深めてゆかなければならない問題であると思われる。

(3) 名誉毀損やプライバシー侵害の表現

刑法上は第230条の名誉毀損罪があり、民法上では第709条・第710条の不法行為として損害賠償の対象となる場合がある。また必要があれば、名誉を侵害する表現をされた人は裁判所による事前差止めの仮処分を受けることができる。

ただし、公人と呼ばれる人々（政治家、芸能人など）に関する表現または情報は、知る権利の対象ともなる。そこで、刑法第230条の2は、公益を図る目的での表現行為で真実性の証明があれば処罰しないと定めている。

「夕刊和歌山時事」事件［最大判1969（昭44）.6.25］では、名誉毀損で起訴された事件にこの第230条の2を適用して（刑事訴訟として）、「事実が真実であることの証明がない場合でも、行為者がその事実を真実であると誤信し、その誤信したことについて、確実な資料、根拠に照らし相当の理由があるときは」「名誉毀損の罪は成立しないものと解するのが相当である」と判断した。また、「月刊ペン」事件［最判1981（昭56）.4.16］では、第230条の2の「公共の利害に関する事実」に関する判断を行なっている。宗教法人の会長の私的行動を取り上げた記事が名誉毀損に当たると起訴された事件に対し、「私人の私生活上の行状であっても、その携わる社会的活動の性質およびこれを通じて社会に及ぼす影響力の程度などのいかんによっては、その社会的活動に対する批判ないし評価の一資料として」該当する場合があると判示した。

プライバシーの侵害については、第13章を参照されたい。原則本人が自ら公表するなど、公知の事柄でないものを第三者が勝手に公表することは、公表された者の権利・利益侵害にあたるため許されない。ただプライバシー侵害に関する刑法規定はないため、裁判するならば民事訴訟になる。また名誉毀損同様、プライベートな情報の第三者による公表でも公職にある者や候補者など公的人物である場合、公表された事項を公表することに社会的な意義が認められるような場合や社会に及ぼす影響力の程度などによっては、例外的に公表が認められることもある。

(4)　ビラ貼りやビラ・チラシ配布など

内容中立規制の典型であるとしばしば指摘されている。

ビラの配布は道路交通法で、ビラ貼りは屋外広告物条例や軽犯罪法で取り締まりされる。

大阪市屋外広告物条例事件［最大判 1968（昭 43）. 12. 18］では最高裁は、屋外広告物条例の規制を肯定し「橋柱、電柱、電信柱にビラをはりつけた」行為は「都市の美観風致を害するものとして規制の対象とされているものと認める」。「都市の美観風致を維持することは、公共の福祉を保持する」ことであるから、「この程度の規制は、公共の福祉のため、表現の自由に対し許された必要かつ合理的な制限と解することができる」と、（時代背景もあってか）公共の福祉（この場合都市の美観風致）を基本的人権を制約する対抗物として簡単に表現の自由を制限する判決を出している。

ビラ貼りが軽犯罪法違反とされた事件［最大判 1970（昭 45）. 6. 17］では、「たとい思想を外部に発表するための手段であっても、その手段が他人の財産権、管理権を不当に害するごときものは、もとより許されない」として、「この程度の規制は公共の福祉のため、表現の自由に対し許された必要かつ合理的な制限であ」ると判示した。ここでは財産権の保護を公共の福祉に結びつけている。本来は軽犯罪法によるビラ貼り規制が合憲かどうか、立法目的（財産権の保護）や規制手段（刑罰）の必要性や合理性をもっと検討すべきであると指摘された。

現在では公共の福祉を、「外から」表現の自由や基本的人権を制限できるツールであるという考え方はしてはいない。しかし、財産権や場所の管理権をもって、表現行為を規制するのは合憲であるとする判例は最近でもいくつかある。吉祥寺駅構内ビラ配布事件［最判 1984（昭 59）. 12. 18］や政治的なビラ配布のために集合住宅に入った立川反戦ビラ配布事件［最判 2008（平 20）. 4. 11］や葛飾政党ビラ配布事件［最判 2009（平 21）. 11. 30］はそれぞれ刑法第 13 条の不退去罪や住居侵入罪に問われ、有罪となっている。

だが、街頭や駅構内は「公共の場所（いわゆるパブリックフォーラム）」でもありそうした場所で（他人の通行を過度に妨害しない程度に）表現行為を行なうことは保障されるべきではないかという見解もある。

(5) 公務員の政治活動

行政は中立かつ公平なものでなくてはならないとされる。公務員は、行政権の一端を担う、または一部を成すため、労働権も職種に応じて制限されているほかに、政治活動に関しても制限されることがある。

猿払事件［最大判 1974（昭 49）. 11. 6］の例では、当時、国の機関であった郵便局の局員が、組合運動の一環として、勤務時間外に衆議院議員選挙のポスターを公営掲示場に掲示するなどの行為を行なった。これが国家公務員法第102 条 1 項の政治活動の禁止規定に反するとされて罰金刑にされたものである。

最高裁は、「公務員の政治的中立性を損なうおそれのある公務員の政治的行為を禁止することは、それが合理的で必要やむをえない限度にとどまるものである限り、憲法の許容するところ」であり、また「公務員の政治的行為のすべてが自由に放任されるときは、おのずから公務員の政治的中立性が損なわれ、行政の中立的運営に対する国民の信頼が損なわれ」てしまうので、公務員の「政治的行為を禁止することはまさしく憲法の要請」であり、規制する「目的は正当なもの」であるとした。そして規制は規制「目的との間に合理的な関連性が」認められ、さらに規制をすることによって「得られる利益は失われる利益」よりもさらに重要で「利益の均衡を失するものではない」として、公務員の政治活動の制限を認めた。

ただしこの事件の１審判決［旭川地判 1968（昭 43）. 3. 25］は、まず政治活動の自由の重要性を指摘してその制約は最小限のものでなければならないとした。そのうえで、法が憲法上の権利を制約しているときは、その制約は法の目的の達成に必要最小限度のものでなくてはならず、法の定めている制裁方法よりももっと狭い範囲の制裁方法でも法の目的を達成できるならば、法の定めている制裁方法は必要最小限度を超えたものとして違憲となる〔「より制限的でない他の選びうる手段の基準」（LRA の基準ともいう）を用いたとされる〕、と判断して、この処罰は（適用）違憲であるとして、無罪判決を出していた。この事件では当時郵便局員は公務員ではあったが事業営業に関わる現業職であり、公権力の行使に当たる職務ではない。それでも「公務員」としての中立性・公正性が厳しく問われるのか、疑問視する声もあった。現在では郵便業務は民営化されたので公務員扱いではない。

その後、休日に政党機関紙を住宅にポスティングした旧社会保険庁職員が国家公務員法違反として起訴された堀越事件［最判 2012（平 24）. 12. 7］では、本人が管理職でないこと、国家公務員法 102 条は「公務員の職務の遂行の政治的中立性を行なう恐れが実質的に認められる政治的行為」を禁止して行政への国民の信頼を維持する目的のものであるから、この事例に対し 102 条による罰則を適用するのは適切でない、と無罪にした。公務員とはいえ、職務外で身分を明かさず政治的な内容の表現物をポスティングしても禁止されない例があると示したことになる。しかし政党機関紙をポスティングしたという意味ではほぼ同様の事例である（ただし本人は厚生労働省職員であった）宇治橋事件（最高裁判決日時は堀越事件と同じ）では有罪とされた。この違いは宇治橋事件の本人が管理職の地位にあったことも判断を分けた理由のひとつであるとも言われている。立場によって「職務の政治的中立性」の要求度合いが異なることを示したとも解される。

(6) 集会・結社の自由

多数人によるパフォーマンスや行動も表現行為に含まれることがある。演劇などもそうであるが、そういう特定人だけでなく、不特定多数が集まって集会を行ない、そこで何らかのアピールを行なうことも認められている。

「集会は多数人が共通の目的をもって一定の場所に集まる一時的な集合」をいうとされる。多数の人々が集まることはまず、相互に意見や情報等を交換しあい、さまざまな意見や情報等に接し、交流することを可能とする。それは自分の思想や考え、人格を発展させる機会となる。それだけでなく集会は、さらに外部に意見を表明するための有効な手段でもある。したがって、国家から介入や干渉を受けずに集会を開いたり、それに参加したりする自由があるし、また集会を開くため、公の施設（公園や広場、公民館など）を使用する権利も認められる。

さらに、集まった人々が街路を行進をして（いわゆるデモ）さらに多くの人々に自分たちの考えや要求をアピールすることもできる。さしずめデモもまた「動く集会」として重要な役割を果たすのである。

ただし、集会を行なう広場やデモ行進をする道路（車道）を使用するときは、警察などに届出をするかまたは許可を得る必要がある。許可制の場合には、公共物（公園・広場・道路）の一時的占有は、他の人々の迷惑など公共の利益に反するという理由で許可が下りないということもある。そのため、行政権の恣意的判断に左右される懸念がある。

結社の自由は、同じような考えや目的をもった人々が集まって、集会のような短時間ではなく継続して集団をつくる自由を意味する。政治団体・政党・宗教団体・学会・NGO・NPOなどがあるが、この場合は不特定人ではなく特定人の集団・団体である。これらも公衆に害を与えたり迷惑を被らせたりしないように、法律で一定程度規制がされている場合がある（宗教法人法など）。

このように、表現の自由は、「一切の」表現行為をカバーするものであるから、個人の表現も多数者による表現もすべて含まれているのである。

デモ行進の規制例としては、東京都公安条例事件［最大判1960（昭35）.7.20］がある。蛇行行進・渦巻き行進やわざと停滞するなど交通秩序を乱す行為は行なわないことを条件にデモ行進の許可を得たにもかかわらず、参加者がそれを行なったり、許可を得ないで集会やデモ行進をしたりしたことによって、それらの指導者たちが条例違反で刑事起訴されたものである。この事件においては、集団行動の許可制（ある行動を原則禁止にし、一定の条件の下でその行動を許す）が表現活動の事前規制になり得ることが問題となった。

最高裁はまず、「集団行動による思想等の表現は、現存する多数人の集合体自体の力、潜在的な一種の物理的力によって支持されている。かような潜在的力は、あるいは突発的に内外からの刺激、煽動等によってきわめて容易に動員されうる。この場合に平穏静粛な集団であっても、時に興奮、激昂の渦中に巻き込まれ、甚だしい場合は一瞬にして暴徒と化し、勢いの赴くところ実力によって法と秩序を蹂躙し、集団行動の指揮者はもちろん警察力をもってしてもいかんともし得ないような事態に発展する危険が存在する」ため、「集団行動による表現の自由に関する限り、いわゆる『公安条例』をもって不測の事態に備え、法と秩序を維持するに必要最小限度の措置を事前に講ずることはやむをえない」とした。そのうえで、この公安条例は、「集団行動に関しては、公安委員会の許可」を必要としているものの、原則として申請に対する「許可が義務づけられており、不許可の場合が厳格に制限されている」ので、「この許可制は実質において届出制と異なるところがない」とした。そして、「もちろん『公共の安寧を保持する上に直接危険を及ぼすと明らかに認められる場合』には許可は与えられない」が、「許可不許可の決定を下す際に不許可となる事情が存するかどうかの認定は、公安委員会の裁量に属することは当然である」のであるから、集団行動（デモ行進）に対する許可制は憲法第21条に違反しないと結論するものであった。

もうひとつ、集会の自由が保障されなかった事例として、泉佐野市民会館事件［最判1995（平7）.3.7］がある。これは「関西新空港反対全国総決起集会」を開催するための市民会館のホールの使用許可を申請された泉佐野市が、集会の実質的主催者が過激派であり、市民会館条例の許可をしない事由（「公の秩序を乱すおそれがある場合」「その他の市民会館の管理上支障があると認められない場合」）に該当するおそれがあるとして、使用を不許可としたものである。

最高裁は、「市民会館の利用を拒否しうるのは、施設をその集会のために利用させることによって、他の基本的人権が侵害され、公共の福祉が損なわれる危険がある場合に限られ」、「そのような場合には、その危険を回避し、防止するために、その施設における集会の開催が必要かつ合理的な範囲で制限を受けることが」あり得るとしたうえで、そうした制限は「基本的人権としての集会の自由の重要性と、当該集会が開かれることによって侵害されることのある他の基本的人権の内容や侵害の発生の危険性の程度等を衡量して決せられるべきである」として、条例による市民「会館の使用の規制は、このような衡量によって必要かつ合理的なものとされる限りは憲法21条に違反」しない、と条例の規定を認めた。

また条例は、市民「会館における集会の自由を保障する重要性よりも、集会が開かれることによって、人の生命、身体または財産が侵害され、公共の安全が損なわれる危険」の回避を優先させているが、その危険は「明らかな差し迫った危険の発生が具体的に予見されることが必要」であるとした。そして今回は、そうした危険が「明らかに予見される」ため、使用不許可は適法である、と判示した。

この判例は、集会の自由と公共の安全と利益衡量を行なっている点や、「明らかな差し迫った危険」を基準にして判断したものであり、集会の自由をある程度重視しているものであるようにみえる。しかし市民会館の利用不許可という制限が、公共の危険の防止のための必要最小限度のものであるかどうかまでは十分踏み込んでなく、むしろ「必要かつ合理的な」程度とみなされるならば良しとしている点で、それほど厳格に審査して判断したものにはなっていないという指摘がある。

5. 個人が行なう表現行為の光と闇

(1) 個人の表現行為で注意すべきこと

個人が表現行為を自由に行なうことができる＝表現の自由が保障される、というのは素晴らしいことである。自由に考える自由、そしてそれを表現する自由、それがあってこそ、個人は真に解放される。また社会も科学も技術も発展できる。

ただし、表現の「内容」は慎重でなければならない。

犯罪の煽動やヘイトスピーチ・名誉毀損やプライバシーの侵害はやってはならない。どんなに仲が良くても安易に個人情報を第三者に漏らしてはならないのが、人権保障とは別に、今や社会的マナーのひとつにもなっている。

それだけでなく、間違った情報を流すのも注意しなければならない。それによって社会や他人の権利が侵害される可能性が出てくる。ましてやデマや嘘をわざと流してはならないのはいうまでもない。そうしたことは、はなはだしいときは犯罪行為にもなり得るし、権利や利益を侵害された人からは損害賠償請求（民法709条に基づく）をされることもある。そうした行為は憲法第12条にいう人権行使の濫用に該当する。

(2) ヘイトスピーチをしてはならない理由

以前にはこれは差別的言論と呼ばれており、言論であるからには表現行為としての保障を受けるべきだ、という研究者もいる。

今はヘイトスピーチと呼ぶようになっている。ヘイト（hate）は悪意、害意を意味する。そしてもちろん狭い意味のスピーチだけでなく、集団行動も含まれてくる。そしてこのヘイトスピーチを集団的・恒常的に行なう人々が多数現れてくるようになったのである。

ヘイトスピーチのまずいところは、もちろん差別が基盤にあるところである。人間としてのマナーとして、人を差別してはならない（とくに生まれながらの理由ではなおさらである）、人を害してはならない。個人が行なう差別行為を、憲法第14条は直接禁止することはできないが、マナーとして人権侵害に当たる行為を個人がするのは認められない。第13条にある個人の尊重もまた、我々個人はマナーとしてお互いに守る必要がある。個人の尊厳を傷つけることは、誰であっても（当然国家でもだが）許されるものではない。

(3) SNS 利用の注意

こうして考えると、SNS でやってはならないことも、当然わかるであろう。Facebook は実名制だが、Twitter、LINE などはニックネームをつけて実名を表さないで投稿することができる。そのため自分が覆面をかぶったつもりで大胆な言動に出やすくなる場合もある。画像も顔などをマスキングできる。しかし、知っている人も多かろうが、SNS は完全匿名ではない。そのため、バイトテロなどで炎上した際に、あっさりと住所氏名学校名などが暴露されることになった（これがまた権利侵害の連鎖に該当する可能性があるが、ここではそれはさておく）。ましてやリベンジポルノなどは論外である。どちらも、他人の権利を侵害したり、名誉を傷つけたり、プライバシーの侵害を行なったり、ということをしている。ネタや遊びでは済まないのである。

個人が個人的な場で表現行為をすることが悪いわけではもちろんない。個人的な行為であっても、人権行使と同様に濫用してはならない場合がある、というマナーを忘れてはならないのである。

6．報道機関の報道に関わる問題

(1) 報道機関の使命

報道機関・マスメディアの報道も、表現行為の一種として表現の自由の保障範囲とされている。その理由の一部は、報道機関に一定の使命があるとされるからである。

①マスメディアには、受け手である一般の人々に正確で中立的な内容の報道を行なうことが求められる。これは国民の知る権利の保障にもつながってくる。

②マスメディアには国家権力が不当な、あるいは違憲違法な行為を行なっていないかを監視し、もし国家に違法・不当な行為があれば、それを主権者たる国民にそれを伝える責務があるとされる。

そのためマスメディアは、高度情報化社会での情報発信の担い手として、また民主主義に寄与する存在として重視されてきたのである。

(2) 取材の自由の位置づけと規制

マスメディアとしての責務を果たすため、報道機関には取材行為を自由に行なう保障が必要である。しかし、取材の自由（個人でいうなら知る権利に対応するであろう）は表現の自由の一部であるとは認められていない。なぜか。

まず取材の自由にはいくつか制限が行なわれてきた。

そもそも裁判所の法廷自体において、いくつかの取材活動が制限されている。まず写真撮影が制限されている。北海タイムス事件決定［最大決 1958（昭53）. 2. 17］において、法廷での写真撮影は裁判所の許可が必要とされた。とくに法廷の審理の開始後は写真撮影ができないため、刑事裁判の場合の被告人の様子についての報道は、今でもスケッチで行なわれている。

また、裁判を傍聴しながらメモを取ることも以前は認められていなかった。しかし、レペタ事件［最大判 1989（平元）. 3. 8］で、「公正かつ円滑な訴訟の運営は、傍聴人がメモを取ることに比べればはるかに優越する法益である」が、傍聴人がメモを取ることが訴訟の運営を妨げることは「通常はありえないので、特段の事情のない限り、傍聴人の自由にまかせるべきであり、それが憲法 21 条 1 項の精神に合致する」、と判示されて以来、傍聴席で静かにメモを取ることは制止されなくなった。

(3) 取材源の秘匿と公正な裁判の利益との衝突

取材の自由を手厚くするなら当然取材源の秘匿も十分保障しなければならない。誰からそのニュースを手に入れたか（ニュースソースはどこか）や、取材物を安易に公表しないのは、報道機関・記者としての職業上のマナーでもある。匿名で情報を寄せてくれる人も（そうしないとなんらかの形でニュースソースの人に危険が及ぶから）いるからである。

ところが、その取材源の秘匿が裁判の際に邪魔とされることもある。刑事裁判において、記者を証人として法廷に喚問して証言をさせようとした事例［最大判 1952（昭 27）. 8. 6］では、税務署員の汚職事件に関する事実を報道した記事をめぐって、記事を書いた新聞記者が裁判所に呼び出され、記事の出所を明かすよう証言を求められたが、記者は取材源の秘匿を理由にこれを拒絶し、証言拒絶罪で起訴された。

最高裁は、以下の理由で記者の証言拒絶を否定する判決を出した。すなわち、刑事訴訟法には「新聞記者を証言拒絶権」がある者であると規定していないため、新聞記者には証言拒絶権は認められない。また、表現の自由は新聞記者に一般人に比べて特段の保障を与えてはいない。さらに、証言は公の福祉のため最も重大な司法権の公正な発動につき必要欠くべからざるものであって、その拒絶権までも第21条は保障していると解することはできない、というものであった。

また、取材物（TVフィルムなど）を証拠として提出するよう、求めた事例もある。博多駅TVフィルム事件である［最大決1969（昭44）.11.26］。

アメリカの原子力空母の佐世保入港に反対する学生たちと機動隊とが博多駅で衝突した。その際の機動隊の行動が過剰な警備であって特別公務員暴行凌虐罪などに当たると告発されたが不起訴処分になった。そこで刑事訴訟法第262条に基づく付審判請求が行なわれることになった。その審理のために地方裁判所はTV局4局に対し、撮影したフィルムの提出を依頼したが拒否されたため、刑事訴訟法第99条に基づきフィルムの提出命令が出された。TV局側は提出命令は憲法第21条違反になるとして取消しの請求（抗告）をしたため、TVフィルムの提出命令の合憲性について判断されることになった。

最高裁は、「取材の自由も憲法第21条に照らして十分尊重に値する」と認めた。しかし、「公正な裁判という憲法上の要請があるときはある程度の制約をこうむることになってもやむをえない」とした。そして「公正な刑事裁判を実現するにあたっての（フィルムという証拠品の）必要性の有無」と「取材したものを証拠として提出させられることによって報道機関の取材の自由が妨げられる程度およびこれが報道の自由に及ぼす影響の度合い」などを「比較衡量して決せられるべきであ」る。今回は「被疑者らの在籍の有無を判定する」ために、「現場を中立的な立場から撮影した報道機関のフィルムが証拠上きわめて重要な価値を有し」ている反面、フィルムはすでに放映したものか放映のために準備したものであって、証拠として使用されても報道機関がこうむる不利益は、将来の取材の自由が妨げられるおそれがあるにとどまる、と判断して、提出命令を適法とした。

報道機関にとって、取材活動はなくてはならないものであるが、報道する自由に比べて一段低い扱いを受けていることもあって、「将来の」取材の自由への不利益をTV局側に受忍させたといえる。ただ、報道や取材の自由に関し、判断の上で比較衡量の手法を取り入れた先例として位置づけられているものである。とはいえ、取材の自由を一定程度制約することを認めたことは、ひいては報道の自由や表現の自由にもある程度のかせをかけるものにつながるおそれがあるといえよう。

結局取材の自由は、今でも表現の自由のなかに含まれない、一段低い扱いを受けている。

しかし、正確なニュースを報道することが報道機関の使命であるなら（本当に全ての報道機関がその通りに報道するなら）、取材の自由自体も報道と一体のもの、報道の自由の一部として表現の自由の内容としての保障を受けるべきであろう。

(4) 取材方法の問題と政府による情報隠し

取材手法が社会通念に反している例として挙げられた外務省秘密電文漏洩事件［最判1978（昭53）.5.31］もあった。沖縄返還交渉の外交関係に関する取材活動を行なっていた男性新聞記者が、外務省女性事務官と親密な関係をもったうえで秘密文書をもち出すよう依頼した。記者は職務上の秘密を漏らすようそそのかしたことを理由に国家公務員法違反で起訴された。

最高裁は、漏洩された文書が国家公務員法にいう秘密に該当することを認め、「報道機関の国政に関する取材行為は公務員の守秘義務と対立するものであり、時としては誘導の性質を伴うものであるから、取材の目的で公務員に対し秘密を」漏らすようそそのかしただけで、直ちにその取材行為が違法とされるわけではないとしたものの、取材の手段・方法が刑罰の対象でなくても法秩序全体の精神に照らし社会観念上是認することのできないものである場合は、正当な取材活動の範囲を逸脱し、違法となる、として記者を有罪とした。

取材手段としては問題があった事例ではあったが、しかし沖縄返還に関連して外務省とアメリカとの間の秘密交渉が実際にあったことは、アメリカの公文書館への情報公開請求から判明している。

2014年に施行された特定秘密保護法では、安全保障に関する情報のうちとくに秘匿する必要があるものを「特定秘密」と指定し、それを漏洩させたり取得したりすることにつき報道機関も含め処罰の対象としている。ただし特定秘密保護法第22条ではもっぱら公益を図る目的を有する取材活動については法令違反または著しく不当な方法によるものと認められない限りは正当業務行為として処罰されない、と規定している。沖縄返還交渉時よりも政府の秘密主義が進行している現在、国民の知る権利が制限されたり知る権利に寄与したりするはずの取材の自由もさらに不自由になる、と懸念されている。

(5) 報道被害の問題

報道の自由や取材の自由を広く保障することが、社会や個人にとって良いことばかりには必ずしもならない実態もある。

実際には無実であった人が容疑者であると誤って報道されたり（警察の思い込み捜査とその発表を鵜呑みにして報道したことで被害者側の人が容疑者として報道されてしまった例があった）、被害者の氏名や写真やプライバシー、被害事件の詳細が報道されたりすることもしばしばである。しかも事件が繰り返し報道されることによってさらに広く知られることになるという「セカンドレイプ」と呼ばれる状況に陥ることもある。被害者遺族が「被害者は二度殺された」と発言することもある。

容疑者が実際の犯罪実行者であった場合もしばしば同様のことが起こる。顔写真や地元住民・知人にまで取材攻勢をかけ、晒し者になる。

被害者側であっても犯罪者側であってもしばしば家族がいる。報道によって家族の生活やプライバシーまで脅かされることもある。職を失う、結婚が破談になるだけでなく、一家離散になった例もあるという。

そこで、犯罪の報道において、容疑者も被害者も顔写真や実名報道は必要ないのではないか、という意見も出ている。もちろん裁判になった際の被告人（容疑者から裁判にかけられると呼び方が変わる）の名は必要になってくるかもしれないし、なぜそのような事件が起きたか検証するための情報は報道される必要はあるかもしれない。ただ微に入り細に入ったプライベートな生活情報は必要かどうかは、検討の余地がある。

報道機関や雑誌などは、そうしたセンセーショナルな報道をする理由を「読者が（視聴者が）求めているから」とうそぶくが、我々は犯罪という「他人の不幸」を娯楽のように消費してよいのか。直接的ではないが、そのような報道を見聞きすることで、関係者の権利侵害に間接的に加担していないか考える必要がある。時には「そこまでの情報は我々は要らない」と頑と主張してもいいかもしれない。

ただこのセカンドレイプは報道機関だけの問題ではない、と繰り返し強調しておきたい。SNSでの心ない、誤った（わざとデマを流す者もいる）、攻撃的な誹謗中傷の書き込みによって（しかも書き込む側のほとんどは匿名で安全な？ところから行なう）、精神的に追い込まれたり、さらには自殺者が出た例もある。情報というもの、言葉や表現そのもの自体が凶器になるのだ、ということは、けっして忘れてはならないのである。

第7章

信教の自由と学問の自由

第5章冒頭の概念図のように、信教の自由と学問の自由は内心面（思想・良心の自由の範囲）と行動面（表現の自由の範囲）の両方にまたがる分野である。精神活動の自由の保障の基本である思想・良心の自由および表現の自由に加え、信仰や宗教関係と、学術関係について、重複してあえて保障をしている形である。

どちらの自由も内心面は、思想・良心の自由同様強く保障されることになる。しかし表現・行動については他人の権利や利益を侵害したり、社会公共に害を与える場合には規制される「可能性」がある。そうした法的性格は、それぞれ思想・良心の自由や表現の自由に準じた扱いになる。

1. 信教の自由（第20条）

(1) 信教の自由の保障内容

①内心面：個人の信仰について

国による信仰の統制の禁止、信仰告白の強制の禁止、信仰を理由とするまたは信仰を明らかにしないことによる差別の禁止。そもそも信仰をもつ・もたない自由も含まれる。思想・良心の自由に準じて考えればよい。

②行動・表現面：

宗教活動・行事の執行や参加、布教といった宗教的行為を行なう自由の保障、また宗教教団の結成や教団加入・脱退といった宗教的結社の自由の保障など。宗教的な表現の自由ということになる。

なお、信仰を理由とする自己決定については、議論の余地があるのは自己決定権のところで説明している（輸血拒否事件など詳しくは第13章参照）。

宗教活動に名を借りた行動でゆきすぎた例が、加持祈祷治療事件［最大判1963（昭38）.5.15］である。動物霊が憑いたとされた人に対し、治療によばれた僧侶が被害者の近親者共々殴る蹴る、線香の火であぶるといった暴力的な加持祈祷を行なった結果被害者が死亡した事件であった。最高裁は僧侶の「行為が一種の宗教的行為としてなされたものであったとしても、それが他人の生命、身体に危害を及ぼす」違法な行為を行ない「これにより被害者を死にいたらしめたものである以上」「信教の自由の保障の限界を逸脱した」として、僧侶を傷害致死罪で有罪とした。

同様のもっと大規模な例が、オウム真理教による拉致事件、殺人事件、リンチ殺人事件・毒ガスによる暗殺未遂事件、松本サリン事件（1994年）や地下鉄サリン事件（1995年）のようなテロ事件である。地下鉄サリン事件直後に教祖ら教団幹部やテロ実行犯が逮捕され、その後裁判で死刑や無期懲役をはじめとする刑罰が言い渡された。死刑についてはすでに執行されている。

(2) 信教の自由と政教分離との関係

国家が信教の自由を保障するためには、国家が宗教にかかわりをもたない、また特定の宗教に肩入れしないようにするのが近道であるとされる。そのため、信教の自由を保障する第20条に同時に政教分離原則の内容を入れている。政教分離とは、国家（政治）と宗教とが距離を置いてかかわりをもたないようにすることである。日本では政治と宗教との分離は相対的なものでよしとされているが、フランスでは厳格に分離されている。その点政教分離の程度は国によってさまざまである。

そのため信教の自由の保障と政教分離原則規定とは第20条ではワンセットになっている。

①信教の自由：1項前段（個人の信教の自由の保障）、2項（国家が個人に宗教行事への参加を強制してはならない）

②政教分離：1項後段（宗教の側が国家権力・政治権力を振るうことの禁止）、3項（国家が宗教に対する弾圧や不利益を与える・逆に利益を与えることの禁止）

このようにして、国家（と宗教側）に縛りをかけることによって個人の信仰や宗教活動の自由を守る形になっている。

信教の自由は大日本帝国憲法においても、臣民の権利のひとつとして規定されていた（大日本帝国憲法第28条）。しかし、信教の自由は実質的には保障されず、キリスト教信者や新興宗教団体の弾圧が相次いでいた（監獄に入れられたり獄中で死亡したりした宗教関係者もいる）。むしろ神道を事実上の国教とし参拝を強制したり、天皇を神と崇めよ（天皇は現人神【あらひとがみ】である）と教育したりしている。これらは宗教統制と同時に思想統制でもあり、教育統制でもあった。

それらの国家統制により、個人の信教の自由や思想・良心の自由の侵害がはなはだしかったということもあり国家を宗教に介入させない政教分離原則を憲法に規定する必要が認識されたのである。

ただし政教分離に関しては第89条にも規定があり、公金つまり国家の金や財産を、特定の宗教に付与ことを禁じている（宗教以外にも、公の支配に属しない慈善・教育・博愛事業にも支出・供与を禁じている）。この場合も厳格に考えると私立学校とくに宗教団体が設立・運営したり関与したりしている学校や保育園・福祉施設などにも公金支出はできないということにもなりかねない。しかし現実には宗教系の学校その他にも国からの補助金等は支出されている。学校その他公共的な役割を果たす施設は、法律などで国から一定の基準（学校にも設置基準があり文部科学省による認可を必要とするなど）や何らかの形でコントロールを受けていないわけではない。したがってまったく「公の支配に属しない」とまでは言い難い。またそうした公共的な施設は宗教の関与にかかわらず一般の人々に対する重要なサービス提供を担っていると考えると、国家が補助を与えてもそれは宗教に対するものではなくサービス提供に対するものであり、それにより一般の人々の社会的福利に寄与しているといえる。

(3) 信仰をもつ人に対する信教の自由の保障？

日本においては確たる信仰をもつ人は、人口としては少数であると考えられている（そうはいっても、初詣など、神社や寺に参拝しお祈りするのは漠然としてはいてもある程度の宗教意識をもっているとの見方もあるようだが）。

少数派であるということは、社会の仕組みに関しては（とくに日本においては）自分の立場が十分配慮される用意が整っていない（もしくは整っているとは限らない）ということを意味する。一定の集団のなかで行動するとき、とりわけ学校においてそのような集団生活上の規則・決まりが信仰に対する配慮を欠いていることがしばしばある。

たとえば剣道不受講事件［最判 1996（平 8）.3.8］がまさにそのような例として公立の高等専門学校で個人の信仰が認められなかったとして裁判にまで至った例といえる。公立学校（または施設）が個人の人権侵害をした場合、まさに国・国家が人権侵害をした事例として扱われる（この点私立学校では事情が異なる場合がある）。

「エホバの証人」を信仰する公立高専の生徒が、格闘技を行なってはならないとする宗教教義に基づき、剣道の実技の授業を受講しなかったため留年し、翌年も同様に実技を受講しなかったため２年連続で単位が取得できずその生徒は退学処分を受けた。その生徒は信教の自由を侵害されたとして退学処分の取消を求めて訴えた。

最高裁は、剣道実技の履修が（高等専門学校においては）「必須のものとまではいい難く」、「他の学生に不公平感を生じさせないような適切な代替的方法をとることが可能であった」とし、また剣道実技拒否理由は「信仰の核心部分と密接に関連する」ものとして生徒の主張を受け入れた。また代替措置をとることが政教分離に違反するものとはいえない、とも述べている。

公立学校が生徒の信仰の自由を尊重するために宗教上の配慮をすることは、その反面政教分離原則に反しないかどうか、という論点が出てくることになる。フランスのように政教分離を厳格に考えると、公立学校や公的施設は宗教上の配慮は一切できない、という結論になってしまう。しかし政教分離原則が導入された理由が個人の信教の自由を（国が統制せずに）保障することにあったと考えると、一定程度の配慮は認められると考える余地がある。

(4) 政教分離の程度について

先に述べたように、国によっては政教分離を厳格に適用するところもある。そのため、フランスでは公立学校に女子生徒がスカーフで頭や髪を覆って通学することを許さない、という禁止まで行なったことがある。イスラム教では国や宗派によって多少は異なるが、厳格な宗派では女性が家族以外に顔を見せないよう顔を隠す衣装を身につけたり、緩やかな場合でも頭や髪を覆って隠したりする習慣がある。フランスの公立学校に通う女生徒は宗教上決まった衣装（ヘジャブなど）は避けて普通のスカーフを被ったところそれすら公立学校では許されなかったのである。

しかし多くの国では、国と宗教とが「一定程度」（相対的に）距離をおく、国と宗教が過大に馴れ合うこともなければ国が特定宗教を優遇しない（論理的には、利益を与えるまたは規制をかけるならば全ての宗教に対して等しく公平に、ということになる）、ということで政教分離が達成できる、と考える国が多い。日本においてもそのような考えをとっている。

というのも、歴史的に見ればかつては宗教的な意味や起源があったものが、時代の流れにより世俗化（宗教色が薄らぐ・失う）して日常生活や社会的な習慣または習俗となっているものがかなりあるとされているからである。また欧米においては、元来は別の（キリスト教が広まる以前に存在した）宗教に基づく行事がキリスト教などと結びつき組み込まれたうえで習俗色を帯びたものになった、とされるものもある（クリスマスなどがそうだとされる）。

日本ではそうしたものが、さらに世俗的な「イベント」と化しているものが多い。クリスマスのほか、ハロウィーンなどが挙げられる。

上でも述べた初詣などもどれだけ宗教的な意識をもっているだろうか。日本人の宗教意識は薄いといわれてはいるものの、外見では宗教行事そのものである場合もある。個人の意識を重視するのか、それとも宗教上の歴史や意味・外見を重視して考えるべきか。ここは実はきちんと追究してみる必要がある。というのも、日本において政教分離は一定程度の分離（相対的分離という）でよしとされているが、とりわけ神道（神社）（さらには一部は仏教についても）がかかわる場合、政教分離が遵守しなければならない憲法上の原則であるのだ、という考えが薄らぎ神社や神道に対して甘く判断されている傾向がうかがえるからである。神社や仏教にかかわるものは「習俗」と見なされやすい。それは政教分離に関する判例によく表れている。

(5) 政教分離に関する判例

日本で政教分離が最初に論点となった裁判は、津地鎮祭事件［最大判 1977（昭52）.7.13］である。これは津市の市立体育館の工事にあたり、神主を呼んで御神酒とともにお祓いをするという外見的にはいかにも宗教的な儀式を行ない、それに対して市の公金を支払うことの是非が問われた。地鎮祭は（神主が行なうものでもあるし）宗教か、それとも宗教色の薄れた（建築を行なう場合には必ず行なうから）習俗なのか、というのが最大論点であった。最終結論を出した最高裁は、地鎮祭を習俗とした。儀式を執り行なった者（主催者）が宗教家（神主）であろうとも、すでに習俗化したものになっていると判断している。

また、この裁判で最高裁は政教分離違反になるかどうかを判断する基準として、目的効果基準というのを編み出している。

その基準によると、その行事や行為の目的が宗教意義があるかどうか、かつ行為の効果として宗教への利益または不利益を与えているか、の二段構えで判断するとされている。

目的：宗教意義あるか─┬→宗教意義ない→政教分離違反でない
　　　　　　　　　　　└→宗教意義ある
　　　　　　　　　　　　　　↓
効果：その宗教に利益または─┬→与えてない→政教分離違反でない
　　　不利益を与えたか　　　└→与えた→政教分離違反

一般人の感覚として宗教意義があるかどうか、また一般人に与える効果というものを評価する、としている。ただしここで「一般人」というのが社会における多数派・マジョリティの意識に置き換わることに注意しなければならない。上でも述べたように、日本人の大多数は宗教意識が低いとされている。その感覚で宗教意義や効果を判断することを最高裁は正当化していることになる。

この点、神道（場合によっては仏教も含めて）以外の信仰をもつ、日本では少数派・マイノリティになる人々の意識・感覚が置き去りにされるということに注意しなければならない。そのような意味では津地鎮祭事件の第２審である名古屋高裁の判断に注目する必要がある。名古屋高裁は地鎮祭を政教分離違反で違憲であると判断している。その理由は以下の①～⑤による。

①神社神道は宗教である。

②地鎮祭は習俗的行為とはいえない。

③憲法は完全な政教分離原則を採用している（名古屋高裁は相対的分離説をとらなかった）。国または地方公共団体が行為主体になって特定の宗教的活動を行なえば、一般市民に参加を強制しなくても、政教分離原則違反になる。

④憲法20条３項の宗教的活動は「およそ宗教的信仰の表現である一切の行為を包括する概念」であって地鎮祭はそれに該当する。

⑤地鎮祭を宗教行事であると考える、少数派の市民の信教の自由が侵害される。なおかつ彼らの支払った税金からも地鎮祭費用は支出されている。

とくにこの⑤の理由は、信仰をもつ少数派の人たちの権利保障を考えると重要なものとなる。

最高裁の目的効果基準ではこのような少数派の意見や立場は汲み上げられない。この基準では政教分離が疑われる相当の範囲の行事・儀式・行為が「政教分離に違反しない」という結論になり得るし、実際そのようになっている。

実際、箕面忠魂碑訴訟［最判1993（平5）.2.16］、天皇の即位の礼や大嘗祭への知事の参列［最判2002（平14）.7.11］、靖国神社参拝訴訟など、政教分離に関する裁判のほとんどは合憲（政教分離には反しない）判決となっている。靖国神社に総理大臣が拝殿に上がり参拝した事例においても違憲とされていない。それにより、総理大臣や閣僚・国会議員有志が靖国神社（春秋の例大祭の前後や８月15日前後が多い）に参拝するのが年中行事化しているのも、このような判決が出されていることが大きく影響していると考えられる。

ただし、違憲（政教分離に反するとする）判決が出された例が少ないながらも存在する。その代表例が愛媛玉串料事件［最大判 1997（平 9）. 4. 2］である。これはかつての愛媛県知事が現職時に行なった靖国神社・愛媛県護国神社（護国神社は靖国神社の分社であり各道府県に存在する）への参拝料（玉串を捧げることから玉串料と呼ばれる）や供物料を複数回愛媛県の公金から計 16 万 7000 円支出していたものである。愛媛県民から違法な公金支出ではないかとして住民監査請求がなされ、そして住民訴訟が提起されて違法支出分を愛媛県の財政に返還するよう求めた裁判であり、その際に公金支出が政教分離違反であるかどうか審査されることになった。

最高裁は津地鎮祭判決で示した目的効果基準に則りながらも、「神社神道においては、祭祀を行なうことがその中心的な宗教上の活動であること」、例大祭等は、「神道の祭式にのっとって行われる儀式を中心とする祭祀であり」「祭祀中でも重要な意義を有するものと位置づけられている」こと、「玉串料や供物料等は儀式が執り行われるに際して神前に供えられるものであり」「各神社が宗教的意義を有すると考えていることが明らかなもの」であるから、「県が特定の宗教団体の挙行する重要な宗教上の祭祀にかかわり合いを持った」ことが明らかである、とした。したがって県が玉串料等を靖国神社等に「奉納したことは、その目的が宗教的意義を持つことを免れず、その効果が特定の宗教に対する援助、助長、促進になると認めるべきであ」る。したがって玉串料等の支出は、「我が国の社会的・文化的諸条件に照らし相当とされる限度を超えるものであって憲法 20 条 3 項の禁止する宗教的活動に当たると解するのが相当であ」り、「違法というべきである」と認めた。

実は靖国神社の参拝は、1970 年代（三木武夫首相）から始まっている。三木首相時代は私的参拝（公用車不使用・玉串料支出は私費・総理大臣の肩書なし・公職者随行なし）4 要件を付けてのものであった。80 年代になって中曽根康弘（2019 年死去・なぜか 1 年後の 2020 年に自民党が公費支出で葬儀をし直して話題になった）首相が供花公費支出・総理大臣の肩書付き（拝殿に上がらず本殿に一礼ではあった）で踏み込んだ形の公式参拝を行なった。

当時の愛媛県知事もこれに倣ったもしくは同時期に行なったものと考えられる。靖国神社には県知事の肩書で玉串料を公費支出して堂々たる公式参拝を行なった。護国神社の例大祭（神社としては最も重要な行事）にも知事の肩書で公金から供物料を出している。支出した費用自体はさほど高額ではないが、費用の金額が問題ではない。明らかに神社（それも靖国神社や護国神社）に肩入れする行為である。最高裁もさすがに見逃せなかったと見え、違憲判決を出したのである。

もう一つ、空知太【そらちふと】神社事件［最大判 2010（平 22）. 1. 20］も違憲判決が出されている。これは、北海道砂川市が市有地を神社に無償貸与していたことが第 89 条違反の公の財産の提供になるとされた事例である。この神社は神主がいず、神社の管理は近隣の氏子集団（町内会）が行なっていたのだが、氏子集団を宗教上の組織であると位置付けている。

その後、町内会は砂川市に有償で神社地を借り受けることになり、鳥居等の神社施設を全面撤去することは免れている。政教分離違反である＝神社施設の撤去ではなく、神社を残しながら政教分離違反状態となっている状況を、どのようにしてそうではないよう解決するか、ということが模索された事例でもあるとされている。

空知太神社事件は神社であったこともあり、違憲判決は出されたものの神社自体は残す、という意味で一定の配慮がなされているが、それ以外の宗教についてはそこまで配慮されていないのではないかと疑われる事例もある。

自衛官合祀事件［最大判 1988（昭 63）. 6. 1］においては、個人の信教の自由（の一部である宗教的人格権）および国側からの政教分離の両方が問題となっている。

ある自衛官が事故で殉職した。その妻はクリスチャンであった（自衛官本人の信仰は不明である）。妻は自分の信仰にしたがって夫を偲びたかったし遺骨の一部は教会に納めていた。しかし出身地の自衛隊山口地方連絡部は自衛官のOB 組織である隊友会山口県支部とともに、山口県護国神社に故自衛官を合祀する手続をとった。妻は自分の信仰や宗教的人格権を踏みにじられたとして、合祀の取消および損害賠償を求めて訴訟提起したものである。

１審と２審はともに自衛隊による政教分離原則違反を認定（地方連絡部職員の行為と隊友会の行為は一連のものとした）しているが、それをひっくり返したのが最高裁である。

最高裁は、自衛隊山口地方連絡部は合祀を積極的に働きかけたわけでなく手続きに関する関与は、薄いとした。地方連絡部は殉職者の名を伝えるなど隊友会には事務的な協力を行なったにすぎず、民間団体である隊友会が合祀を主導したと認定している。その結果、自衛隊はほとんど関与していないのだから、自衛隊が政教分離原則違反をしていなかったとし、対立の構図から自衛隊を消したことになる。最高裁は本来事実認定（この場合は地方連絡部の関与がどの程度だったか、という事実を裁判上確定する）を行なうところではなく（事実認定は地方裁判所と高等裁判所で行なう）、事実認定をわざわざ変更したような判断は不思議ではある。

妻（キリスト教）　vs　┌自衛隊山口地方連絡部
　　　　　　　　　　　└隊友会山口県支部（神道）

⇩

妻（キリスト教）　vs　隊友会山口県支部（神道）
　　　　　　　　　　　~~自衛隊山口地方連絡部~~

このことから、構図としては民間人（私人）同士の争いになり、妻に対して最高裁は信じる宗教は異なれど私人同士であるから相手（隊友会のみならず裁判には関与していない県護国神社に対してもなぜか求めているが）の信仰については寛容であるよう求めている。自衛隊の関与を削除することで、私人同士の争いにこの事件を縮小し、なおかつ信仰（宗教的人格権）の重要性も実質的に縮減したようなものである。

なお、靖国神社は一度合祀すると「御魂」は一体のものとなってしまうので、分離することはできないとしている（この考え自体が宗教教義そのものであるが）。

必ずしも少数派のキリスト教信者であるから、神道を優先させる、または多数派に肩入れした判決になったとは限らないかもしれないが、人権保障という観点から考えると疑問が残る。つまり人権保障は、保障されるべき人が社会的に少数者であるからこそ、そもそもより必要で重要な意味をもつことがあるということである。というのも、少数派に当たる人が（そうでなくても力関係で優位に立ちやすい・発言権が強くなりやすい）多数派の人に対して寛容を求められるのは、本末転倒であるからである。少数派が「寛容を求められる」ことで事実上口を塞がれ、自分の権利主張や利益保持が十分にできなくなる可能性が出てくる。そうしたことを防ぐため、人権保障は少数派と思われる人々には、より十分に行なわれなければならない。それによって社会的公正がより補強されることになる。

自衛官合祀事件は、こうした少数派の人権保障という問題について考える上では非常にいい題材となるものである。

2. 学問の自由（第23条）

(1) 学問の自由の保障内容

学問の自由もまた、内心と行動・表現の両面にまたがる分野である。

内心：研究内容の自由

表現・行動：研究発表（論文・学会発表・著書・雑誌寄稿など）

研究内容の教授

学問の自由の保障対象は、大学教員や研究者に限られない。学問をすることは一般の人にとっても重要になる。

また、自分が直接学問に携わらなくても、学術・研究が進歩し研究内容が公表されることは、社会的財産になる（もちろん、論文などの内容それ自体は著作権の保護対象ではあるが）。社会全体の集合知の一部になって、社会に寄与し、また人々はその知の恩恵を受けることになる。これまでの科学技術に関する目に見える進歩だけでなく、社会・経済その他の人文科学社会科学の進歩も人間社会や制度の改善や人々の生活をよりよくするのに役立っている。

専制的な国王や皇帝であっても、学術や文芸は奨励し保護した君主は多い。

それらが国を強くし富ませる原動力になることを知っていたのであろう。

(2) 大学の自治

これについては第23条の規定には明記されていない。しかし、ヨーロッパにおいて大学は中世の時代にまで遡るものであり（古代ギリシャにおいてもプラトンのアカデメイアなど学術を教えたり学ぶ者が互いに議論をしたりする場はあったが）、そこにおいては国王や教会でさえ勝手に立ち入ったり口を挟んだりすることはない、という伝統ができあがっていた。自由な研究や議論を行なうためである。そのため学問の自由の保障とワンセットのものであると、理解されてきた。日本国憲法でも明記はされていないとはいえ、大学の自治という制度を保障すべきであると考えられている。

とはいえ、文部科学省によるさまざまな指示に従わなければならない、国立大学の学長を文部科学大臣が任命するなど、必ずしも自治が貫き通されているとはいえない状況になっている。

なお、この分野の最高裁判例は、かなり古いポポロ事件［最大判 1963（昭38）.5.22］しかない。

1952年、東京大学のある教室で、大学公認の劇団ポポロが大学の許可を受けて演劇（政治的な背景を疑われるある事件に取材したもの）を上演した。その上演会に私服警察官が複数入場しており、学生に発見された３名が捉えられ、大学厚生部長立ち会いの下でふたたび学内に侵入しないよう始末書に署名した上で解放された。その捕捉の際、逃げようとした警察官の襟に手をかけたり警察手帳を奪ったりするなどの暴行を加えたとして、暴力行為等処罰法違反で学生が起訴されたのである。警察手帳には、以前から警察官が大学に立ち入って、張り込みや盗聴など学生や教職員などに対する調査や情報収集を行なっていたことが記されていた。

第１審は、①学問研究・教育の場である大学は警察や政治権力の干渉や抑圧を受けない自由があり、それが大学の自治の保障であること、②大学は警察権力による無制限な警備活動を拒否する正当な権利があり、大学内の秩序維持は第一次的には大学の自治と責任の下に行なわれるべきであり、それが困難または不可能な場合に大学当局の要請により、警察が出動するものであること、③警察官による立ち入り行為は職務権限の範囲を逸脱した継続的違法行為の一環として行なわれたものであったこと、などを理由として学生を無罪とした。

最高裁は、以下の①〜④の理由により下級審に差し戻して審理しなおすよう命じた。

①学問の自由は「学問的研究の自由とその研究結果の発表の自由とを含」み、「広くすべての国民に対して」そのような「自由を保障」しつつ「大学が学術の中心として深く真理を探究することを本質とすることに」鑑み、「とくに大学における」この「自由を保障する」ものである。「教育ないし教授の自由は、必ずしも学問の自由に含まれるものではない」が、「大学において教授その他の研究者がその専門の研究の結果を教授する自由は」「保障されると解する。」

②伝統的に認められている大学の自治は主として、教授その他の人事に関して認められるものであり、「大学の施設と学生の管理についてもある程度」認められている。

③「大学における学生の集会も」大学の研究者の学問の自由と自治の効果としてその自由と自治を認められるものであるにすぎず、一般の公衆の入場を認める場合はむしろ「公開の集会と見なすべき」(大学の自治の範囲に含まれない)である。

④今回問題となった上演会は「学問的な研究と発表のためのものでなく、実社会の政治的社会的活動であり」大学の自由と自治の範囲外である。したがって上演会に「警察官が立ち入ったことは、大学の学問の自由と自治を犯すものではない」。

ここでは、学問の自由と大学の自治が狭く解釈されている。また、教育の自由も大学より下の教育機関の教員には保障されていないことにもなっている(高校以下の教員の教育の自由は、後の旭川学力テスト事件などで「一定の範囲で」認められることになる)。もともと公権力によって学問研究の自由が侵害されないために、学問の自由と大学の自治が保障される必要性が高いにもかかわらず、ここでの最高裁は警察の監視下において自由な研究活動が妨げられたり萎縮したりしてしまう可能性を軽視しているようである。しかし他方で研究設備、とくに最先端の研究を行なっていく上で、国家の関与が一定程度必要とされる場面も想定される。そうしてみると、この判例自体は古いものであるが、国家・公権力と大学における学問の自由との関係についてさらに複雑な問題があると考えなければならない。

(3) 学問の自由への弾圧の歴史

まず、大日本帝国憲法下においても言論の自由は（一応）保障されることになっていたが、学問の自由は保障されていなかった。とくに昭和の初期に治安維持法が制定されてからは、左翼的な勢力や体制内の非主流派、一部の宗教団体への弾圧が激しくなっていった。

大学内でも、左翼学生運動への弾圧が行なわれ、その後大学教授への干渉や弾圧も目立ってくるようになった。体制批判をしたとみなされた教授・研究者の大学からの追放が行なわれるようになってきたのである。

まず、治安維持法事件以前の大正時代に森戸事件が起きている。東京帝国大学経済学部助教授だった森戸辰男が、1920 年にロシアの無政府主義者のクロポトキンに関する研究を発表したことにより、学内の右翼勢力から攻撃されて失職した。

昭和に入ってからは、1933 年、京都帝国大学法学部教授（刑法）の滝川幸辰が講演内容や著書内容（たとえば姦通罪が妻にだけ適用されること―不倫をした夫側は処罰されないこと―を批判していた）をとがめられ、著書の発禁処分を受けた。さらに政府は滝川の罷免を要求し、休職処分に処した。それに対して法学部全教員が辞表を提出するなどの抵抗をしたが、力及ばず、滝川その他数名が辞職に追い込まれた。

次いで 1935 年、天皇機関説事件により東京帝国大学名誉教授の美濃部達吉が貴族院議員の辞職を余儀なくされた。天皇機関説というのは、国家は一つの法人であり（国家法人説）、天皇はその最高機関として三権の補助を得ながら統治権を行使する、という大日本帝国憲法を立憲主義的に解釈した説であった。すでに大正初期の1912年に美濃部と上杉慎吉との間で天皇機関説論争が起こっていたが、その後大正デモクラシーの時期から昭和の初めにかけて天皇機関説が憲法学の主流となっていた。

ところが貴族院議員であった菊池武夫が天皇機関説が、天皇を「機関」とたとえているのは不敬であり「国体」に反すると問題視したのがきっかけとなって、右翼勢力や軍部などから美濃部攻撃がわき上がった。政府は「国体明徴声明」を出し、天皇が統治権者であることを明言して、天皇機関説を禁じた。それにより美濃部の著書も発禁処分になったのである。天皇機関説事件は、憲法学に関係するものであり、同時に論理が非論理にねじ伏せられた事例でもある。「国体」と呼ばれる曖昧で心情的イメージによって学術を屈服させたものである。

さらに1937年に東京帝国大学経済学部教授の矢内原忠雄も、民主主義の理念を含んだ評論や南京大虐殺の糾弾などを理由に追放されたり、また、1937～38年の人民戦線事件で代議士や社会運動家と混じって大学教授も何名か検挙されている。

社会科学系の学者のみならず、1940年には古事記や日本書紀の研究をしていた歴史学者の津田左右吉が著書の発禁処分を受け、出版法違反により起訴された。

このように、弾圧は、初め主として共産主義や無政府主義に向けられていたのが、次第に対象を広げ、自由主義者や合理主義者、さらに客観的研究者にも及んだ。こうして国家は、思想や学問の統制を押し進めていったのである。そして批判者を欠いた体制は、戦争に突き進み自ら破綻していくのである。

その一方で、兵器開発など戦争のために協力するよう要求された理科系研究者もいた。

その時の反省から、戦後日本学術会議が創設され、1950年には「戦争を目的とする科学研究には絶対従わない決意の表明（声明）」を1967年には「軍事目的のための科学研究を行わない声明」を出した。日本学術会議は政府から独立した特別の機関と位置付けられているが、内閣の所轄の下にあるため会員は内閣総理大臣が形式上任命することになっている。

2020年の日本学術会議会員の任命の際菅《すが》総理によって６名の会員候補の任命が拒否された。その理由については、それぞれ候補者の研究内容や政治に絡んだ発言・行動が忌避されたという指摘がされている。ただ1980年代にこの形式的任命の形になった時、会員の推薦権の実質は会員の所属する各学会なり学術集団にあり、政府の行為は形式的行為だと当時の国会答弁で述べられている。これまで総理による任命拒否はなされていなかったし、法律上総理による任命拒否というのも前提とはされていない（任命拒否できると規定されていない）。これは内閣総理大臣による日本学術会議への圧力・学問の自由への挑戦とも受け取れる事件である。

科学と学術は国力の基礎になる。学問をしたい者が学費の心配をしないで済む、研究者が落ち着いて研究できる環境がある、研究の自由が保障されている国こそ、将来の力をもつことになるであろうと思われる。その点で、日本学術会議会員の任命にせよ、研究者の研究費獲得や研究環境にせよ、国家が学問の自由や大学の自治を保障・尊重することが重要になってくるだろう。

(4)　どのような研究でもいいのか

反面、倫理的な問題を抱える研究や人権を侵害する可能性の高い研究も自由でよいのか、という問題もある。軍事研究もそれに類することになるであろう（もっとも、どのような研究でも軍事に結びつけようと思えばできる内容・分野もいくらでもあるが。要は使い方の問題であるともいえる）。生殖医療のように、技術は進むが法律上の制度整備が追いつかない分野もある。我々の欲望のままにどんな研究も学問の自由の範囲で保障される、と考えるべきかどうか、社会全体・国民全体でもっと検討してゆかなければならないものも出てきているのも事実である。

戦後学問の自由が保障されるようになり、学術や技術研究が急速に進んだ。

ことに自然科学や医学の研究が進歩し、技術革新もめざましいものがある。そのため、今まで述べてきた古典的な学問の自由とは異なった形で、学問の自由の再検討を行なう必要が出てきたといえるかもしれない。というのも、ことに、医学、生理学、生物学の分野で、遺伝子検査や組み替え、遺伝子治療、クローン技術、臓器移植、不妊治療や人工生殖などさまざまな技術が発達し、それが生命倫理に反しないかという懸念がもたれるようになっているからである。たとえば、脳の画像診断など、脳研究の手段の発達により、人の心や性格を生理的に明らかにする研究や技術も進んでいる。それを嘘発見器として利用しようという提案もあるようである。その場合、これまでほぼ絶対的といっていい保障を与えられていた内心面も明かされてしまう可能性もあり、内心の自由の侵害が懸念される。

また核技術も生命倫理とは別の次元で問題視されることもある。

大学内部で倫理委員会などを設け、事前に自主的に審査をするところも増えている。だが、学問・研究の自由をタテに人間がどこまで手を染めていいものか、十分な議論を経ないうち、または一般の国民が認識したり理解したりする前に研究や技術の方が進んでいる分野もある。

我々はどこまで研究を進めていいのか、あるいは研究は進めるものの技術開発として応用するべきかどうか、ということについて憲法の分野からも検討すべき課題が出てきているのではないかと思われる。そうしたことも今後の課題になってくるであろう。

第8章

身体の自由

1．身体の自由（第18条）

第18条には、奴隷的拘束および苦役からの自由が保障されている。基本的人権である以上、国家が個人を奴隷的に拘束してはならないということである。しかしこの第18条に関しては、国家が保障するだけでなく民間人（私人）や個人が他の個人を奴隷的に扱ってはならないという決まりでもあるとされている。憲法による人権保障は原則として国が個人の人権侵害を行なうことを禁止するものであり、個人が他の個人（私人）から人権侵害されたときの救済を直接は行なわないとされているのだが、この第18条は例外的な規定になっている。歴史的にみれば、国が奴隷（奴婢）を保持することもあったが、奴婢の保有は国以外の豪族など（今でいえば私人）が多かった。アメリカ合衆国で黒人奴隷を保有したのも私人である大農場主であったことを考えれば、第18条が民間人への直接適用を例外的に認める意味がわかるであろう。（同様に、民間企業が労働者の労働基本権の行使を認めることを義務付けている第28条の規定も、直接適用する意味があるわけである。）

また第18条には「犯罪による処罰の場合を覗いては」本人の意に反する苦役にも服させられない、ともある。逆にいえば犯罪による処罰ならば本人が望まない苦役を課すことができる、ということになる。これは2. 以降でまた触れる。

なおこの苦役には徴兵制度も含まれるという説がある。日本国憲法は戦争と戦力を放棄しているのであるから、軍隊をもたない（とされている）。したがって現在のところ徴兵制度は考えられない。自衛隊が軍隊であるかどうかの議論はさておき、自衛隊隊員は自らの意志で応募して入隊しているので（志願制）、やはり意に反する苦役には該当しない。かつて大日本帝国憲法においては兵役の義務があり徴兵制度が存在した。それが万が一復活することになったら…という今のところは仮定の議論ではある。

そのほか、第22条にいう居住・移転の自由も身体の自由の一部と考えることもできる。第22条はもともと経済活動の自由を保障する条文であるのだが、我が身を自らの意思でどこへでももってゆくことのできる自由と考えれば身体にかかわるものといえる。さらにここから海外渡航・旅行の自由も解釈することができる。

旅行や留学によって個人の見聞や知識・視野を広げることは、個人の人格や精神面に磨きをかけることにもつながると考えれば、居住・移転の自由は身体的なものばかりでなく人格権や精神活動の自由という側面ももつとみなすこともできる。ある権利や自由がもともと区分されていた性格だけでなく、派生する側面も同時にもついい例だといえる。

なお第22条２項には国籍離脱の自由があるが、これは日本国籍を手放す代わり他の国の国籍を取得することが前提とされる。無国籍になる自由というのはない。（逆に国籍がないと、日本の制度では戸籍もないことになる。国籍・戸籍がなくても学齢期に教育を受けることは可能ではあるが、その後就職・結婚など社会生活に支障をきたす。また国家はその国民を保護する義務を負っているが、国籍がないということはどこの国も保護してくれないことになる。）

２．犯罪による処罰　→　適正手続の必要性

犯罪とは、他人への権利侵害（たとえば殺人：命の侵害、窃盗：財産の侵害など）と、国や社会への秩序違反（たとえば賄賂を与える・受け取る：贈収賄）という側面がある。犯罪の種類によってそのいずれか一方か、または両方の側面を併せもつ場合がある。いずれにせよ、処罰という制裁措置をあえて講じる必要があるほど重大な侵害行為を犯罪であると規定している。そしてそうした侵害行為に対しては、公平に処罰する必要がある。そのため、処罰（刑罰）を与える

権限は国家が一手に握っている（国家刑罰権という）。リンチや敵討ちは許されないし、それでは公平な処罰にならない。だから国家が刑罰を科すのだが、反面国家が刑罰権を独占することは、国家権力が強大になって恣意的に刑罰権を行使する危険も高まる。そうすると、かえって個人が権力によって侵害されてしまう可能性も出てくる。

そこで、どのような行為を犯罪とみなして刑罰の対象とするか、刑罰をどのような手続で科すのか、についてあらかじめきちんと法（律）で定めておく必要が出てくる。また犯罪の重さに対応した刑罰（軽すぎず重すぎない）を犯罪ごとに定める必要もある（比例原則という）。こうしたどのような行為を犯罪としそれに対してどのような刑罰を科すのか、あらかじめ法律で定めておくことを罪刑法定主義と呼ぶ。日本国憲法では、このような犯罪に対する刑罰手続を適正に行なわなければならないとして、第31条の規定を設けている。この原型は、アメリカ合衆国憲法の「法による適正なプロセスDue Process of Law」であるとされているが第31条では「法律の定める手続」となっている。しかし「適正」という意味を加えて解釈されている。

また何が犯罪に当たるかは刑法などの刑事法で、処罰の方法（犯罪捜査や刑事裁判手続）については刑事訴訟法で規定している。

この罪刑法定主義の考えに基づき、被疑者（犯罪の容疑者）や被告人（刑事裁判にかけられた人）の人権保障を第33条から第39条まで規定している。さらに刑事手続を定めた刑事訴訟法の内容も適正であることも要求している。刑罰を含め個人に対し不利益扱いをする場合、当事者にあらかじめその内容を告知し、弁解や防御の機会を与える「告知と聴聞の法理」も重要な原則である。

これが問題となった事件が第三者所有物没収事件［最大判1962（昭37）.11.28］である。

外国へ密輸を企てて船で貨物を運んだが、目的を達成できずに逮捕された。しかしたまたまその船には密輸とは関係のない第三者の荷物も積まれており、被告人の貨物と同時に没収されてしまった。そこで第三者である所有者の財産権が侵害されたとして最高裁に上告（最高裁判所へ上訴すること）された事件である。

最高裁は、「第三者の所有物を没収する場合において、その没収に関して当該所有者に対し、何ら告知、弁解、防禦の機会を与えることなく、その所有権を奪うことは、著しく不合理であって、憲法の容認しないところであるといわなければなら」ず、「適正な法律手続によらないで、財産権を侵害」したことになると判断した。そして、この件について（犯罪行為に使われた船や貨物を没収することを定めた）関税法第118条1項にもとづき「第三者の所有物を没収することは、憲法31条、29条に違反するものと断ぜざるをえない」という違憲判決を下した。

この判決は刑事手続に関するものであったが、第31条の適正手続の保障は行政手続にも及ぶ、または準用されるとされている。行政手続にも適正手続の保障が及ぶかどうかは成田新法事件［最大判1992（平4）.7.1］で問題視された。これは「新東京国際空港の安全確保に関する緊急措置法」（成田新法）により、運輸大臣（当時）が、規制区域内に所在する建築物が暴力主義的破壊活動等に使用されることを禁止する命令を発することができるが、法律にはその際に事前手続を経ることを定めていなかったことが問題となった。最高裁は、「憲法31条に定める法定手続の保障は」「行政手続については」「当然に同条による保障の枠外にあると判断することは相当ではない」として第31条が行政手続きにも適用される可能性を認めている。ただしこの成田新法に関しては、行政処分の相手方に事前の告知、弁解、防御の機会を与えるかどうかは、行政処分により制限を受ける権利利益の内容、性質、制限の程度、行政処分により達成しようとする公益の内容、程度、緊急正当を総合衡量して決定されるべきものであって、常に必ずそのような機会を与えることを必要とするものではない」として、この成田新法が憲法31条違反とはいえないと判決している。

ただその後、1993年に行政手続法が制定され、第13条以下で行政による不利益処分を与える際に告知、聴聞の手続を行なうことが規定された。

3．被疑者・被告人の人権保障の必要性

なぜ犯罪を犯したかもしれない人に対し、あえて人権保障をしているのか。

それはひとつには、被疑者や被告人がたとえ真犯人であったとしても、刑罰権を通じて国家権力の行使が直接行なわれる立場であるからである。国家刑罰権は強大なものであるため、それが過剰にふるわれないよう一定のかせをはめておく必要がある。いかに犯罪者・真犯人であろうとも、どんな人にも人権はそれ以外の人と同様に保障されるもの・べきもの、というのは忘れてはならない。

2つめは、犯罪の容疑をかけられている人が実は無実である可能性が否定できないからである。実際、冤罪事件であるとされる事例は後を立たない。刑罰権を行使するのは、実際には警察官や検察官など人間である以上、間違いを犯す可能性もある。法の考え方では、間違って真犯人を処罰せずに見過ごしてしまうよりも、間違って無実の人を罰してしまう方がより問題が大きいとするのである。無実の人を誤って刑務所に入れたり死刑にしてしまうほど恐ろしいことはない、と考えるのである。

こうした考えから、犯罪の容疑をかけられた被疑者や裁判にかけられた被告人といえども、裁判が最終的に終了し判決が下され有罪となってそれが確定するまでは、どんなに真犯人の可能性が高くても「無罪かもしれない」とみなす「推定無罪の原則」がある。

4．被疑者・被告人の人権保障の内容

被疑者や被告人に対する人権保障は、一般に他の自由権を保障する条文に比べて比較的具体的な内容になっている。これは手続に関する内容であることのほか、個人が（たとえ真に犯罪を犯した者であっても）国家権力（国家刑罰権）に文字通り裸の状態でさらされやすい状況にあるからである。そのためどんなことを保障し、国家が何をやってはいけないか明確にしておかなければならない。仮に冤罪であるならなおさら権力に押しつぶされてはならないからである。

(1) 不当な逮捕をされない権利（第 33 条）

警察官等が被疑者を取調べのために逮捕するのは、原則として、権限を有する司法官憲（裁判官）が発する令状（逮捕状）がなければならない。犯罪を行なっている最中や直後の現行犯逮捕は例外である。なお逮捕は警察官や検察官しかできないではなく、一般人も行なうことができる。痴漢やひったくりを現行犯で捕まえることはそうした例に該当する。

(2) 不当な抑留・拘禁をされない権利（第 34 条）

第 34 条は抑留または拘禁（身柄を拘束されること）される場合の条件について定めている。それは、理由を直ちに告げられ、直ちに弁護人に依頼する権利を与えられなければならない。被疑者（被告人も）は弁護人を依頼することで、刑罰権行使にあたり侵害されすぎないよう防御することもできるからである。弁護人を依頼するのは本人の自己負担が多いが、殺人・強盗などの重大事件の被疑者についてはこの段階から刑事被告人と同じく国選弁護人が付けられる。また、この第 34 条では、拘禁には正当な理由が必要なこと、要求があればその理由を本人と弁護人の出席する公開法廷（つまり裁判所で傍聴人が入れる状態で）で示さなければならない定めをおいている。

(3) 住居不可侵（第 35 条）

第35条１項では、個人の住居や書類および所持品について侵入したり捜索・押収するには、正当な理由に基づいて発せられかつ捜索する場所及び押収する物を明示した令状（家宅捜索令状）が無ければならないということを定めている。そして２項でその令状は（逮捕状と同じく）権限を有する司法官憲（裁判官）が発するものであるということを明記している。なお、１項で「第 33 条の場合を除いて」とあるが、逮捕に伴ってその場で家宅捜索（自宅や事務所など）を行なう場合には、逮捕状とは別に家宅捜索令状を取る必要はなくそのまま捜索ができるということを意味している。

(4) 拷問・残虐刑の禁止（第36条）

第36条は、被疑者・被告人どちらに対しても、公務員（警察官・検察官）による拷問を絶対に禁じている。また被告人に対し、残虐な刑罰を科すことも絶対に禁止している。この場合、日本における死刑の方法である絞首刑が、残虐な刑罰であるかどうかについて争いがある。通説・判例［最大判1948（昭23）3.12］ともに、絞首刑は受刑者に苦痛を与えないと考えられているので残虐刑ではないとする。これは同時に死刑自体も違憲ではないと判断したことを意味する。これに対し、そもそも死刑自体が残虐刑ではないかという考え、およびそこから導きだされる形で死刑廃止論も提起されている〔たとえば団藤重光『死刑廃止論（第6版）』（有斐閣、2000年）〕。だが通説だけでなく一般国民の考えの傾向としては、死刑を廃止することにはまだ抵抗があるようである。

しかし世界全体を見ると先進国と呼ばれる国々を中心に、死刑を廃止する動きが広まっていて日本はその点では遅れているというのが国際的な評価である。国際人権規約が1966年に国連で可決されているがそれには選択議定書がついており、このうち第一選択議定書は死刑廃止を盛り込んでいる。知られていないのは、日本がこれを批准せず（この規定に従うという手続を取っていない）国内の六法などに掲載されていないからである。アメリカ合衆国でも半数以上の州が死刑を廃止もしくは停止している。（州ごとなのはアメリカのような連邦制国家にあってはそれぞれの州も一つの国であって法制度などが異なっているからである。）日本の世論調査ではまだ半数以上が死刑存置に賛成している。しかし殺人を犯罪としているにもかかわらず死刑を執行するのは国による殺人ではないかという反論があることや、冤罪によって間違って死刑を執行される可能性（実は実際日本でもその例があるという指摘がある）も忘れてはならない重要なポイントである。

(5) 公平な裁判所の迅速な公開裁判を受ける権利（第37条1項）

被告人は公平な裁判所の迅速な公開裁判を受ける権利を有する。つまり裁判が必要以上に長期にわたることなく（迅速）、誰でも傍聴できるというやり方で一般に公開され、かつ公平な立場で裁判を受けることができる、という保障である。裁判を受ける権利一般は第32条でも保障されており保障が重複しているが、刑事裁判は被告人が個人として国家権力に真っ向から向かい合うものであることから、とくに重ねて保障する趣旨であると考えられる。

(6) 被告人の証人審問権と証人喚問請求権（第37条2項）

被告人の証人審問権および証人喚問請求権が保障されている。証人審問権とは、「すべての証人に対して審問する機会を充分に与えられる」とされ、自分のための証人にも検察側の証人にも必要な質問をすることができる。裁判の法廷では弁護人が被告人に代わって審問を行なうことが多いが、被告人本人も審問することができる。

証人喚問請求権は自分のための証人を、強制的な手続をとってでも公費で法廷に呼び出すよう請求できる権利である。証人と目された人物にとっては、裁判所の出頭命令に応じなければならない、強制的なものである。ただし、被告人が請求したすべての証人を裁判所が呼び出ししなければならないというわけではなく、裁判官が必要であると判断したかぎりで証人が喚問されることになっている。それは、被告人が数多くの証人を求めて裁判を引き延ばしにかかることを防ぐためである。

(7) 弁護人の依頼（第37条3項）

被告人が刑事裁判にあたって弁護人を依頼することができる、と定められている。刑事裁判では被告人には必ず弁護人をつけることになっており、弁護人なしで刑事裁判を行なうことはできない。そこで、自費で弁護人を頼めない被告人には、国が弁護人を付することになっている。もともと国選弁護人制度というのはこの裁判段階で付けられる国費で弁護人をつける制度であったが2004年の刑事訴訟法改正で第34条の抑留・拘禁の段階でも疑いがかけられている罪名によっては国選弁護人が付けられることになった。

(8) 不利益供述を強要されない権利（第38条）

第38条では自白に関する事項が定められている。まず1項では、自己に不利益な供述を強要されない、つまり黙秘権（自己負罪拒否特権ともいう）が認められている。日本の警察は被疑者の自白を重視する傾向があるといわれているが、自白をさせるために拷問または拷問まがいの行為を行なってはならないのはもちろんである。したがって、2項にあるように、拷問または脅迫による自白は裁判の証拠とすることはできない。また、不当に長く抑留もしくは拘禁された後の自白も同様である。長期にわたる拘束も、受けた者にとっては拷問に近いものであるからである。

3項では被告人にとって不利益な唯一の証拠が被告人本人の自白である場合、有罪判決を受けたり刑罰に処せられないとされている。被告人を有罪とするためには、物的証拠が必ず必要とされる。そのため、被疑者が犯人であるという物的証拠が得られない場合、検察はその被疑者を不起訴としなければならない。

にもかかわらず、明白な物的証拠がないまま自白（それも強圧的手段で得た）を証拠の核心として起訴する例は後を絶たず、冤罪の元となることがある。それどころか警察官が物的証拠をねつ造した疑いのある事件もあるという指摘もされている。

(9) 刑罰の遡及禁止・二重処罰の禁止（第39条）

第39条は、犯罪行為を行なっても有罪とされない場合について定めている。

①実行の時点で適法であった行為

犯罪として刑法等に記載されていなかった行為やすでに無罪とされた行為について、処罰されない。

前者については、たとえば、他人のパソコンやデータベースにアクセスして、データをのぞいたり盗み取りしたり勝手に書き換えたりしてしまうような行為を最初に行なった者は、処罰できなかったという事例がある。そのような行為を処罰する法律がなかったからである。

後に「不正アクセス防止法」が成立・効力をもってからは、上と同様な行為を行なった者は処罰されるようになった。しかし、それによっても最初の行為者は処罰できないのである。これを遡及処罰の禁止という。

②二重処罰の禁止

同一の犯罪について重ねて処罰することは許されない。一事不再理ともいう。いったん無罪判決が出されたものに対し、後から有罪とすることはできないのである。

とはいえ、逆に有罪とされた事件（とくに死刑判決が下された事件）について、再審（裁判のやり直し）を求めることはあるし認められる場合もある。これは有罪とされた人に対し、再審の結果無罪判決が出されるのならば利益になっても不利益にはならないからでもあるし、冤罪であるという可能性も捨てきれないからでもある。

5．犯罪被害者その他の人々の保護について

ここまでの保障は犯罪を犯した者または犯罪を犯したと疑いをかけられた者に対するものであって、犯罪被害者の人権保障は憲法上存在しない。もちろん犯罪被害者に対しても人権保障を求める声もある。被害者に対する保護は十分に行なう必要があり、そのために刑事裁判への一定の参加や被告人に対する（どんな刑罰に処してほしいかも含めた）意見陳述が認められている。

犯罪被害者の保護が人権保障となっていないのは、被害者を直接侵害したのは私人である加害者であって国家ではない（国家による犯罪ならばそれはより重大な事件ではあるが）からである。しかしながら刑事政策上の問題として、被害者の救済はもっと充実すべきであり被害者に対する補償制度を設けるべきであるというのは40年あまり前の1970年代から指摘されてきたことであった。その点についてはまだまだ不十分であるのは確かである。

制度上の問題だけではない。日本社会は被害者に対し、しばしば厳しい・冷たい目を向けることがある。被害者側に隙があった・非があったから被害に

あったのではないか、と批判の声が向けられることもある。新聞や雑誌記事に書かれることもあれば（報道被害になる）、被害者側に電話手紙などを（しかも匿名で）送りつける者もいる。最近ではSNSで叩く・炎上する、というのもある。刑罰ではなく社会的制裁（これは被疑者・被告人にも行なわれるが）にさらされるのであるがこれはいわゆるセカンド・レイプと呼ばれるもので決して許される行為ではない。

このような冷酷な仕打ちを受けるのは実は被害者側や被疑者・被告人本人だけではない。被疑者や被告人の家族・親族・関係者もまた同様に社会的制裁を受けたり、人生を破壊されることがある。被告人が犯罪を犯したのが真実であったとしても、その罪を償うのは本人一人であり家族や関係者の問題ではない。もしかしたら被告人が犯罪を犯した要因・原因を作るのに身近な者が関与したかもしれないし、家庭環境に問題があった場合もあるかもしれない。だとしても犯罪を犯した責任はまず本人が負うものである。決して家族・親族に対して、直接関係のない者が石を投げるような行為をすべきではない。犯罪を犯した者の家族や関係者は、被害者と違いセカンド・レイプのような侵害を受けても声を上げることがほとんどできない立場に置かれている。そうした犯罪被害者とはまた別の、「声を上げられない『被害者』」の問題も犯罪被害者保護と同じように忘れてはならない。

第9章

経済活動の自由

1. 経済活動の自由の意味合い

経済活動の自由（経済的自由ともいう）は、第22条の居住・移転・職業選択の自由、第29条の財産権の二つが保障されている。

近代市民憲法の考え方では、個人にとってproperなもの、つまり最も大事な権利は生命・自由・財産であるとされた。これはJ. ロックの考え方を取り入れたものである。

個人は自分の生命ひいては生活を維持するために財産を必要とし、またその財産を自由に使って財産を殖やし、それによって自分の生命・生存の確保をより確かなものにしようとする、というのがこの時代の基盤となる考えであった。そのため個人が自分の財産を自由に用いて経済活動を行なう市場が形成され、そこにおいて個人はそれぞれの財産を元に商品を作って交換（売買）し、利益を得て生存・生活する。そうした市場という社会の中で個人は誰でも合理的な判断をなし、誰もが同等で個人の立場も交換可能な（つまり自分が誰であっても同じ）であるという個人観が生まれ、それゆえ誰もが市場で活動をするチャンスを与えられるという意味の平等（機会均等：今でいう形式的平等）が与えられるべきであるとされた。そのような考え方の成立は、資本主義経済の成長と並行していた。

いわゆる近代市民社会はこのようなイメージの内に形成され、自由主義と資本主義経済とがその中心となった。近代市民憲法もこのような前提の上に成立し、社会は国家とは別の次元のものであるとして「私的自治の原則」（契約自由の原則など）を掲げ、国家の社会（経済活動）への干渉を排除した。そして財産権の不可侵やその他の自由権（国家からの自由）が強化された。当時は、市場の動きは「（神の）見えざる手」によって自然に調整され、より良い方向に向かってゆくと考えられていた。

ところが資本主義が発展するにつれて、貧富の差が拡大し、莫大な財産をもちそれを資本として産業活動を行なう富豪と、財産をもたず工場や鉱山などの産業活動の場に雇われて賃金を得てそれで生活する労働者とに階級が分裂した。また、事業者間においても、市場を独占する大事業者と小事業者の格差が拡大した。

そのため、20世紀に至って、経済的・社会的強者の経済活動の自由を一定程度制約することをよしとする考え方が有力になった。

この場合、自由を制限されるのは経済的強者であって、経済的・社会的に弱い立場にある者の経済活動の自由は保障されることが原則になっている。それは経済的弱者の経済活動はその生活の維持に直結しているが、強者の側はその経済活動を行なえない＝生活や生存が脅かされる、というわけではない（それだけ経済的にゆとりがある、すなわち制限されても個人的生活面での影響が少ないと考えられる）からである。

日本国憲法において、経済的強者の経済活動の自由を制限し、経済的弱者を国家が積極的に保護することの一つの根拠として、第22条、第29条ともに、「公共の福祉」という文言が入っていることも指摘されている。

2. 居住・移転の自由（第22条）

第8章身体の自由でも触れたが、第22条1項では、居住・移転の自由が保障されている。これは封建制度下において、特に農民は土地に縛り付けられ、代々農業を営んでいかなければならず、自由に職業を選んだり自由な経済活動をしたりすることは禁じられていたことによる。

もちろん、現在では居住・移転の自由は経済活動の自由としての意味が薄らいで、どこに住まいを構えてもいいという身体の自由の側面や、海外渡航の自由、旅行の自由も含め、人格権的側面（精神活動の自由としての側面）が出てきているという見解もあり、第22条２項の国籍離脱の自由ともども、最近では経済活動の自由の側面は重視されなくなってきている。しかし沿革としてはこういった歴史的経緯があったのである。

３．職業選択の自由（第22条）

(1) 職業の選択とその遂行の自由

第22条で保障されているのは、職業選択の自由である。これは個人が自分が生計を立てるための職業を、原則として自由に選択でき、また経済活動ができることを意味する。しかしなかには禁じられたり、条件を課されたりするものもある。まず、犯罪に該当する（麻薬売買など）場合や公序良俗違反のもの（売春など）は禁じられる。また後述するように、高度な知識・技能・責任を要するものは、資格試験を受けたり研修を受けたりすることが義務づけられる。医師・看護師・弁護士などがそうである。

第22条の条文には職業の「選択」としか記載がないが、解釈上は選択した職業を続けてゆく（遂行してゆく）自由も含まれている、とされる。企業や事業者の場合はその営業をする自由（後述の財産権の行使も含めて）も保障されることになる。

(2) 経済活動や職業・営業遂行とその制約（公共の福祉）

職業や営業などの経済活動は、その性質上社会的関連性が大きい。そのため、他人の人権や法律上認められた利益を侵害してしまうことがある。公害が典型的な例であるが、経済活動を行なうことで、他人の生命・健康に害を及ぼしたり、社会公共の安全が害されたりしてしまうことがある。また、無制限な職業活動を許すと、たとえば教育も訓練もなしに自由に医師となることができるとすると、患者の生命にかかわる重大なミスや誤診を起こす可能性もある。あるいは経済的に強い立場に立つ大規模なスーパーができたために、近隣の経済的には弱い立場の小規模小売店が商売を妨げられ、倒産したり閉店したりせざるを得なくなることもある。こういった場合には、経済活動も無制限に認めるわけにはいかなくなる。

そのような社会・個人への害悪（＝社会の中の他の個人の権利や利益侵害につながる）や問題を防ぐために、幾つかの職業については、行政による規制が行なわれている。その手段としては、営業を始める際の届出・許可・資格・特許・国家独占（専売）・同種の営業の距離制限などがある。

また、1. で上述したように、経済的競争の中で経済的・社会的に弱い立場の者（弱小営業者や消費者）が経済的・社会的に強い者に営業や生活を脅かされることもある（＝生存権などの権利侵害が発生するおそれがある）。そのため、以下の①、②のような制約を行なう必要が生じた。

①強者の営業活動に一定の歯止め（独占や寡占の禁止、不公正な営業活動の禁止など）を行なう。

②国家が経済政策・社会政策や法規制で弱者保護を行ない、その結果として強者の側の経済的・営業上の負担が大きくなることもある。

このような制約を行なって他の個人への害悪や権利・利益侵害を防ぎ、それぞれの権利や利益（この中には強者の側の営業の権利・利益も含まれる）を調整する原理が「公共の福祉」と呼ばれるものである（公共の福祉については第3章人権総論も参照せよ）。

経済活動の自由に対する公共の福祉による制約は2種類ある。

①警察的規制または消極的規制（自由国家的公共の福祉、または内在的制約とも呼ばれる）

これは、社会一般や他の個人への害悪や生命健康への侵害を防止するものである。いわば公共の安全・秩序を守るものであり、権利や利益衝突に対する調整に当たるものである。この場合制約を必要とする側の権利の制限は必要最低限のものでなくてはならない（比例原則に基づくことになる）。

②政策的規制または積極的規制（社会国家的公共の福祉、または政策的制約とも呼ばれる）

経済・社会政策上の目的を達成したり、経済発展のためや経済的弱者の保護（消費者や中小企業・中小小売業者など）を行なうのを目的とする。この場合は規制内容や規制程度は不合理なものでなければよいとされる。それは①の場合の制限よりももっと厳しい規制を課してもよいということである。

このように経済活動の自由の場合、公共の福祉による制約は経済的立場の強弱関係がかかわらない一般的な権利相互の衝突の場合（①の場合の内在的制約であり、ほとんどの権利はこの制約が課せられる可能性がある）に加え、経済的弱者保護のため経済的強者が譲る形での制約（②の政策的制約）も課せられることもある。

(3) 経済活動の自由の規制例

経済活動の自由の規制が適正（合憲）であるか、そうでない（違憲）であるかは、その規制の目的や規制対象が経済的弱者と認められるかどうかで決まることになる。同じような規制手段をとっていても、目的や規制対象が弱者かどうかで、規制が適正か（合憲か）判断される。その意味で対照的な事例がある。どちらも規制手段は同種の営業の距離制限（一定距離以上離れていなければ後から同種の営業を行なうことができない）であった。

小売市場事件［最大判 1972（昭 47）. 11. 22］の場合には、その営業者は経済的弱者と認められている。

小売市場の開設は小売商業調整特別措置法に基づき許可制となっており、その許可の基準には距離制限が含まれていた。最高裁は「憲法は国の責務として積極的な社会経済政策の実施を予定」し、「経済的劣位にたつものに対する適切な保護政策を要請している」。小売商業調整特別措置法は「中小企業保護政策の一環として成立したものであり」、「経済的基盤の弱い小売商の事業活動の機会を適正に確保し」、「小売市場の乱設に伴う小売商相互間の過当競争によって招来されるであろう小売商の共倒れから小売商を保護するためにとられた措置である」と認定した。そしてこの小売市場の（距離制限を伴う）「許可規制は」「中小企業保護政策の一方策としてとった措置」と認められ、「目的において、一応の合理性を認めることができないわけではなく」、「規制の手段」が「著しく不合理であることが明白であるとは認められない」として、距離制限を伴う許可制をとった同法を合憲であると判断した。

これは規制の目的が積極目的（上記の公共の福祉では政策的規制）であることを認定したものであり、合憲かどうかの判断基準として規制措置が「著しく不合理であることの明白である場合に限って違憲とする」明白性の基準を用いている。

それに対し薬局距離制限事件（薬事法判決）［最大判 1975（昭 50）. 4. 30］では、薬局自体を営業弱者とは認めず、また規制目的も消極目的とされた。

最高裁は薬局の新規開設に距離制限を設けた規制目的は、「主として国民の生命および健康に対する危険の防止という消極的、警察的目的のための規制措置」であって「小企業の多い薬局等の経営の保護というような社会政策的ないし経済政策的目的は」意図していないと認定した。そして、距離制限を定めた当時の薬事法が立法されたときに（社会に現存すると認定された）事実（これを立法事実という）として、薬局間の競争の激化→経営の不安定→不良医薬品の供給の危険というのは根拠がないとして、距離制限という規制手段を目的に照らして合理的なものとは認めなかった。そして距離制限よりももっと緩やかな規制であってもこの目的を達成するには足りたはず、という「より制限的でない他の選びうるの手段の基準」を適用して違憲の判断を下した。

この判決は、もともとは表現の自由の規制に対して適用されるべきであるとされた「より制限的でない他の選びうる手段の基準（LRA の基準）」（この基準の趣旨は規制目的が消極目的である場合には最も緩やかな規制手段を用いるべきである、ということである）を用いていること、および法律を制定したときの根拠となる社会的な事実（立法事実）を判断したことが特徴的である。

(4) 外国人の地方公務就任権（公務員になる権利）

公務就任権は、もともと参政権の一部と見なされてきたが、最近では経済活動の自由の一環であるという説も出てきている。

日本国民にはその権利は当然、保障されている。問題は、定住外国人にも公務就任権が認められるかということである。実務上はまだわずかながらも地方公共団体の公務員任用では門戸はすでに開かれている。1996年神奈川県川崎市を皮切りに、奈良市、神奈川県など公務員採用の国籍条項（日本国籍をもつ者に限るという条件）を廃止する動きが広がり、今ではかなりの地方自治体で警察や消防職のような治安維持・公安系を除いた事務系や資格職では一定の定住外国人も採用する動きが広がっている。

とはいえ、採用はされてもその後の昇進・昇格には制限が課せられることがある。

その一例が外国人管理職選考受験資格事件［最大判2005（平17）.1.26］である。

在日韓国人である原告は1988年に保健婦（当時：現在は保健師）として東京都に採用された。その後課長級の管理職選考試験の受験を、日本国籍をもたないことを理由に拒否されたため、受験資格の確認と精神的苦痛に対する慰謝料を求めた。

最高裁は、「国民主権の原理に基づき」、「統治のありかたについて日本国の統治者としての国民が最終的な責任を負うべきであることに照らし、原則として日本国籍を有する者が公権力行使等地方公務員に就任することが想定されている」とし、「外国人が公権力行使等地方公務員に就任することは」、「わが国の法体系の想定する所ではない」。「普通地方公共団体（第17章参照）が」「公権力行使地方公務員の職とこれに昇任するのに必要な職務経験を積むために経るべく職とを包含する一体的な管理職の任用制度を構築して人事の適正な運用を図る」ような措置をとり、その上で「日本国民に限って管理職に昇任することができるとする措置をとることは、合理的な理由に基づいており」第14条等に違反しない、と判断した。

最高裁判例では、日本国籍をもたない者が昇任する可能性が低いととれる。しかし本事件の第２審判決は、「間接的に国の統治作用に関わる公務員」については、「職務の内容、権限と統治作用の関わり方およびその程度」を個別具体的に検討し、国民主権原理に照らし就任の可否を区別する必要があり、「公権力を行使することなく」「公の意思に参画する蓋然性が少なく」、「統治作用に関わる程度の弱い」管理職もあるとして、外国人の一律排除は憲法第22条、

第14条に反するとした。

東京都の管理職の採用・異動システムは公権力の行使に当たる職種とそうでない職種とを区別するようにできていなかったため、第2審が指摘するような昇任方法をとれなかったのではないかと想像される。しかし職種により公権力を行使するものとそのような作用が少ないものとに分けた上で昇任についてより可能性を開くことは不可能ではないだろうと思われる。

4．財産権（第29条）

1項では財産権は不可侵なものであると記載されている。これは財産をもつ各個人が自由に自分の財産を使用したり、収益を上げたり、処分したりできるという保障を掲げたものである。また、条文上に書かれてはいないが、自分の財産の使用等を認めていることから、私有財産制度や資本主義経済を認めていると解釈されている。

しかし2項では、「財産権の内容は公共の福祉に適合するや（よ）うに、法律でこれを定める」とあり、財産権が法律によって制限される可能性があることを示している。ここで公共の福祉という用語が入っていることで、財産権が公共の福祉の政策的制約に服するという根拠の一つとなっている。また、地方議会が制定する条例でも財産権の制限を行なってもよいと考えられている。こうした法律や条例で一般的に制限を課すことになる場合、たまたまそれを適用される者に対し財産権の制限について特に補償を行なうことはない［奈良県ため池条例事件：最大判1963（昭38）.6.26］。

しかし森林法共有林事件［最大判1987（昭62）.4.22］では、現に行なわれている規制が本当に必要なのか、不合理でないのかが問われることとなった。

森林を持分1/2ずつ共有していた兄弟が、森林経営について対立したため、弟が共有森林の分割を兄に請求した事例である。ところが森林法旧186条（1987年に削除）は、共有森林の持分価額1/2以下の共有者に分割請求権を与えていなかったため、弟は旧186条が憲法第29条に違反しているなどを争ったのである（なお民法第256条1項では共有物分割請求権が認められている）。

最高裁は、森林法旧 186 条の立法目的は、「森林の細分化を防止することによって森林経営の安定を図り、ひいては森林の保続培養と森林の生産力の増進を図り、もって国民経済の発展に資することにあると解すべき」で「公共の福祉に合致」している。しかし「森林が共有であることと森林の共同経営とは直接関連するものとはいえない」。そして森林法旧 186 条は、共有者間の紛争によって森林荒廃の事態を永続化させるだけで、森林経営の安定化に資さないから、立法目的との合理的関連性のないことが明らかであるし制限の必要性も存在しないなどの理由をもって、森林法旧 186 条の分割制限は目的達成手段として「必要な限度を超えた不必要な規制であり、したがって「立法府の判断は合理的裁量の範囲を超え」ており、旧 186 条は憲法第 29 条２項に違反している、として違憲判決を下した。

３項では財産は正当な補償をもって社会公共の利益のために用いる、つまり公用収用することができる旨、定められている。「公共のために用いる」とはたとえば道路を造ったり拡幅するなどのために、そこに該当する土地を国家が買い取ることをいう。これに対しては損失補償が土地所有者に与えられる。その損失補償は「正当な補償」であることを必要とする。

しかし、戦後の農地改革のために地主から土地を買い取った事例では、当時の土地の価格全額でない「相当な補償」ですむとされた〔農地改革事件、最大判 1953（昭 28）. 12. 23〕。正当な補償とは「その当時の経済状態において成立することを考えられる価格に基づき、合理的に算出された相当な額」とした。

だがそののち、土地の収用はその所有者が被る特別な犠牲であるから、収用される人がその近くで、収用された土地と同等の代替地を取得できるだけの金額の補償を要する（「完全補償」）とされている〔最判 1973（昭 48）. 10. 18〕。この損失補償の請求に関しては、受益権に含まれる国家賠償請求や刑事補償のように、具体化した法律がない。したがって、公用収用による損失補償は、この第 29 条に基づいて、国家に直接請求する余地があるという判例がある〔河川附近地制限令事件：最大判 1968（昭 43）11. 27〕。

第10章

生存権と労働権

1．社会権の登場

基本的人権が憲法によって保障されるようになった当時は社会権というものはまだ存在しなかった。しかし近代市民憲法が制定された18～19世紀はちょうど経済活動が盛んになり、資本主義が進行中（経済活動の自由を保障しそれが十分に満喫された結果でもあるが）でもあった。憲法は個人が自分の財産を自由に処分して経済活動を行なうことを認めており、国家は個人同士の領域に介入しないという私的自治の原則が生まれ、資本主義はまさしくそのような自由主義社会にバックアップされた形で19世紀の産業革命を経て発展していった。

しかしながら、資本主義の発展は、社会に大きな変化をもたらした。富める者：経済的社会的強者と貧しい者：経済社会的弱者という極端に二分化した階級社会が成立したのである。資本主義は一部の者に莫大な富を与えた一方、ほとんど財産もなく、身一つで稼がなければならない大量の労働者をも生み出した。彼らは経済的強者である資本家に雇われて、低賃金・重労働・長時間労働に従事してようやく食べてゆくことができた。女性や子どもも容赦なく資本主義経済の歯車になり、一家全員で稼いでなんとかしのいでいかれるという最低の生活を強いられたのである。

にもかかわらず、私的自治の原則のもと、契約の自由が認められていた。これは経済的に強くても弱い立場でも同等（平等：形式的平等）の1対1の契約当事者ということになっていた。弱い立場の労働者たちは、強い資本家の言いなりの労働条件で働かざるを得なかった。それでも経済が好景気ならば働き口はあったが、資本主義経済は好景気と不景気の波を繰り返す。不景気になると、労働者たちはさっさとクビになり、そうなると生きてゆくすべが無くなってしまう危険にさらされた。

生命を維持する自由、健康、生活の自由は人が誰しももつ最もコアな権利である（かつてジョン・ロックが個人にとって最も重要な property は「生命・自由・財産」であると言っていたことを想起せよ）。しかし、経済的弱者は、生活の自由も生命を維持する自由も満足に保持できない状況になっていった。「飢えて死ぬ自由」だけが彼らの手元に残っていたのである。個人はもはや経済的な面では平等ではなく、最低限の自由すら満足に保障されなくなっていた。

このようにして強い者はより多くの自由や富を得たが、弱者はますます貧しくしかも自由にはならなくなり、不平等も増えていった。全ての人に自由を保障し平等に扱う、という近代市民憲法の重要な前提が崩れていた。

ここから弱者が救われるための２つの方策が編み出される。

ひとつは労働者たちが金を稼ぎまともに生活してゆくための雇用の場で、自力で賃金や労働条件の向上のために、皆で団結して集団で資本家と（対等な立場で）交渉することである。そして自分たちの要求が受け入れられないときは、働かないで仕事をさぼる、という対抗策まで編み出した。これが後に労働権として認められることになるが、当初はそのような行動は認められず、社会を混乱させる行為として弾圧される時期があった。

もうひとつは、そうした最低の生活を強いられていた労働者たちに、救済の手を差し伸べ、必要最低限の生活を保障することであった。これが生存権を形成することになる。

どちらも弱者に保障されなくなった自由（権）をこれまでの自由権とは別の形で保障することになる。別の形とは、それまで自由権保障においては邪魔でしかないと考えられていた国家を、「自由」の保障の担い手として引っ張り出してくることである。「生存・生活する自由」を生存権として、「雇用されて働き生活に必要なだけの金を稼ぐ自由」を勤労権・労働基本権として国家が積極的に保障するということになったのである。

生存権保障の救貧の施策は社会国家や福祉国家の考えと結びつき、社会福祉、社会保障政策が求められるようになった。同時に賃金や労働条件について最低限度の基準を法律として国家が整備し労働法制が作られていく。

国が積極的に保障することで成り立つ人権というと「受益権」がある。しかし受益権はもともと自由権として意識されていたものを国家が保障するようになったものではない。社会権は、元が自由権として保障されるべきものを、国家があえて保障するようになったものである、という違いがある。

同時に、法の下の平等にも新しい考え方が生まれ、弱い立場や差別を受けてきた者には他の者と異なる扱いをして（下駄をはかせて）社会全体から見た公平・公正を確保しようとする実質的平等というのも出てきている。

社会権はいわば中心にある「自由権」の部分を、国家が社会権というカバーをかぶせているような構造になっている。肉まんをイメージしよう。中身の肉あんの部分が元々あった「自由権」の部分で、外側の皮の部分が社会権の部分である。一見すると中身が入っているようには見えないが、社会権は自由権の中身を含んだものなのである。

大日本帝国憲法の時代は19世紀に制定されたこともあって、社会権保障は含まれていない。20世紀に制定された日本国憲法だからこそ、それが存在している。なお第25条の生存権規定が日本国憲法制定時に入れられたことについては、当時の衆議院議員で帝国憲法改正案小委員会委員であった鈴木義男氏の強い主張があり委員会全体の賛同を得られたことによる、という。

2. 生存権（第25条）

戦後の日本では新しく生まれた人権であったためもあってか、生存権内容の保障についてはなかなか充実しなかった。生存権の保障は、国家が関与しなければ自然と保障される自由権とは逆に、国家が手をかけ金をかけなければならない（予算を組み財政出動する）。生存権を憲法で保障する、といっても中身をどう保障するかは国会が法律を制定し、行政権がそれを執行する形を取らざるを得ない。そこで、生存権はそれ自体で具体的な権利ではなく、抽象的な権利であると現在も考えられている。ただし国家は生存権保障をするよう法的な義務があるとはされている。

戦後まもなくは、国家は生存権保障をする法的義務はなく、国の政治的責任を第25条で定めたに過ぎないとするプログラム規定説が主流であったことを考えれば、まだ前進したとは言えるが。

憲法で保障する生存権というのは大きな器であり、その中に何を入れるか盛り付けるかは、さまざまな立法や法制度の充実が必要となっている。

ついでながら、法的性格というのは社会権については重視される項目である。大まかに言って法的性格に関してこれまで3つの説が主張されてきた。

①プログラム規定説：生存権をはじめとする社会権保障については、国は政治的な責務を負うが法的責任はない。つまりどの程度の保障を行なうかは国（行政）の胸ひとつということになる。この説を取ると、個人の側からは国の保障内容・程度に対し、全く主張も口を挟むこともできなくなる（ほとんど、社会権保障します、という宣言に過ぎないことになる）。

②抽象的権利説：国は社会権保障することについて、法的な義務を一応は負う、という考えである。ただしどの程度の保障を行なうかは、やはり個人から具体的な請求はできない。とはいえ国側は法制度の整備をして、人権保障を徐々に具体化してゆく法的責任を追うことにはなるし、国民や個人の側からはこのような保障をしてほしい、という希望を出す可能性は出てくる。しかし具体的に「○○をしてほしい」という請求はできないとされる。また、国が作った法制度を改めたり廃止したりして国民の側の不利益になるようなことは、国は許されないともされる（また社会権の種類によってさらにもっと国民・個人の側の保障が加わることもあるが、それは勤労権や労働権のところでの話になる）。

現在は、この抽象的権利説がいわゆる通説（学界で一番通用する説）となっている。

③具体的権利説：社会権保障の具体的な内容を、国民・個人が国に直接請求できる（だけの具体性をもった権利である）と解釈する説である。国が十分な社会権保障をする強い義務・責任があり、それを果たさずに法制度がない・欠けているときは、「立法不作為（立法権が法制度を作るのだがその責任を果たしてい

ない＝作為を行なっていない)」として憲法違反になり、それを裁判で違憲審査を要求することもできる、という説であった。具体的な要求を国民が行なったとしても、国の財政上の手当てが必要でありその決定は立法権を担う国会が行なうため、この説は代議制民主主義との矛盾にもなりかねない。こうした欠点もあり、非常に野心的な見解であるとされたが積極的に支持する研究者はほとんどいない。

さて、生存権の法的性格については、朝日訴訟［最大判1967（昭42).5.24］で問われることになった。結核患者として国立の療養所に入所し生活保護を受けていた朝日茂氏が、提訴前（1950年代後半）の生活扶助基準額では、「健康で文化的な最低限度の生活水準」を維持するには足りないと主張して、提訴したものである。

朝日氏は、食事付き医療扶助と日用品費月額600円を支給されていた。そこへ社会福祉事務所が朝日氏の（何年もほとんど音信不通だった）兄を捜し出し、毎月1500円を弟に仕送りするよう命じ、生活扶助金の支給停止および仕送りから900円を医療費自己負担として徴収した残り600円分を、朝日氏に渡す措置をとった（つまり生活保護の変更決定を行なった)。朝日氏はこれに不服を申し立てたが却下の裁決（行政への不服申し立てに対する決定をこういう）を受け、まもなく兄からの送金も途絶えたこともあり、裁判を起こしたのである。しかし朝日氏は最高裁判決が出る前に死亡し、養子夫婦が相続人として裁判を引き継いだ。だが最高裁は生活保護を受ける権利は一身専属の権利（朝日氏個人の権利）であって、相続の対象にはならない、と裁判を却けた。ただ、「念のため」として朝日氏の受けていた生活扶助基準の適否について意見を付加した。

それによると、憲法第25条の「健康で文化的な最低限度の生活水準」の保障は、国の責務として宣言したものであり、生活保護法にもとづいて具体的な権利となるのである。保護基準は厚生大臣（当時）が定めるものであるが、その具体的な内容は文化の発達、国民経済の進展に伴って向上してゆくものであり、さらに多数の不確定的要素を総合考量してはじめて決定できる。

したがって健康で文化的な最低限度の生活とはどのようなものかは、厚生大臣の裁量に委ねられており、今回の認定判断（療養所入所患者に対する月額600円の日用品費）は厚生大臣の裁量の逸脱や濫用による違法性があるとは断定できない、という。

最高裁の判断は厚生大臣の裁量を広く認めた。しかしながらはたしてそれでよかったのかどうか疑問が残る。むしろ、奥野健一裁判官が補足意見で述べた、健康で文化的な最低限度の生活水準というのは「時の政府の施政方針によって左右されることのない客観的な最低限度の生活水準なるものを想定して」おり、国はそれにしたがって生存権を実現してゆく責任を負っている、よって生活保護の受給権もその客観的な水準による「適正な保護基準による保護を受けうる権利である」から厚生大臣の保護基準設定もその客観的な水準に強く拘束される、とする見解をとるべきであったのではないか、と指摘されている。

結果的に当時の裁判所は生存権保障についてプログラム規定説をとったとされる。朝日氏が裁判を起こそうと思った生活実態の時期は戦後まもなくで国にも財政上のゆとりがない時代でもあったが、それでも病気で赤貧を洗うような生活に対し、いかにも生活保護が足りな過ぎていたともいえる（兄の仕送りといった親族の手助けは生活保護受給時には現在でもしばしば要請されることはあるが、実は親族の仕送りは法的な義務ではない。本来国が十分に支援すべきものであるとされている）。生活保護支給の基準を厚生（当時）大臣が決定する裁量権をもつと最高裁判所の判例では判断しているが、裁判にかかわった一部の裁判官は「客観的な最低限度の生活水準…を想定して」、大臣の設定する保護基準もそれに準拠するべき（広い裁量権を認めるべきでない）という指摘をしている。

現在でも生活保護受給はハードルが高い。生活保護の受給権が朝日訴訟最高裁判決がいう「一身専属権」であるというのなら、親族の援助など全く無関係であるはずである。だが今でも実務上受給申請時に親族に援助ができるかどうか問い合わせが行くとされ、そのために生活保護申請をためらう人が多いという。生活保護は最後のセーフティネットと言われている。必要な人がきちんと保護されるよう、権利行使を妨げる親族照会は行なってはならない。

堀木訴訟［最大判 1982（昭 57）.7.7］は視力障がい者のシングルマザーが、もともと受給していた障害福祉年金に加え、子どもを育てるために当時の児童扶養手当法に基づく児童扶養手当受給資格認定を申請したが却下されたことがきっかけになった裁判である。却下理由は堀木氏が障害福祉年金を受給しており、当時の児童扶養手当法に基づく公的年金給付（障害福祉年金も含まれる）との併給禁止規定に該当するからということであった。そこで児童扶養手当認定却下の取消して手当受給資格認定の義務付けを求めた者であった。

障害福祉年金は母本人の障がいに対して支給されるはず、また児童扶養手当は子どもの養育のために支給されるはずのもの、と本来の支給目的は異なるものであって併給禁止は理が通らないものと言わざるを得ないものである。

最高裁判決によると、第25条1項の「健康で文化的な最低限度の生活」の具体的内容は、その時々における文化の発達の程度、経済的・社会的条件、一般的な国民生活の状況等との相関関係において判断決定されるべきものであり、25条を現実の立法として具体化するにあたっては、国の財政事情を無視することができず、多方面に渡る複雑多様な、しかも高度の専門技術的な考察とそれに基づいた政策的判断を必要とするものである。したがって、具体的にどのような立法措置を講ずるかの選択決定は立法府の広い裁量に委ねられており、それが著しく合理性を欠き明らかに裁量の逸脱・濫用とみざるを得ないかぎりは裁判所が審査しなければならないものではない、とする。

そしてこの裁判の元になった事実については、児童扶養手当は母子福祉年金を補完する所得保障であり、児童扶養手当と障害福祉年金と基本的に同一の性格のものとみるのが自然であるとし、同一人に同一の性格を有する二つ以上の公的年金（児童扶養手当と障害福祉年金）を支給すべきかどうか、また給付額の決定も立法政策上の裁量事項である、と述べた（児童扶養手当法中の障害福祉年金との併給禁止規定は、堀木訴訟第1審判決の後改正され、併給が認められるようになった）。

裁判自体は最終的には堀木氏の敗訴となったものの、最高裁判所の判決が下る前にこの併給禁止規定自体はなくなり、制度上の問題は解消された（法律や制度が変わった後は両方とも受給できるが、その変更前の時期に対しては児童扶養手当は堀木氏に支給されないため、裁判を継続する意味があった）。このように判決そのものでは訴えた者の請求が通らないものの、裁判を起こすことによって制度にどのような問題点があるのかあぶり出され、改善される例は多い（請求も通るのがもちろん一番良い）。堀木氏の生活実態を実地調査した当時の厚生省の担当者は、これほどひどい生活だとは思わなかった、と述べたともいう。現場を知らない役人が形式論理でのみ、手当と年金の２つの支給を同時にすることが不公平になると机上の計算だけで判断して併給禁止の制度を設計したのであろう。しかし生存権保障は、実質的な視点から実質的平等の考えに基づき行なうべきものであるということが、この事例からもよくわかる。

朝日訴訟においては行政庁である厚生大臣の、堀木訴訟においては立法府の裁量を広く認めている点で、生存権の権利としての性格を、最高裁はかなり薄いもの（ごく抽象的な権利）であると見なしているようである。もちろん、生存権を具体化する各種の保障や給付は、国家の財政状況と連関せざるを得ないものだが、貧困層が形成されているとみられる昨今、「生活する」ことに対するセーフティネットとしての生存権規定は重要度を増している。立法および行政の裁量へのいわば「丸投げ」状態では、いつ貧困に陥るかもしれないというリスクの大きくなっている現状にどこまで対処できるかが、課題であろう。

3．新しい人権としての環境権

環境汚染・破壊が進行した高度経済成長期にいたり、生存権の内容に追加すべきものがあるという主張が生まれた。第25条の「健康で文化的な生活」保障には、健康で快適な環境が必要であるとされるようになってきたのである。しかしながら、裁判では環境権は認められなかった（一部の高等裁判所では認めてはいるが最高裁は認めていない）。憲法研究者の間では、基本的人権として環境権を認めるべきであるという意見がかなり多数になっている。

環境権にも自由権としての側面と社会権の側面と両面あるとされる。

自由権的側面は、良好な環境を享受することを妨げられない、というものである。通説では、この側面は第25条ではなく、第13条の幸福追求権の一部とされている。

社会権的側面は、国家による積極的な環境汚染の防止・予防、環境保全措置や施策により、国民が良好な環境の中で生活できるようにするものであるから、生存権との関連性が大きい。したがって、社会権的側面は第25条生存権の規定で保障されるとされている。

しかしながら、生存権が抱えている法的性格の問題は、環境権にも当然引き継がれ、憲法レベルでは具体的権利性は認められないということになる。そこで、具体的な法制度として、環境基本法をはじめ、循環型社会形成推進基本法、公害規制法制、廃棄物およびリサイクル法制、自然保護法制、景観法制などの環境各分野に対する措置を定めたものがある。

なお、環境権を基本的人権レベルとしても正面から認めた最高裁判決は現在存在しない。いずれにしても抽象的な権利としか認める余地がないから、ということも考えられる。ただ学説上は認容されているというのが現状である。

また、「環境権」は基本的人権レベルの権利と、民事法上の権利と両方主張されているが、法的性格や根拠は別次元のものである。名称が同じため非常に紛らわしい。

民事法上の環境権を主張して提起された裁判の一例として、大阪空港公害訴訟［最大判1981（昭56）.12.16］がある。現・伊丹空港周辺や航空機発着コース直下に居住する住民が航空機発着の騒音や排気ガスにより健康や生活環境の侵害が引き起こされたとして、発着の（特に夜間の）差止めや損害賠償を求めた裁判である。

最高裁は、国営の空港については運輸大臣（当時：現在は国土交通大臣）の航空行政権があるため、民事裁判で認められている差止請求は航空行政権に対し請求するのは不適法である、として差止めを認めなかった。訴訟提起時点までの（過去の）損害賠償は認めたものの、ずっと繰り返し発生する侵害への将来的な損害賠償を前倒しで請求することはできないとした（第2審の大阪高等裁判所では、民事法上の人格権に基づいて一定時間帯の差止請求を認めている)。

また、権利は個人個人のものである、という原則の上に立つと、「集団的な権利」という要素の強い環境権は認めがたい、ともされている。第2審もそれゆえ差止めは認めたが環境権によるものとはしなかった。

この判例は、空港騒音公害裁判の先例というべきものであり、それゆえこれにならって、この後に続く空港・新幹線・基地の騒音公害訴訟においては、過去の損害賠償請求は認めても差止請求が認められない判決が続出している。

4. 勤労権（第27条）

(1) 勤労の義務

第27条1項に記載されている勤労の義務は法的な義務ではなく、労働する能力のある者は自分で働いて生計を立てるべきである、という程度の意味である（なおこの義務は、日本国憲法制定のおり、当時の社会党の提案によって追加されたという。戦前のような身分制社会において自分が勤労することもなく生活を維持できた階層に対する戒めでもあったのかもしれない)。

(2) 勤労の権利

勤労とは、雇われて働く、つまり被用者（労働者）のことを指すとされている（雇われる側の被用者に対して、雇う側を雇用者、または使用者という)。したがって被用者として生活の糧を得ようとする人には、その勤労の権利を保障するというのが第27条1項の趣旨である。

勤労権も生存権同様、勤労の自由の側面（自由権）と、社会権としての側面とがある。

自由権としては、勤労の自由は職業選択の自由とも関連するという見解もあり、その場合勤労し続けることは「職業を遂行する自由」によって保障されるということになる。しかしそれだけでなく、差別や干渉を受けずに自由に勤労・労働する自由があるという保障を受ける。そして私人間効力があることにより、この差別や干渉を受けないというのは民間企業（雇用主）も従業員に対してそれを保障しなければならなくなる。さらに雇用主が勝手気ままに解雇するというように解雇権を濫用しようとしてもそれを制約することにもつながってくる（勤労する権利を、民間企業の雇用主も保障しなければならない立場にあるということである）。

また、社会権保障としては、国がさまざまな労働法制を立法して勤労権の保障を手厚くすることが求められ、雇用保険法や雇用機会均等法など、数多くの法律が整備されている。また、自由権的側面としてさらに、国が法律を勤労者の不利益になるような改廃をすることで、勤労者が積極的に侵害されない保障というのも考えられる。

また国の役割としては、民間企業が雇用を求める人に働く場を提供できるような政策（経済政策など）を行なって、間接的ながら勤労をしたい人に勤労の場を保障することになる。その反面、被用者からみれば、勤労の権利は第25条の生存権同様、国に対して具体的な措置や雇用の口を請求できる具体的権利ではなく、抽象的権利であるということになる。

第27条2項では勤労条件（労働条件）に関する基準は法律で定める、とある。このため労働法制の中核的な法律の一つである、労働基準法が定められている。また賃金の最低ラインについては最低賃金法がある。

3項は児童の酷使の禁止である。児童は本来は小学生を意味するが、法律用語では未成年者または18歳未満の者を意味して使われることが多い。ただしここでは労働基準法により15歳未満の者〔正確には満15歳に達した年の年度終了（3月31日）までの子ども〕を使うことは禁止している。しかし演劇など子どもの健康および福祉に有害でない軽労働など規制が緩められている業務がある。なお、15歳というのは、いわゆる義務教育を卒業するまでの学齢期の子どもというのとも整合させているのであろう。また満18歳未満の年少者についても労働基準法による保護を与えている。

また憲法以外でも子どもの権利条約（法律用語としては児童の権利条約）第32条で、子どもを経済的に搾取したり有害な労働から保護したりすることを定めている。

5. 労働基本権（第28条）

社会的経済的弱者である労働者が生活・生存をまっとうするために、国家が彼らの最低限の生活を保障する（生存権）方策がとられたのであるが、そのほかに労働者たちが自ら自分たちの生活が成り立つよう、使用者と対等に交渉する方策が編み出され、それが基本的人権として認められるに至った。具体的な立法としては、労働組合法、労働関係調整法などがある。

第28条で、勤労者の権利３つを保障するとある。勤労者とあるが、ここの主な主体は労働者ということになるであろう（自営業については外れることになろう）。そこでいわゆる労働三権が保障されることになる。

第28条は私人間効力をもち、労働基本権を雇用主である私人を侵害してはならないことになっている。組合活動を行なったり業務に従事したりしている時間内にストライキなどの団体行動を行なってもそれを妨げてはならない。また、ストライキなどで雇用主に損害が発生しても賠償請求はできないことになっている。それらは第28条に基づく正当な行為であるからである。

つまり私人（雇用主）に対しては、民事免責（解雇されない、契約不履行—雇用者と労働者とは雇用契約を結んでいるから—による損害賠償を請求されない、不当労働行為によって邪魔をされない、といった保障）を得られる。何が不当労働行為に当たるかについては、労働法制のやはり中核的な法律の一つである労働組合法で定められている。

同時に国家に対しては、ストライキなどの行為には刑事免責（犯罪行為を犯したとして罪に問われない）を受けることになる。これは労働基本権の自由権的な側面でもある。

(1) 団結権

団結する自由・組合に加入する自由である。

ただし従来組合に対し加入強制をすることも可とされてきた（つまり結社しない自由は保障されない、と）。しかし、労働基本権の自由権としての側面を重視して解釈し直す学説が生まれ、加入を強制するのが認められるのは疑問視する声が強くなってきている。

組合は、団体として自治権を有することになり、団体内部の統制権があるとされる。とはいえ、公職選挙の立候補をしようとする組合員に圧力をかけ統制違反であるとしてやめさせようとすることは、許されないとする判例がある［三井美唄労組事件：最大判1968（昭43）.12.4］。立候補することは、参政権の一部である被選挙権の行使であり、政治参加に関する個人の重要な人権を組合の統制の名で侵害することになる、それは認められないということである。

(2) 団体交渉権

労働条件について、労働者たちが雇用主と対等の立場で交渉し、その結果を労働協約という形で締結できる（労働協約の内容は労働基準法や最低賃金法で定められた条件以上でなければならない）。このことは労働組合法に定められている。雇用主（使用者）側は、正当な理由がなければ交渉を拒否できないことになっている。

(3) 団体行動権

団体交渉がまとまらなかった場合など、労働者たちが自分たちの主張をするため争議行為をする権利が保障されている。争議行為手段としては、ストライキや怠業、ピケッティング、主張をバッジなどに書いたり象徴する物を身につけて就業したりするリボン闘争と呼ばれるものなどがある。

ストライキやピケッティングを行なった場合、物理的な実力行使を伴うこともある（殴る蹴るといった暴力は許されないが）し、業務を行なわないこともある。しかし団体行動権（争議権）の行使による場合、犯罪に問われない刑事免責や、使用者・雇用主に損害賠償を請求されることのない民事免責が認められている。

こうした団体行動権の行使と認められるのは、労働者たち自身の労働条件の改善を求めて争議行為を行なう場合である。労働条件の改善を目的としていないストライキ（政治スト）は認められるかどうか？　判例では認めていない（全司法仙台事件判決：最大判1969（昭和44）.4.2）。しかし学説では純粋な政治ストは認められないが、経済的な地位の向上に密接に関わる経済的政治ストについては認められるべきだとしている。

6．公務員の労働基本権

実は第28条では、公務員に対し労働基本権を認めないとは書かれていない。しかし戦後1948年の政令201号により公務員の争議権や団体交渉権を禁止した。その後国家公務員法等の公務員に関する法律で、特に治安維持系の公務員である警察・消防・刑事収容施設（刑務官）・自衛官・海上保安官については全ての労働基本権の行使を禁止とした。一般の公務員（行政職・資格職等）については争議権の禁止と団体交渉権の制限をしている。現業系（郵便・電電公社・国鉄等）や公共企業体の職員については争議権のみ禁止とした。（ただかつての現業系公務員は独立行政法人化や民営化された結果、現在では公務員でなくなったり労働基本権の規制対象から外れたりした者が多くなっている。）

公務員が労働基本権を保障されない正当化理由としては、古くは「公共の福祉」「全体の奉仕者」であることが理由とされた。（これは公務員の政治活動の制限と同様であった。第6章記載の猿払事件を参照。）

1960年代になってからは、公務員も労働者であるとして、公務員に対する労働基本権の制約は必要最小限にすべきであるとされて少し緩められている。その時代の判例としては、全逓東京中郵事件［最大判1966（昭41）.10.26］や都教組事件［最大判1969（昭44）.4.2］がある。

しかしながら1970年代になってからまた揺り戻して、全農林警職法事件［最大判1973（昭48）.4.25］以降「国民の共同利益」や「勤務条件の法定主義（国会で公務員の勤務条件は決定できる。つまり議会制民主主義を優先させよ、という考えに基づく）」という見解から、再び公務員の労働権の規制が強化されることになり、そのまま今日に至っている。

全農林警職法事件は、警職法改正案の国会提出に反対する農林省の全農林労働組合が行なった争議行為に対し、地方公務員法と同様の禁止規定を設けた国家公務員法第110条1項が適用されたものである。裁判ではこの国家公務員法

第110条1項が憲法違反にあたるかどうかが争点とされた。

最高裁は上記の1960年代の2つの判例とは一転して、公務員の労働基本権を制限する考え方をとり、判例を変更した。

まず、憲法第15条を引用して、いかなる職務内容であるかにかかわらず、公務員の地位の特殊性および職務の公共性を強調し、公務員の争議行為は「国民全体の共同利益に重大な影響を及ぼす」として、争議行為の禁止を職種を問わず一律に禁止することを合憲と判断している。

その理由としては以下の①～③が挙げられている。

①公務員の勤務条件は私企業と異なり、国会の制定する法律や予算によって定められるのであって、公務員が政府に対して争議行為を行なうのは正常ではない。

②公務員の争議行為は、私企業の労働者の争議行為と違って市場の抑制力が働かない。

③公務員の労働基本権を制限することに対する代償措置として、人事院が公務員の給与や勤務条件について国会や内閣に勧告や報告をするしくみがある。

またその後の全逓名古屋中郵事件［最大判1977（昭52).5.4］でも地方公務員や公共事業体職員の争議行為の全面禁止が合憲とされた。その結果およそ公務員は国家・地方・公営企業体の職員全て争議行為が禁止されることとなった。

7．労働者の権利問題

1990年代前半にいわゆるバブル崩壊により、日本は長期不況状態が続き「失われた20年」などといった表現もされた。就職氷河期と呼ばれ、就職に苦労したり希望する職につけなかったりした人も多い。就職状況が良くなるまでのつなぎのつもりでアルバイトやフリーター、パートタイマーの働き方をせざるを得なかった人たちもいる。派遣社員といった正社員とは異なる雇用形態（非正規雇用）が導入され、2000年代になっての規制緩和により専門的な職にも派遣が認められたことにより、派遣雇用・非正規雇用が一気に増えることになった。非正規雇用の場合、雇用保険の対象外になったり、年金も正社員とは異なり厚生年金へ加入できないことがほとんどである。また正社員と同じ時間・同じ内容の業務にあたっても給料が安く賃金格差が発生した。全労働者のうちの非正規雇用の割合が増えると、低所得の人口が増え、働いても貧困に陥るワーキングプアが大量に発生した（これは高学歴であっても職種によってはそういう状況に陥る場合がある）。

ことに女性においては非正規雇用率が高い。もともと正社員であっても男性に比べ基本給や昇進・昇給で差別があると指摘されていた（そのために男女雇用機会均等法が制定されたのだが、抜本的な解決にはなっていない）。ましてや非正規雇用になるとさらに差がつくことになる。

こうした非正規雇用労働人口の増大と、それと連動した低所得層の増加は、未婚率上昇や少子化に拍車をかけることになる。子どもをもうけても保育園に入れない待機児童の問題もまだ解決されたとはいえず、働く既婚・子持ち女性には家事労働の負担もかかる（妻の家事労働時間と比べ、夫の家事時間は極めて少ないと指摘されている）。さらにますます教育費に金がかかるようになっている（アメリカ合衆国を除いた諸外国では大学授業料も無料であるところもある。教育の保障が国の将来を左右するという考えであろう）。日本は教育費の個人負担率がかなり高いともいわれている。このような状況のままで、少子化解消は困難であろう。

さらに、各種ハラスメント（セクハラ・パワハラ・モラハラ等々）の問題も一向に解消されない。こういった種々の問題が解決されてこそ、真に労働者、だけでなく国民全体の人権保障の向上につながるのは自明のことであろう。

それに、働く親に育てられる子どもの権利の向上にも繋がってゆくであろうと考えられる。なぜなら、親の低所得と連動して、子どもの貧困も増えている。子どもの６人に１人が貧困状態にあるという。さらにこの状況は子どもに対する虐待の温床にもなりかねない。

このように労働者の権利が十分でないことから、色々な問題が発生する。逆にいえば働く人々一人一人の人権向上によってこうした問題の解決の糸口も見えてくると思われる。

第11章

教育を受ける権利

1．教育を受ける権利の内容（第26条）

社会権の一つとされているが、もともとは教育を受ける自由であると考えられている。しかしながら個人が社会生活を自立して営むため、またそのほかの理由もあり、教育を受ける権利は社会権としての保障を受けるようになった。ただし社会権の中では特に自由権的側面が強いとされている。

(1) 自由権的側面

個人の適性や何を学びたいと思うかは、人それぞれである。いつ、どこで、どのような内容を学ぶのかは本来的にはそれぞれの個人の自由な選択を認められるべきである。また教育を受けることによってその人の人格や個性が形成され、さまざまな思想や考え方に触れたり自分なりの考えをもったりし、表現活動を行なうことにつながる（つまり精神活動の自由と関連が深い）ことになる。

教育を受ける必要性や利益については子ども・未成年が主たる対象となる。しかし子ども自身が自分自身で学びたい知識・教養・技術を決めるのはある程度の年齢や発達程度に達しないと困難である。そこで、親（保護者）が自分の子どもにどんな教育を与えるのか決めることが多くなる。教育を受ける権利の自由権的側面には、そうした保護者の教育を授けたり、学校を選択する自由も含まれるとされている。

もちろん教育を受ける権利の主体は子どもだけでない。成人でも何歳になっても学ぶ権利をもつ主体としてこの権利保障を受けるとされている。

とはいえそれは自分の（もしくは自分の子どもに対して）希望する学校や教育

課程をその思い通りに全て享受できる、ということを必ずしも意味しない。ある教育を受けるにはそれまでに一定の素養や能力をその個人が備えている必要がある場合もあるからである。第26条には「…ひとしく教育を受ける権利を有する」とあるが、個人の適性は全て同様のものではなく、その意味であらゆる点で「ひとしい」状況にはそもそもない。

そのため教育を授ける側としては、自分が与える教育内容を理解し消化できる素質をもっていることを求める（例えば入学試験で選抜する）ことがあるが、第26条1項には「その能力に応じて（ひとしく）」と記されている。したがって素質や能力を見きわめる試験を課して一定の程度に達している者を選抜することそれ自体は（公立学校でこれを行なっても）憲法違反でも人権侵害にも当たらないと考えられている。

(2) 社会権的側面

明治維新以降近代国家を形成するにあたり、国家としては最低限の知識技能をもった国民を育成する必要から（軍事面の人員確保などの動機も明治時代から戦前までは含まれていた）、一定程度の教育を国の側から与えるような制度が生まれてきた（当時は教育を受ける権利の保障もましてや社会権の考えもできてはいなかったが）。国家としての経済発展をめざしまた将来科学やその他で国を支える人材育成の必要性ももちろんあった。ただしその反面、国側（時の政権担当者たち）にとって都合のいい人材を確保するために教育が利用されてきたという歴史もある（天皇崇拝や靖国神社崇敬、学校での軍事訓練など）。昭和の初めの20年間はとりわけその傾向が強くなり、社会的な思想統制とともに学校における教育統制も行なわれていた。戦後にいたって教育の民主化が図られたとき、国による教育統制（＝思想統制につながる）が再び行なわれることに対する警戒感が社会の中で大きくなった。子どもたちに与える教育内容を誰が決定するのか、という議論はそのような背景の中で生じたものである。

しかし国家が形成され、国民主権となって個人の考えが政策に（一定程度）反映されるようになり、また社会が複雑になって職業や生計を立てる手段にある程度の知識が必要になったことを受けて、国家が必要最低限度の教育（普通教育）を受ける機会を保障することがやはり重要であると考えられるようになった。そこで教育を受ける権利は、国家が保障する社会権として位置づけられるようになったのである。

国家が最低限度の教育の保障を行なう理由は以下の①～③によるものとされている。

①社会の中で人間らしく、最低限の思考力や知識をもって生きてゆくことができるようにするため。

②人口のかなりの割合で会社その他に雇われて働く（被用者ともいう）人々が多く、そうした雇用・就職をするための知識・能力を身につけさせることが必要だから（ただし、成人後に、そうした就職のための実技能力を身につけさせる場は職業訓練所などがあるが、定員も限られており、現状では十分とはいいかねると思われる）。

③国民主権を達成するため主権者としての国民の資質形成も必要であるから。国の政治の最終決定をするのは「国民」という建前があるため、実質的には代議制（国会や地方自治体の議会による間接民主制）ではあるが、そうした議会への国民の代表者を自分自身で決定し、選挙の投票を行なえるようにしなけばならないからである。

そうはいっても国家による教育の保障は、戦前行なわれた国家による教育統制を招きかねない。そのためとくに旧教育基本法では、その第10条で教育に対する国の不当な支配を禁じていた。この規定があることで、教育を受ける権利はやはり社会権ひとすじではなく、個人が何を学習したいのか、ということを個人の自由に任せる自由権的な側面を意識していたといえる。

(3) 普通教育を受けさせる義務（第26条2項）

国家が保障する最低限度の普通教育を確実に子どもに施すため、2項で「すべて国民は、…その保護する子女に普通教育を受けさせる義務を生じる」とある。一般に「義務教育」といわれている小中9年間が普通教育であるが、これは親または保護者がその子どもに学校へ通わせる（事情によってはその代替手段をとる：フリースクールなど）義務を課されているのである。子ども（児童・生徒）自身が学校へ通う義務を負っているわけではない。

さらに、「義務教育は、これを無償とする」と規定されているが、社会権保障として国家が普通教育にかかる費用を一定程度、負担することを意味する。ただし教育にかかる費用の中のどこまでを無償とするようにしなければならないか憲法で定められているわけではないので、法律（教育法制）などで定める必要がある。戦後まもなくの最高裁判所の判例では「授業料の無償」という線引きをしていた。実際、戦後18年ほどは学校で使う教科書は有料であった。1963年からは小・中学校の教科書も無料で配布されるようになった。しかしその後も副教材や給食費などは実費を家庭が負担し、高校以上は公立学校でも授業料も教科書も有料になっている。そのため高校の授業料無償化が求められることになり、2010年から「高等学校等就学支援金制度」として国から支援金が出るようになった。ただしこの制度の適用を受けるのは、保護者の所得（収入）が一定以下である場合であって、すべての生徒が対象となるわけではない。しかし公立だけでなく私立高校にも条件を満たせば適用される。

2. 教育内容を決定する権利（権限）

教育を受ける権利において重要なことは、とくに小・中・高校において児童・生徒たちに何を教えるかということであり、その教育内容を決定するのは誰か、教育内容について責任を負うのは誰か、ということである。これを「教育権（限）」の所在という。

教育権（限）の所在について代表的なものは「国家教育権説」と「国民教育権説」の二つである。これらはちょうど教育権（限）についての考え方のほぼ両極端ともいってよい。

①国家教育権説

これは、教育内容を決めるのは、（国民からの信託を受けて）国家が行なうという説である。この説を取る理由は、教育の中立性（教員個人個人の考え方の違いから、思想的な偏りを防ぐということ）と、全国一律の教育水準を確保する点から国家が教育内容を定めた方が、地域差が無くなってよい、というものである。一見するともっともなことが理由としてあげられているが、この説に反対する者も多い。

なぜなら、戦前は小学校（最初 4 年生、後に 6 年生までが当時の義務教育であった）の教育内容は国家が決定していたが、その国家の教育により、天皇を神と崇め、お上（政府）の決めたことに従順で、戦争にも喜び勇んで参加した国民が形成されたのではないか、という批判があるからである。現在でも、国家（政府）にとって都合の良い考え方に染まった子どもたちが大人になってゆくのではないかと警戒する声もある。

また、旧教育基本法の時代では、上述したように、「国による不当な支配に服さない」という条文があったことを根拠として、国家教育権説に反対する考えもあった。

②国民教育権説

こちらは、教育内容を決定するのは、子どもの親および親から教育をするよう付託を受けた教員を中心とした国民全体であるとする説である。まさしく国からの不当な支配を排除するというねらい、国家によるパターナリズム〔（温情的な）干渉〕を避けるという意義がある。この説を取る者の中には、大学教員に学問の自由の一部である教授の自由があるように、高校以下の教員にも（自分なりの）教育の自由があるという考えに立つ者もいる。

この説に立つと、国家が保障する教育を受ける権利とは、学校施設などの整備など、外的条件を整えることにあるということになる。

この教育権（限）の所在について一定の決着をつけたのが、旭川学力テスト事件［最大判 1976（昭 51）. 5. 21］であった。この裁判は、教育内容を決定する権利（限）は国家にあるのか国民にあるのかが争点の一つとなり、それに対する最高裁の判断がなされたものである。

事件は 1961 年に実施された全国中学校一斉学力調査に対し、それに反対する労働組合員数名がとある旭川市立中学で実力行使によるテストの妨害を行ない、それが威力業務妨害罪にあたるとして刑事裁判で起訴されたものである。

ここでの争点は学力テストが合法か違法かということであったが、最高裁では学力テストは合法であると判断された。

学力テストに反対して妨害を行なったのは、学力テストの実施が国家による教育統制に当たり違法である、と考えたからである。その前提となったのは、教育内容の決定権（限）の所在（または帰属）に対する考えであった。国家教育権説に立てば学力テストを行なうかどうかを決定する権限も国家にあるということになる。しかし国家に教育内容を決定させるのは危険である、と考えれば教育内容の決定権は国民にある（実質国民教育権説に立つことになる）ということになる。

しかし最高裁は、教育内容の決定権（限）が誰に帰属するかについては国家教育権説と国民教育権説を「二つの極端に対立する見解」とし、「いずれも極端かつ一方的であり、そのいずれも全面的に採用することはできない」とした。そして、憲法上の教育権（限）の所在の解釈は、子どもの教育の結果に利害と関心をもつ関係者らのそれぞれの主張の根拠に照らして、それぞれの「妥当すべき範囲を決めるのが最も合理的な解釈である」と述べた上で、親の自由と国の権限とをそれぞれ説いている。

まず「親の教育の自由は、主として家庭教育や学校選択の自由に現われるもの」、学校の教員も第23条の学問の自由を援用して「一定の範囲における教授の自由が保障される」とする。次に親や教員の教育や教授の自由の範囲外の「領域においては、国は国政の一部として広く適切な教育政策を樹立、実施すべき者として、憲法上子ども自身の利益の擁護のため、あるいは子どもの成長に対する社会公共の利益と関心にこたえるため、必要」な範囲で教育内容について決定する権限をもつ、とした。

ただし、教育に党派的な政治的影響が深く入り込む危険があることを考えれば、教育内容に対する「国家的介入はできるだけ抑制的であることが要請される」とも述べている。

この判決の当時、学説上は国民教育権説を支持する者が多かった。しかしこの判決では、国民教育権説と国家教育権説とを折衷した判断を下した。そのため国家が学力テストを実施することは一定程度認めた国家教育権に属するので、合法であるとしたわけである。

この後の教育権（限）にかかわる判決ではこの最高裁判決を踏襲し、教育権（限）の所在については折衷的な説を取りつつも、それでも国民の教育権よりも国家の教育権を広くとらえる傾向にある。教育権（限）の所在、あるいは旧教育基本法第 10 条に規定されている「教育は不当な支配に服」さないという点についての先例という位置づけにあるのだが、国家の権限を広めに解している点で、同法第 10 条との関係において疑問が残るという見方もある。しかし実務上国家の教育権が主体となる傾向が強くなっていった（学習指導要領に法的拘束力を認めたり、高校教員に教科書使用義務を課す伝習館高校事件判決も出されている［最判 1990（平 2）. 1. 18］）。その後学力低下が問題となった 2000 年代になって教科書使用義務は文部科学省によって一定の時期は事実上緩和されたものの、戦前の記憶がうすれるにつれて、国が教育内容を決定しそれを統制する傾向（国が教育統制をするとどのような事態になるか忘れられてしまっている）が強くなってきている。

旭川学力テスト事件の元となった全国学力テストは 1966 年に廃止された。その後に「ゆとり教育」をめざした学習指導要領を実施してからしばらくして、児童・生徒の学力低下が問題となった。そこで 2011 年にそれ以前よりも学習内容を多く盛り込んだ新たな学習指導要領が行なわれることになったが、それに先立ってほぼ半世紀ぶりに学力テストが復活している。その目的は学力低下に対し、児童生徒がどのくらいの学習到達度に達しているかをはかることにあった。学力テストが復活することに対しては、一部で反対の声が上がったが、1960 年代のような大きな排除活動に至ることはなく、2007 年春より小学校 6 年生と中学 3 年生に対して国語と算数または数学に対して行なわれている。試験結果は全国平均、都道府県などは公表されているが、さらに細かい市町村別平均や学校別平均は公表されていない。そのためそのような平均値も公表すべきだという意見もある。しかしそうなると学校間の競争や、学校間格差を定着させたりすることにつながりかねないため、そのような公表はこの学力テストを行なう意味からは外れてしまうという反論もある。

3. 教科書検定制度の問題

誰でも自分や家族や自国の黒歴史には目をつむりたくなる。しかし黒歴史の自覚やそこから何を学ぶかというのは、自分や国の将来をより良いものにするには必要なことである。実際に過去に何があったのかは事実を率直に見据えなければならない。教育のどの科目も重要であるが、特に歴史を学ぶことは必須である。そのために研究者は真剣に研究しそれを教育にも生かそうとする（それは学問の自由の行使でもある）。

しかしそうしたプロの研究者が研究成果を元に書いた教科書が、教科書検定によって不合格になってしまったという事実がある。教科書は科目ごとの学習指導要領に沿って執筆されなければならない。執筆されたものは仮の本として文部科学省に提出され、教科書検定としてチェックされる。それに合格しなければ教科書として正式に出版され学校で採用されないのである。教科書になる前の事前チェックであるため、表現物（教科書もその一つである）に対し禁じられている「検閲」にならないかどうか微妙な制度である。実際に不合格になった本は教科書にできなくなるのであるからまさに検閲そのものではないのか、ということで提訴された裁判が訴えた研究者の名前をとって家永訴訟とも呼ばれる教科書検定事件である。これは日本史の教科書の検定について、3回に渡り提訴された（それぞれ一次・二次・三次訴訟と呼ばれる）。検定で不合格となったり（教科書として全く使えない）または内容の修正を求められたことによる。第一次訴訟の提起から第三次訴訟の最高裁判決が出るまで32年間かけたという時間もさることながら、問題点も数多く指摘された規模の大きな裁判であった。出された判決数も差戻審を含めて合わせて10に及ぶ［第一次訴訟：最判1993（平5）.3.16、第二次訴訟：最判1982（昭57）.4.8、差戻審：東京高判1989（平元）.6.27］。

また、争われた論点も非常に多かった。表現の自由（とそれに関連する検閲の問題）、学問の自由、教育（教授）の自由、教育権の所在等々。憲法論に関連するだけでも次のようなものがあった。

①教科書検定が憲法第21条2項で禁じられている「検閲」に当たらないかどうか。

②著者である家永氏の表現の自由を侵害していないか。

③家永氏の教育の自由を侵害していないか。

④家永氏の学問の自由を侵害していないか。

⑤教科書検定は、（旧）教育基本法第10条の（国家による）「教育への不当な支配」ではないのか。

⑥教育権（限）は誰にあるのか。

しかしながら最終的に、検定制度そのものは10あったどの判決でも検閲に該当し違法・違憲であるとはされなかった。ただし一部の判決では文部科学省が求めたいくつかの修正点については違法とされ（検定の運用上の問題があったと認められた）、わずかばかり（1件の修正点につき各10万円分）の損害賠償を勝ち取った［第三次訴訟：最判1997（平9）.8.29］。

長きに渡る訴訟の結果としては多くを得られた裁判とはいえない。しかしながら検定制度やその運用（修正を求めるかどうか）についての問題点については今後も、国による教育統制に陥らないよう監視したり批判してゆく必要がある、という戒めになる事例ではある。

4. 学校現場での日の丸と君が代

戦後50年以上、日本は法的には国旗と国歌が定められていなかった。慣例として戦前から引き続き日の丸と君が代がそのような扱いを受けていたのである。1999年に国旗国歌法が制定されて法律上正式に国旗と国歌となったのである。それまで日頃日の丸を学校で掲揚するかどうかや、入学式・卒業式などの式典において日の丸を掲げ君が代を歌うかどうかは学校それぞれの判断に任せられていたようである。国旗国歌法の制定にあたり、当時学校において強制はしないと説明されていた。しかし制定後、少なくとも公立学校においては式典において日の丸を壇上に掲げ君が代をピアノ伴奏によって参加者全員が起立して歌うよう、全国の教育委員会から学校長へ通達が行なわれるようになった。さらに校長から各教員や児童生徒に職務命令または指導として事実上強制されるようになっている。

君が代はもともとは誰について歌ったものかわからない古歌であったが、明治時代以降「君」とは天皇のことであり天皇の寿命や統治時代が長く続くよう祈る歌であると教えられ天皇崇拝に用いられた事実がある。日の丸も戦地に向かう兵士の見送りに使われるなど軍国主義時代を象徴するという「手あか」がついてしまった。そうしたイメージをもち君が代や日の丸に良い印象を抱いていない人々にとっては、晴れがましい場で見て歌って伴奏を強制されることは心の中の意に反し非常に苦痛になる。学校教育の場は、戦後には民主主義を教え導くものとされてきた。そうした場で人権侵害（思想・良心の自由や教育を受ける権利など）が行なわれるとすれば、本末転倒であろう。

とくに音楽教師が校長から職務命令としてピアノ伴奏を強制される例がある。拒否すると懲戒処分が科されることになる。ピアノ伴奏拒否に対する懲戒処分の取消を求めた裁判の一つ［最判 2007（平 19）.2.27］では、最高裁は、ピアノ伴奏はその教員の歴史観や世界観それ自体を否定するものではないとし、ピアノ伴奏を命じる職務命令は「特定の思想を持つことを強制したり、禁止したりするものでもなく、特定思想の有無を告白することを強要するもの」でもないとして、処分の取消しをしりぞける判決を出している。

また式典での君が代斉唱の際に起立する職務命令に従わなかったため戒告処分を受けた上に定年後の再雇用の申込みに不合格となったため、不合格処分の取消を求めた裁判［最判 2011（平 23）.5.30］の際にも、職務命令が起立を求めることについて、起立は外部行為であるが本人の思想・良心の自由を間接的に制約する面があると認めつつも、式典の場での起立強制の職務命令の目的や内容と、本人の内心への制約の態様とを総合的に衡量するとこの場合の内心への制約は許容できる合理性がある、と判断して訴えを却けている。

こういった事態は、国による教育統制を排除しようとした旧教育基本法の趣旨に背くものであるといわざるを得ないが、2006 年には教育基本法が改定され国が学校現場への関与をより行ないやすい内容に変わっている。

コラム Plus-1　旧教育基本法と現行教育基本法

もともとの教育基本法は、昭和22年（1947年）に制定された（同じ年の5月3日に日本国憲法が施行されている）。国会制定法としては珍しく前文をもつ法律である。

3段落ある前文では、第1段落において日本は「日本国憲法を確定し、民主的で文化的な国家を建設」すること、「世界の平和と人類の福祉に貢献」する決意を示し、その実現が「教育の力」にあると述べている。そして第2段落では教育の目標として「個人の尊厳を重んじ、真理と平和を希求する人間の育成を期する」ことや「普遍的にしてしかも個性豊かな文化の想像をめざす教育を普及徹底」することをうたっている。そして最後にこの教育基本法は「日本国憲法の精神に則り」「教育の目的を明示」するとさだめている。日本国憲法がまさしく民主国家の理想を定めたものとしてとらえ、その理想を実現することを柱としている法律である。

戦前の大日本帝国憲法下では、教育の方針は教育勅語（第20章コラム Plus-1参照）に基づき、天皇に忠孝を尽くす（男子ならば戦争のときは天皇に忠実な兵士となるよう）臣民になるよう教えられ、天皇中心の神権国家を支える人材を育成することにおかれていた。それに対し1947年制定の（旧）教育基本法は、民主主義・平和主義と個人の尊厳に重きを置き、権威主義的な教育を行なわないことが教育方針であった。

1947年教育基本法は、補則も入れて11条分の短い法律であるが、とくに第10条1項において、「教育は不当な支配に服することなく、国民全体に対し直接責任を負って行われるべきものである。」とし、大日本帝国憲法下の教育が国家による「不当な支配」、偏った教育であったことを反省し、自由な教育をめざしている。

それに対し、2006年に全文改正された新たな教育基本法は旧法と同じく前文をもち、条文数は18条に増加した。

前文の内容は旧法の文言を相当程度入れた、やはり3段落の構成になっている。しかし教育の目標を掲げた第2段落で、「公共の精神を尊び」、「伝統を継承し」

といった語句が挿入された。それらは一見すると何でもない、自分勝手なふるまいを許さないこと、および日本の文化伝統について理解を深め重んじることのように読める。しかし「公共」の名のもとに個人の自由や選択が必要以上に狭められはしないか。また伝統とされることでも民主的な社会をつくるにはそぐわない慣習も中にはあろう。そういうものが無反省のまま教育を受ける者（とくに児童・生徒たち）に押し付けられはしないか、という懸念がある。

現行法の教育の目標についての第2条においても、四号のように「生命を尊び、自然を大切にし、環境の保全に寄与する態度を養う」といった、ごく現代的な課題への対処も入れられている。しかし、上記本文中で述べたように、五号で「伝統」や「わが国と郷土」に関する文言がはいっている。また一号にも「道徳心」をつちかうといった見かけは中立的な表現であるが、実際に行なわれる措置によっては「国家による教育の支配」に結びつくことにならないとは限らない。

さらに旧法で第10条としてあげられた「教育行政のあり方」は、現行法では第16条に入っているが、これも上記本文中で述べたように、国や地方公共団体の関与を強める可能性を開いている。そして第17条では政府が教育振興基本計画を定め、地方公共団体もそれを受けてその地域の計画を定めるようになっている。これらは「国等の不当な支配」に至るかどうかはともかく、やはり本文で前述した教育権（限）の所在について、さらに国等に重心をおく内容になっていることに注意すべきであろう。

下記に旧法および現行教育基本法を掲載しているので、ぜひ読み比べてほしい。

(旧) 教育基本法

(昭和 22 年 3 月 31 日　法律第 25 号)

施行　昭 22・3・31

われらは、さきに、日本国憲法を確定し、民主的で文化的な国家を建設して、世界の平和と人類の福祉に貢献しようとする決意を示した。この理想の実現は、根本において教育の力にまつべきものである。

われらは、個人の尊厳を重んじ、真理と平和を希求する人間の育成を期するとともに、普遍的にしてしかも個性ゆたかな文化の創造をめざす教育を普及徹底しなければならない。

ここに、日本国憲法の精神に則り、教育の目的を明示して、新しい日本の教育の基本を確立するため、この法律を制定する。

〔教育の目的〕

第 1 条　教育は、人格の完成をめざし、平和的な国家及び社会の形成者として、真理と正義を愛し、個人の価値をたつとび、勤労と責任を重んじ、自主的精神に充ちた心身ともに健康な国民の育成を期して行われなければならない。

〔教育の方針〕

第 2 条　教育の目的は、あらゆる機会に、あらゆる場所において実現されなければならない。この目的を達成するためには、学問の自由を尊重し、実際生活に即し、自発的精神を養い、自他の敬愛と協力によって、文化の創造と発展に貢献するように努めなければならない。

〔教育の機会均等〕

第 3 条　すべて国民は、ひとしく、その能力に応ずる教育を受ける機会を与えられなければならないものであって、人種、信条、性別、社会的身分、経済的地位又は門地によって、教育上差別されない。

2　国及び地方公共団体は、能力があるにもかかわらず、経済的理由によって修学困難な者に対して、奨学の方法を講じなければならない。

〔義務教育〕

第4条　国民は、その保護する子女に、9年の普通教育を受けさせる義務を負う。

2　国又は地方公共団体の設置する学校における義務教育については、授業料は、これを徴収しない。

〔男女共学〕

第5条　男女は、互いに敬重し、協力しあわなければならないものであって、教育上男女の共学は、認められなければならない。

〔学校教育〕

第6条　法律に定める学校は、公の性質をもつものであつて、国又は地方公共団体の外、法律に定める法人のみが、これを設置することができる。

2　法律に定める学校の教員は、全体の奉仕者であって、自己の使命を自覚し、その職責の遂行に努めなければならない。このためには、教員の身分は、尊重され、その待遇の適正が、期せられなければならない。

〔社会教育〕

第7条　家庭教育及び勤労の場所その他社会において行われる教育は、国及び地方公共団体によって奨励されなければならない。

2　国及び地方公共団体は、図書館、博物館、公民館等の施設の設置、学校の施設の利用その他適当な方法によって教育の目的の実現に努めなければならない。

〔政治教育〕

第8条　良識ある公民たるに必要な政治的教養は、教育上これを尊重しなければならない。

2　法律に定める学校は、特定の政党を支持し、又はこれに反対するための政治教育その他政治的活動をしてはならない。

〔宗教教育〕

第9条　宗教に関する寛容の態度及び宗教の社会生活における地位は、教育上これを尊重しなければならない。

2　国及び地方公共団体が設置する学校は、特定の宗教のための宗教教育その他宗教的活動をしてはならない。

〔教育行政〕

第10条　教育は、不当な支配に服することなく、国民全体に対し直接に責任を負って行われるべきものである。

2　教育行政は、この自覚のもとに、教育の目的を遂行するに必要な諸条件の整備確立を目標として行われなければならない。

〔補則〕

第11条　この法律に掲げる諸条項を実施するために必要がある場合には、適当な法令が制定されなければならない。

教育基本法
平成十八年十二月二十二日法律第百二十号

教育基本法（昭和二十二年法律第二十五号）の全部を改正する。
我々日本国民は、たゆまぬ努力によって築いてきた民主的で文化的な国家を更に発展させるとともに、世界の平和と人類の福祉の向上に貢献することを願うものである。
我々は、この理想を実現するため、個人の尊厳を重んじ、真理と正義を希求し、公共の精神を尊び、豊かな人間性と創造性を備えた人間の育成を期するとともに、伝統を継承し、新しい文化の創造を目指す教育を推進する。
ここに、我々は、日本国憲法の精神にのっとり、我が国の未来を切り拓く教育の基本を確立し、その振興を図るため、この法律を制定する。
第一章　教育の目的及び理念
（教育の目的）
第一条　教育は、人格の完成を目指し、平和で民主的な国家及び社会の形成者として必要な資質を備えた心身ともに健康な国民の育成を期して行われなければならない。
（教育の目標）
第二条　教育は、その目的を実現するため、学問の自由を尊重しつつ、次に掲げる目標を達成するよう行われるものとする。
一　幅広い知識と教養を身に付け、真理を求める態度を養い、豊かな情操と道徳心を培うとともに、健やかな身体を養うこと。
二　個人の価値を尊重して、その能力を伸ばし、創造性を培い、自主及び自律の精神を養うとともに、職業及び生活との関連を重視し、勤労を重んずる態度を養うこと。
三　正義と責任、男女の平等、自他の敬愛と協力を重んずるとともに、公共の精神に基づき、主体的に社会の形成に参画し、その発展に寄与する態度を養うこと。
四　生命を尊び、自然を大切にし、環境の保全に寄与する態度を養うこと。
五　伝統と文化を尊重し、それらをはぐくんできた我が国と郷土を愛するとともに、他国を尊重し、国際社会の平和と発展に寄与する態度を養うこと。
(生涯学習の理念)
第三条　国民一人一人が、自己の人格を磨き、豊かな人生を送ることができるよう、その生涯にわたって、あらゆる機会に、あらゆる場所において学習することができ、その成果を適切に生かすことのできる社会の実現が図られなければならない。
(教育の機会均等)
第四条　すべて国民は、ひとしく、その能力に応じた教育を受ける機会を与えられなければならず、人種、信条、性別、社会的身分、経済的地位又は門地によって、教育上差別されない。
2　国及び地方公共団体は、障害のある者が、その障害の状態に応じ、十分な教育を受けられるよう、教育上必要な支援を講じなければならない。
3　国及び地方公共団体は、能力があるにもかかわらず、経済的理由によって修学が困難な者に対して、奨学の措置を講じなければならない。
第二章　教育の実施に関する基本
(義務教育)
第五条　国民は、その保護する子に、別に法律で定めるところにより、普通教育を受けさせる義務を負う。
2　義務教育として行われる普通教育は、各個人の有する能力を伸ばしつつ社会において自立的に生きる基礎を培い、また、国家及び社会の形成者として必要とされる基本的な資質を養うことを目的として行われるものとする。
3　国及び地方公共団体は、義務教育の機会を保障し、その水準を確保するため、適切な役割分担及び相互の協力の下、その実施に責任を負う。
4　国又は地方公共団体の設置する学校における義務教育については、授業料を徴収しない。

（学校教育）

第六条　法律に定める学校は、公の性質を有するものであって、国、地方公共団体及び法律に定める法人のみが、これを設置することができる。

２　前項の学校においては、教育の目標が達成されるよう、教育を受ける者の心身の発達に応じて、体系的な教育が組織的に行われなければならない。この場合において、教育を受ける者が、学校生活を営む上で必要な規律を重んずるとともに、自ら進んで学習に取り組む意欲を高めることを重視して行われなければならない。

（大学）

第七条　大学は、学術の中心として、高い教養と専門的能力を培うとともに、深く真理を探究して新たな知見を創造し、これらの成果を広く社会に提供することにより、社会の発展に寄与するものとする。

２　大学については、自主性、自律性その他の大学における教育及び研究の特性が尊重されなければならない。

（私立学校）

第八条　私立学校の有する公の性質及び学校教育において果たす重要な役割にかんがみ、国及び地方公共団体は、その自主性を尊重しつつ、助成その他の適当な方法によって私立学校教育の振興に努めなければならない。

（教員）

第九条　法律に定める学校の教員は、自己の崇高な使命を深く自覚し、絶えず研究と修養に励み、その職責の遂行に努めなければならない。

２　前項の教員については、その使命と職責の重要性にかんがみ、その身分は尊重され、待遇の適正が期せられるとともに、養成と研修の充実が図られなければならない。

（家庭教育）

第十条　父母その他の保護者は、子の教育について第一義的責任を有するものであって、生活のために必要な習慣を身に付けさせるとともに、自立心を育成し、心身の調和のとれた発達を図るよう努めるものとする。

2　国及び地方公共団体は、家庭教育の自主性を尊重しつつ、保護者に対する学習の機会及び情報の提供その他の家庭教育を支援するために必要な施策を講ずるよう努めなければならない。

（幼児期の教育）

第十一条　幼児期の教育は、生涯にわたる人格形成の基礎を培う重要なものであることにかんがみ、国及び地方公共団体は、幼児の健やかな成長に資する良好な環境の整備その他適当な方法によって、その振興に努めなければならない。

（社会教育）

第十二条　個人の要望や社会の要請にこたえ、社会において行われる教育は、国及び地方公共団体によって奨励されなければならない。

2　国及び地方公共団体は、図書館、博物館、公民館その他の社会教育施設の設置、学校の施設の利用、学習の機会及び情報の提供その他の適当な方法によって社会教育の振興に努めなければならない。

（学校、家庭及び地域住民等の相互の連携協力）

第十三条　学校、家庭及び地域住民その他の関係者は、教育におけるそれぞれの役割と責任を自覚するとともに、相互の連携及び協力に努めるものとする。

（政治教育）

第十四条　良識ある公民として必要な政治的教養は、教育上尊重されなければならない。

2　法律に定める学校は、特定の政党を支持し、又はこれに反対するための政治教育その他政治的活動をしてはならない。

（宗教教育）

第十五条　宗教に関する寛容の態度、宗教に関する一般的な教養及び宗教の社会生活における地位は、教育上尊重されなければならない。

2　国及び地方公共団体が設置する学校は、特定の宗教のための宗教教育その他宗教的活動をしてはならない。

第三章　教育行政

（教育行政）

第十六条　教育は、不当な支配に服することなく、この法律及び他の法律の定めるところにより行われるべきものであり、教育行政は、国と地方公共団体との適切な役割分担及び相互の協力の下、公正かつ適正に行われなければならない。

2　国は、全国的な教育の機会均等と教育水準の維持向上を図るため、教育に関する施策を総合的に策定し、実施しなければならない。

3　地方公共団体は、その地域における教育の振興を図るため、その実情に応じた教育に関する施策を策定し、実施しなければならない。

4　国及び地方公共団体は、教育が円滑かつ継続的に実施されるよう、必要な財政上の措置を講じなければならない。

（教育振興基本計画）

第十七条　政府は、教育の振興に関する施策の総合的かつ計画的な推進を図るため、教育の振興に関する施策についての基本的な方針及び講ずべき施策その他必要な事項について、基本的な計画を定め、これを国会に報告するとともに、公表しなければならない。

2　地方公共団体は、前項の計画を参酌し、その地域の実情に応じ、当該地方公共団体における教育の振興のための施策に関する基本的な計画を定めるよう努めなければならない。

第四章　法令の制定

第十八条　この法律に規定する諸条項を実施するため、必要な法令が制定されなければならない。

附則　抄

（施行期日）

1　この法律は、公布の日から施行する。

第12章

受益権と参政権

4つの種類の人権のうちの2種類である受益権と参政権は、どちらも国家の存在を前提にして保障される人権として形作られ、近代市民憲法の時代から保障されているものである（4種類めに当たる社会権も国家が積極的に保障する人権である、という意味ではやはり国家が存在している必要がある人権であるが、これは20世紀以降に保障されるようになった「後から生み出された人権であり、近代市民憲法時代には影も形もなかった。)。

受益権と参政権は、自然権に由来する人権でなく、また国家ができる前から人が誰でももっていたとされる「前国家的権利」（これに該当するのは、ほとんどが自由権である）でもない。しかしながら、どちらも人権を保障するためには必要な権利であるとして、人権思想や理論の発展とともに作り出され、近代市民憲法には人権として組み入れられるようになったものである。

参政権は、憲法の原則のひとつである、国民主権の原則や民主主義の実現を図る上で重要になった。受益権も人権保障を強化したり、侵害された人を救済したりするには必須のものとなっている。

1. 受益権

現在の日本国憲法において受益権に含まれるものとしては、第16条請願権（旧来では)、第32条裁判を受ける権利、第17条国家賠償請求権、第40条刑事補償請求権がある。ただし請願権については、むしろ参政権的な性格をもつものと最近では考えられている（そのため、参政権の一部として後述する)。

(1) 裁判を受ける権利（第32条）

政治・行政権力から独立した公平な裁判所で、裁判を受けたり、争いについて裁定を求めたりすることができる権利である（ただし法を適用して解決できる争いに限られる）。裁判を提起（提訴）しても拒否されない、という保障も含まれる。

刑事裁判の場合、裁判によらなければ刑罰を科せられない、ということを意味する。第31条の法定（適正）手続の保障や第37条の被疑者・被告人の権利（これらについては第８章参照）と関連している。ここでは国家刑罰権に対する防御（権）という性格も併せもつことになる。

そして、裁判を通じて人権保障（人権侵害がある場合、その救済を求めて裁判を起こす場合がある）や憲法保障（違憲審査を通じて）の手段という側面もある。

(2) 国家賠償請求権（第17条）

公務員が不法行為（故意または過失により他人に対し権利侵害と損害を与えること）を行なった結果国民が損害を受けた場合、国に対し損害賠償を請求できる権利があるとされる。ただし、社会権同様、第17条は直接の請求権を保障したものではなく、抽象的権利であるとされている。そのため、国家賠償法が制定され、その法律を通じて国家賠償訴訟を提起できることになっている。

国家賠償法では、公務員による不法行為に対する損害賠償請求（第１条）のほか、国や地方自治体が管理する施設や道路・河川・海浜などの設置や管理に瑕疵［かし］があった場合も損害賠償請求権を認めている（第２条）。

国家賠償が認められた事例はいくつかある。

郵便物誤配に関する国家賠償［最大判2002（平14）.9.11］の場合、2002年改正前の郵便法では、郵便物を郵便局側でなくした場合、どのような郵便物であるかや、損害額の限度、損害賠償請求権者を限定していた。つまり、郵便法は、国側の責任を免除する規定を設けていることになる。

とある裁判において裁判所が債権の差し押さえ命令を特別送達方法により送達したが、郵便事業者の不注意により、差し押さえ命令の送達が遅れてしまい、債権者が損害をこうむった。そこで債権者が国に対し公務員の不法行為による損害賠償を請求したものである。

最高裁は、公務員の不法行為による国等の責任を免除・制限する規定が憲法第17条に適合するかどうかはその「規定の目的の正当性ならびにその目的達成の手段として免責または責任制限を認めることの合理性および必要性を総合的に考慮して判断すべきである」とした。そして規定の目的は、郵便をなるべく安い料金で公平に提供することにあるので正当であるとした。しかし書留郵便が郵便事業者の故意または重い過失によって損害が生じた場合に、不法行為による国の賠償責任を免除し、または制限する部分は憲法第17条に違反すること、特別送達郵便物に関して損害賠償を免除または制限することに合理性・必要性があるとは認めがたいのでやはり憲法第17条に違反している、と違憲判決を下した。

そのほかでは選挙の在宅投票制度廃止事件・在外日本人選挙権規定違憲判決（参政権の項で紹介）がある。

逆に却けられた例としては、婚姻や家族関係に関する両性の平等を規定した第24条に関連し、女性のみ再婚禁止期間を設けた民法733条の規定が（ただし禁止期間を設けること自体でなく法律で定めた期間が長すぎるとして）違憲判決が下された裁判では、原告が同時に国家賠償を求めていたがそれは認められなかった（第4章参照）。

(3) 刑事補償請求権（第40条）

刑事事件において被疑者・被告人となり留置所や拘置所に身体を拘束され続け、裁判を受けたが無罪判決を受けた場合（無実であったと裁判で決した場合）、刑事手続を受けたことに関する不利益に対し国に補償を求めることができる権利である。請求手続きや内容の決定は刑事補償法に委ねられている。

補償内容は、裁判中の未決勾留や、懲役・禁錮刑を受けていた場合には（再審請求などで改めて裁判され、一旦有罪とされたものが無罪とされることもありうる）1日ごとの補償金が、罰金や科料を科されていた場合は年5分の加算をした補償金が支払われるなど、金銭による補償が行なわれる。物品が没収された場合は物品が残っていれば返却されるが、処分されている場合には補償金であがなわれる。死刑が執行されている場合にも保障される。そのような場合で本人が死亡している場合、相続人が補償請求を行なうことも可能である。

ただ、被疑者の段階で身柄を拘束されていても不起訴となった場合に補償請求ができるかどうかは、刑事補償法に規定がない。

2. 参政権

参政権は、国民主権の原則と密接に関連し、まずはその原則を人権の側から実現する手段と受け取られている。

(1) 公務員選定罷免権（第15条）

日本国憲法の条文では、第15条で保障されているとされるが、第15条には参政権という用語はなく、第1項で国民が公務員を選定し罷免する権利をもつという内容の規定が設けられている。我々が直接選ぶことができるのは、選挙が行なわれる議員や都道府県知事・市町村長といった特別職公務員と呼ばれる者だけであり、いわゆる公務員採用試験を経て任用される公務員に対しその個々の合否には口を出す機会はない。

しかし第2項では公務員が全体の奉仕者であること（つまり公務員は公平・公正に行政権その他の国の事務に当たらなければならず、一部の者の利益を代表してはならないことを意味する）を規定している。さらに第3項と第4項では選挙に関する原則について記載している。これは選挙権が参政権の中心の要素であることを意味している。選挙権に関する日本国憲法上のその他の規定については、第43条に国会議員が選挙で選出されるという内容の規定がある。

もちろん参政権に含まれる権利は選挙権（狭い意味では選挙での投票権を意味する）だけでなく、立候補して選挙で選ばれるという被選挙権もある。また必要に応じて行なわれる国民投票や住民投票に票を投じる権利がある。

政治への参加というのは、参政権だけでなく、表現の自由という側面もある。

選挙の際の投票は満18歳にならないとできないが、政治参加については18歳未満であっても行なうことは可能である。(たとえば自主的にデモに参加するなど。2015年に安保関連法制の国会審議が行なわれていた頃、国会前に反対を叫ぶ人々が集まっていたが、それに自主的に参加し反対の声を上げていた高校生たちがいた。)

(2)　選挙権・被選挙権と選挙の原則

現在、日本国民には満18歳に達すると、誰でも選挙権が与えられる。18歳の誕生日を迎えた後に行なわれる選挙からは投票ができる。立候補して選出される被選挙権については満25歳以上か満30歳以上で、どの選挙によるかで異なる(第16章参照)。立候補する自由も第15条によって保障されているとされている。

選挙権は、国民主権との関連上2つの側面をもっているとされる。ひとつは権利という側面、もうひとつは公務という側面である。日本では採用していないが、諸外国では公務という側面を重視して、棄権すると罰金を払うもしくは選挙権を停止するという罰則制度をとっているところもある(例：オーストラリア、シンガポールなど)。

選挙に関する原則は、五つある。

①普通選挙(第15条3項)

大正時代頃まで、選挙権は一定の納税額を払えるものに対してのみ与えられる制限選挙であった。1925年に普通選挙法が制定されたが、25歳以上の男性にのみ選挙権が与えられ、女性は与えられなかった。これは次の項目とも関連する。

②平等選挙(第14条、第44条但書)

第44条但書によれば、人種・信条・性別・社会的身分・門地・教育・財産・収入によって差別してはならない、という。また、1人1票ということだけでなく、投票価値の平等も要請される(有権者の多い選挙区と有権者の少ない選挙区で、当選するのに必要な票数の数に格差が存在することは違法であるとされる)。

③自由選挙

棄権の自由、選挙運動の自由（第21条）、強制投票の禁止を含む。選挙での投票の公務的な側面よりも権利的な側面を重視している原則である。

④秘密選挙（第15条4項）

投票は公開せず無記名で行なう。選挙の自由と選挙の公正さを保障するために重要な原則である。第15条4項には投票をした人は「その選択に対し公的にも私的にも責任を問われない」とあり、上記の自由選挙の保障を強くしている。

⑤直接選挙（第93条2項）

地方公共団体の長・地方議会議員については有権者が直接に選ぶことになっている。

その他憲法上の明文はないが、国会議員の選挙も直接選挙である。

(3) 自由選挙と選挙の公正の確保

上記の自由選挙の原則からすると、選挙活動を自由に行なえる保障は重要なものとなる。候補者の立場からすると、立候補をする権利の一環ともいえる。一般の投票者からすると、候補者のうち誰を選ぶのかにかかわる情報収集や情報交換をするための貴重な機会を得ることにつながる。これは上記のように第21条（候補者にとっては自分の公約を表明する自由であり、一般の投票者にとっては「知る権利」でもある）だけでなく、第15条によっても保障されていると考えられる。また、政策や公約の内容の選択をするという点では第19条の思想・良心の自由ともかかわってくる。

選挙に関する諸々の規定は公職選挙法により定められている。しかし自由選挙が原則といいながら、この公職選挙法による選挙活動への規制がかなり多い。第129条の選挙運動の期間に始まって、第201条の15まで膨大な制限が規定されている。その目的はもちろん不正な選挙を防止し選挙の公正さを確保するためではあるが、しかしなかには学説上批判の多い規制もある。

主な規制としては、事前運動禁止・戸別訪問禁止・規定以外の文書の掲示や配布の禁止などがある。

選挙の前には候補者が街頭演説やポスター貼り、選挙カーによる投票の呼びかけを行なう選挙運動期間が設けられている。市長や市議会議員選挙では7日間、県議会議員選挙で9日間、衆議院議員選挙で12日間、政令指定都市市長選挙で14日間、参議院議員選挙や都道府県知事で17日間などと選挙の種類によって異なり、選挙のための運動はこれ以外、もしくはこれ以前には行なってはならないというのが事前運動禁止である。戸別訪問は、投票権者の自宅を個別に訪問して投票を呼びかけることを禁止するものであるが、諸外国ではこれを禁止していない国（アメリカなど。むしろアメリカでは戸別訪問して民主党もしくは共和党候補者への投票を呼びかける運動が盛んである）もある。日本で禁止されている理由には、利益誘導や買収の温床になるからというのがある。しかし選挙にあたっては候補者と投票権者とで十分な意見交換や自由な言論を競い合う場の確保が必要であるとの考えから、戸別訪問の禁止は行き過ぎでないかという意見もある。最高裁は1950～1960年代の複数の事件で戸別訪問やそれによる文書等の配布、あるいは候補者でない者が候補者を推薦する文書を配布すること、事前運動を禁じる公職選挙法は表現の自由違反にならないなどとしてそうした規制は合憲であると判断している。戸別訪問の禁止については1980年代にも同様の事件があり［最大判1981（昭56）.7.21］、禁止理由として伊藤正己裁判官の補足意見がつけられている。それによると禁止理由は以下の①～⑤によるとされる。

①戸別訪問は、買収、利益誘導等の不正行為の温床となりやすく、選挙の公正を損なうおそれの大きいこと。

②選挙人（引用者注：有権者）の生活の平穏を害して迷惑を及ぼすこと。

③候補者にとってわずらわしい選挙運動であり、また多額の出費を余儀なくされること。

④投票が情実に流されやすくなること。

⑤戸別訪問の禁止は意見そのものを抑止するものではなく、意見表明のための一つの手段を禁止するものに過ぎない。

しかし学界では戸別訪問の全面禁止は違憲であるとする意見が多い。その理由も、「選挙運動こそあらゆる言論が自由に競い合う場」として憲法第21条に根拠を求める立場や、憲法第15条が保障する選挙権の内容を広く解釈する立場がある。さらには欧米諸国では戸別訪問が定着しているのに、なぜ日本では認められないのか、といった意見も出されている。

在宅投票を認めるべきか、というのも難しい問題をはらんでいる。投票所においては公正に投票が行なわれているか、立会人といって監視する役目の人がいるがそれ以外の場所での投票では不正行為が行なわれていないかの監視が難しくなるからである。しかしながら病気や重い障がいを抱えており期日前投票（これも受付場所に出向く必要がある）にも参加できない人にも投票する権利はある。一律に在宅投票を禁止してしまうことで、選挙権に関する不平等という問題が出てきてしまうからである。そのため在宅投票制度は導入されたり廃止されたり、再度設けられたりと変遷を繰り返してきた。1950年に導入、1952年廃止（1951年に悪用されたためである）、1975年より重度身体障がい者のために郵便による投票制度が設けられた。

さらにかつては国外に在留している間に選挙が行なわれたとしても国外からの投票はできなかった。1998年改正前の公職選挙法では、国外に居住する国民には選挙権の行使を認めていなかった。国内の住所地の投票所での投票しか認めていなかったからである。また、改正後も衆議院小選挙区議員選挙や参議院選挙区議員選挙でも国外在住者は投票できなかった。これは選挙制度によって選挙権の行使が制限されていることになり、主権者たる行為がとれないと同時に、人権保障の上で不平等ということになる。

そこで、国外在住者によって訴訟が提起された［最大判2005（平17）.9.14］。最高裁は、「国民の選挙権またはその行使を制限することは原則として許され」ない。制限が許されるのは「選挙の公正を確保しつつ選挙権の行使を認めることが事実上不能ないし著しく困難である」場合であるとした。そのような理由が存在しない上に、在外選挙制度を設けることを長い間放置したことや、公職選挙法改正後も選挙区選出議員の選挙権を認めなかったことは違憲であった、と判断した。そして立法の内容や立法不作為が基本的人権を違法に侵害する場合には、国家賠償の対象とすべきであると認めた。

その結果、2006年、公職選挙法が改正され、国外在住者も選挙区選出議員の選挙の投票も行なえるようになった（第49条の2による）。日本での投票日よりも前に、記載した投票用紙を封筒に入れて在外公館の長に提出するなどの方法がとられることになっている。ただし、地方自治体の（長または議会）選挙や、最高裁判所裁判官の国民審査は除外されている。これについても不服のある投票権者から訴えがあり、2006年より国政選挙（衆議院議員や参議院議員選挙）のみ期日前に滞在国の在外公館の長に封筒に入れた投票用紙を提出する制度が設けられるようになったが、地方議会や市町村長・都道府県知事選挙などについては導入されていない。

(4)　投票価値の平等

選挙はただ1人1票投じればいいというものではない。多くの選挙が選挙区制をとっているため、投票のできる有権者数が選挙区によって異なることになる。そのため選出された議員1人1人が、選出選挙区が異なっていても同じくらいの数の人々（有権者）を代表しているかどうかも問題となる。つまり、同じように1人を選出する選挙区だがA選挙区では有権者10万人、B選挙区では6万人であるとすると、有権者1人あたりの投票の価値はA選挙区では1/100000、B選挙区では1/60000とA選挙区の有権者の1票の方がずっと軽いものになってしまう。これでは投票における平等性が確保されないのではないかと問題になった（かつては衆議院議員選挙においても1つの選挙区から2人以上選出する場合もあったのでもっと事情は複雑になる）。

1994年に公職選挙法が改正され衆議院議員選挙は小選挙区比例代表制となり選挙区選出は1人区となった。参議院議員選挙については1983年に比例代表制が導入されているが都道府県ごとの選挙区選出に変更はない。ただし都道府県ごとの選出議員の数は時々変更されている。

そこで、1994年以前の2人区以上の選挙区が存在した衆議院議員選挙や、参議院議員選挙の都道府県選挙区選出においては、投票価値の不平等・不公平があるとして、何度も（衆議院議員選挙や参議院議員選挙のたびといっていい）違憲違法の判断を裁判所に求める裁判が提起されている。その他、地方選挙でも不均衡などを理由に選挙無効の裁判が提起されることもある。

なお、衆議院議員選挙については、違憲判決、または結論では合憲としてい

表１　議員定数不均衡訴訟

衆議院議員定数訴訟

判　決	選挙日	最大較差	合理的期　間	結　果
(1)最大判1976(昭51).４.14民集30・３・223	1972.12.10	4.99	超	違憲→事情判決
(2)最大判1983(昭58).11.７民集37・９・1243	1980.６.22	3.94	内	合憲（違憲状態）
(3)最判昭1985(昭60).７.17民集39・５・1100	1983.12.18	4.40	超	違憲→事情判決
(4)最判1988(昭63).10.21民集42・８・644	1986.７.６	2.92		合憲
(5)最大判1993(平５).１.20民集47・１・67	1990.２.18	3.18	内	合憲（違憲状態）
(6)最判1955(平７).６.８民集49・６・1443	1993.７.18	2.82		合憲
(7)最大判1999(平11).11.10民集53・８・1441	1996.10.20	2.31		合憲
(8)最判2001(平13).12.18民集55・７・1647	2000.６.25	2.47		合憲
(9)最判2007(平19).６.13民集61・４・1617	2005.９.11	2.17		合憲

参議院議員定数訴訟（一部略）

判　決	選挙日	最大較差	合理的期　間	結　果
(1)最大判1964(昭39).２.５民集18・２・270	1962.７.１	4.09		合憲
(2)最大判1983(昭58).４.27民集37・３・345	1977.７.10	5.26		合憲
(3)最判1988(昭63).10.21判時1321・123	1986.７.６	5.85		合憲
(4)最大判1996(平８).９.11民集50・８・2283	1992.７.26	6.59	内	合憲（違憲状態）
(5)最大判1998(平10).９.２民集52・６・1373	1995.７.23	4.81		合憲
(6)最大判2000(平12).９.６民集54・７・1997	1998.７.12	4.98		合憲
(7)最大判2004(平16).１.14民集58・１・56	2001.７.29	5.06		合憲
(8)最大判2006(平18).10.４民集60・８・2696	2004.７.11	5.13		合憲

出所：小泉洋一・倉持孝司・尾形健・福岡久美子『憲法の基本』法律文化社、2008年、60頁

るが「違憲状態である」という裁判所からの宣言も出されている。違憲判決は、法の下の平等の侵害が大きいとされた場合に出されている。「違憲状態」というのは事実上平等が侵害されているものの、選挙区割りや選出議員の変更を公職選挙法によって行なってからあまり期間が経っていない（公職選挙法の改正は国会が行なうが、国会があまりにも長期間法律改正の仕事をサボっていたとまではいえないという判断による）場合に出されている。ただし違憲状態と言われたからには国会はその次の選挙までには法律改正を行なうプレッシャーがかかることになる。しかし違憲または違憲状態が宣言された場合でも、一度行なわれてしまった選挙を無効にはしていない。その理由は、本来なら違憲・違法とされた行為＝この場合は選挙は無効になるはずなのだが、選挙が行なわれた後に速やかに裁判を起こしても判決が下されるまでに半年以上かかる例が多く、今さら選挙を無効にしてはその間に成立した法律や議決までも無効になって混乱を招くことになるからである。そのため違憲や違憲状態となっても、「事情があるため」選挙は無効にしないという先例ができあがった（事情判決と呼ばれている。これは行政処分が違法であっても取消しすることにより公の利益に著しい障害を生ずる場合にはその処分を取消しない、という行政事件訴訟でのやり方を取り入れたものである）。

参議院議員選挙については衆議院議員選挙ほど厳しい平等を求めず、違憲状態と判断されたのは１件であとは合憲判決ばかりである。

(5) 外国人の地方参政権

経済活動の自由の解説で述べたように、公務員の任用については地方公務員の事務職や資格職などでは、外国人も採用する自治体が増えている。しかし国家公務員や警察官・消防官などの公安職（治安を維持する職務）は国籍条項といって日本国籍をもつ者のみの任用になっている。

選挙権についてはどうか。国政選挙については日本の政治・政策・外交の行方を決するため、外国人の投票を認めないとされている。地方議会や市町村長・都道府県知事の選挙については、住民登録をしている地方については選挙権を認めてもいいのではないかという主張も研究者の間では有力に主張されるようになってきている。諸外国では韓国・ニュージーランド・ロシア等で地方選挙権や所により国政選挙の選挙権も付与している。

また、最高裁はかつて日本国憲法は定住外国人に立法をもって地方選挙権を与えることを禁止はしていない、と判決したことがある［最判 1995（平 7）. 2. 28］。

この事件では日本生まれで日本に生活の本拠をおいている永住資格のある在日韓国人であり、自分たちは地方公共団体における選挙権を憲法上保障されているとして、選挙人名簿に登録を求めた。しかし選挙管理委員会から却下されたため、却下の取消しを求めて訴訟を起こしたものである。

最高裁は、「憲法の国民主権の原理における国民とは、」「わが国の国籍を有するものを意味する」。「憲法第 15 条 1 項は権利の性質上日本国民のみを対象とし、」「わが国に在留する外国人には」その権利保障は及ばない。「憲法 93 条 2 項にいう『住民』は、地方公共団体の区域内に住所を有する日本国民を意味」し、「わが国に在留する外国人に対して、地方公共団体の長、その議会の議員等の選挙の権利を保障し」ているわけではない。しかし憲法の「地方自治に関する規定は、民主主義社会における地方自治の重要性に鑑み、住民の日常生活に密接な関連を有する公共的事務は、その地方の住民の意思に基づきその区域の地方公共団体が処理するという政治形態を憲法上の制度として保障しようとする趣旨に出たものと解されるから、我が国に在留する」「永住者等であってその居住する区域の地方公共団体と特段に緊密な関係をもつに至ったと認められるものについて、その意思を日常生活に密接な関連を有する地方公共団体の公共的事務の処理に反映させるべく、法律をもって、地方公共団体の長、その議会の議員等に対する選挙権を付与する」ことは「憲法上禁止されていない」。そのような「措置を講ずるか否かは」「国の立法政策に関わることがらであって、そのような措置を講じないからといって違憲の問題を生ずるものではない」とした。そして現在定住外国人に地方選挙権を与えていないのは違憲ではないと判示した。

判決そのものは、原告が敗訴した形ではあったが、定住外国人に立法をもって地方選挙権を与える可能性は開かれている、ということを示した最初の例として注目されている。ただし、国民主権が中央の国政レベルの原理であり、地域においては住民自治が中核であると別次元の問題のように扱ってしまっていいのかという課題は残るだろう。外国人に法律をもって（公職選挙法など？）地方の選挙の選挙権を付与することは憲法上禁じられてはいない、とされ、外国人に地方選挙権を与える第一歩になりうると評価されたがそれから25年あまり、そのような法律制定は行なわれる気配はない。研究者の間でも外国人の選挙権についてはまだ見解は分かれており、全面禁止・地方選挙権については認めるべき・国政選挙への参加も本来憲法上要請されていると解釈できる（政治参加も重要な人権であるから保障すべきだ）、という大まかに3つの意見に分岐している。

地方自治体の選挙（首長や議会議員）や後述の住民投票は、実は「住民」としての資格で選挙や投票が行なわれている。住民は、その地に在住している人をさし「住民登録」を役所にしている。国籍を有するという意味での「国民」とは異なる概念である、というのも注意しよう。地方自治体の選挙権について住民である外国人（外国籍をもっている人という意味で）にも認めるのに賛同する意見の中には、この違いに注目している見解もある。

(6) 国民投票・住民投票

そもそも選挙というのは代表者の選出であり、民主主義制度としては間接民主制もしくは代表民主制と呼ばれるものである。国民や住民が直接意思表明を行なう直接民主制は例外的にしか行なわれない。その例外措置が、国民投票制度や住民投票制度である。代表民主制を補うものと位置付けられる。

①国民投票

国民投票の主な例としてはまず、憲法改正手続の一環としての国民投票である。第96条に基づくものであり、また憲法改正手続法で定められている。もうひとつは最高裁判所裁判官の国民審査である。最高裁の裁判官に任用された後初めて行なわれる衆議院議員選挙の際に、投票を行なうついでに裁判官の氏名の書かれた用紙に辞めさせたい裁判官に対し×を記入することになっている。×が多かった者は罷免されることになっているが、日本国憲法制定後に罷免された最高裁判所裁判官は存在しない。また、任用後10年経過後、その時点で初めて行なわれる衆議院議員選挙の際に再び国民審査を経ることになっている。しかし最高裁判所裁判官の定年は70歳であり任用される年齢が60代になってからの裁判官しか現在までいないため、二回目の国民審査を受けた裁判官もまだいない。

②住民投票

住民投票については、憲法の規定にあるものとしては第95条の特定の地方公共団体（都道府県や市町村）のみに適用される特別法が立法されるときにそこの住民の住民投票で過半数の賛同を得なければならないとする制度がある。

都道府県や市町村が住民投票条例を制定して、住民投票が行なわれる例もいくつもある。所沢市では2015年に、市立小中学校の教室に冷房を設置するかどうかを問う住民投票を行なった。所沢市西部は、アメリカ軍横田基地に近く、軍用機が飛び交うため夏季に窓を開けて授業を行なうことができず児童生徒が熱中症になる危険があるからであった。

(7) 請願権（第16条）

もともと請願権は、議会制度が未熟な時代・もしくは議会が停止されていた時代に君主に対し、「このようなことを民は望んでいる」という「お願い」をする手段から発している。そのため参政権にもともと含まれていた各権利とは、少し性格が異なっている。

大日本帝国憲法においても臣民の権利の一つとしてその第30条で請願権の定めを設けていたが、実際受け入れられる制限が厳しく、それほど機能していなかった。

日本国憲法第16条では、損害の救済、公務員の罷免、法律・命令または規則の制定・廃止・改正などについて平穏に請願する権利を認めている。そして請願をしてもいかなる差別待遇を受けないとしている。

今日、昔は受益権として扱われていた請願権を参政権的な性格で読み替えたのは、上記(2)の選挙権や(6)の国民投票権・住民投票権を行使できない・行使できる年齢に達していない者までカバーしようとする理由からである。つまり、選挙で投票できない未成年者や法人、外国人にも請願権なら行使しうるということである。ただしもともと「参政権」というのはそれを具体化した「選挙権」と結びついた概念であるため、請願権が参政権「的」な権利であるといっても、本来の参政権とは少し異なるところには注意をする必要がある。

具体的な請願方法は、請願法によって定められている。

それによると、請願は本人の氏名・住所を入れた文書で、所管の官公署に行なうことになっている。官公署はそれを誠実に処理しなければならない。ただ、請願内容についての措置を行なったりどう処理したりしたか回答する義務は、官公署には今のところないと解釈されており、参政権的な機能を請願権に与えるのならば、一定の報告義務などを付け加えてゆく必要があるだろう。

第13章

幸福追求権とプライバシーの権利・自己決定権

日本国憲法が制定された後になってから新たに基本的人権として認識されたものは、条文中には明記されていない。たとえばプライバシーの権利などがそうである。人権保障をするためには憲法上その根拠がなければならない。そこで、条文中にその新しく認識された人権を保障する規定を探さなければならなかった。そこで登場することになったのが、第13条である。その中にある「幸福追求に対する国民の権利」が新たな人権の保障根拠であるとされた。

1．新しい人権

新しい人権とは、日本国憲法が制定されたとき（1946年時点）には人権として意識されていなくて人権保障の条文として入れられなかったが、その後の社会変化などで人権として保障すべきものであるとして新たに見出された人権のことである。

1960年代以降、さまざまな権利が基本的人権としての保障を受けるべきだと提唱されたが、今現在いちおう認められているのは、知る権利・環境権・プライバシーの権利とまだあいまいではあるが自己決定権が挙げられる。

知る権利は表現の自由の一部と考えられている。したがって第21条の保障範囲になる。（知る権利については第6章を参照されたい。）

環境権は自由権的な側面と社会権的な側面の両方があるとされた。良い環境で生活する自由（人格権的な権利だと考えられている）と、それを国家が社会権として保障する必要とがあると考えられたからである。社会権的な側面は第25条の生存権に含まれるとされる。しかし自由権としての側面の部分の保障根拠は第25条以外に求められている。その理由は、第25条の通説的解釈によれば25条は自由権もしくは人格権保障まで含んでいるとみなされていないからである。

また、プライバシーの権利や自己決定権は、該当する直接の条文が見当たらない。それでも基本的人権として保障されるためには、憲法の条文中になんらかの根拠が必要となる。

そこで、すでに存在している条文でカバーできない新たな人権を保障する根拠として登場してくるのが第13条で規定されている幸福追求権である。

2．幸福追求権（第13条）

もともと第13条は、第11条第12条とともに、人権保障の総則的な条文であるとされていた。（それについては第3章を参照されたい。）

第13条は、国民が個人として尊重されること、そして国民の生命・自由・“幸福追求に対する権利”が最大の尊重を受けるという内容の規定である。

この「幸福追求に対する」国民の権利、略して幸福追求権が、新しい人権のうち第14条～第40条の人権保障規定の中では根拠条文の見つからない人権の保障根拠とされているのである。つまり第13条は、人権総則規定であると同時に、新しい人権を保障する具体的な条文でもある、という両面をもっているのである。

この幸福追求権に現在含まれているのが、プライバシーの権利、自己決定権、環境権の自由権的側面である。幸福追求という言葉ではその具体的な内容はあいまいではあるが、多様な新しい（もしかしたら今後も生まれてくるかもしれない）人権の保障根拠として使うのならば、ある程度抽象的な表現の言葉になっている方が便利なこともある。

新しい人権の根拠として幸福追求権の内容を考えるとき、大きくいって2つの考えがある。①人格的利益説と、②一般的自由説である。

①の場合、人格的な側面がない人権が新たに生まれてきたとき使いにくくなるおそれがあったり、人格という言葉があいまいであるという批判はある。②

の場合自由という用語を使っているため、これも新しい人権が必ずしも自由に関わるものとは限らないと考えるとやや問題があるとされる。①の人格的利益説がいまのところ通説になっており、新しい人権として認められるには人格的利益を保障するまたは人格権的な内容をもっていることが一定の条件のようになっている。

3. プライバシーの権利

新しい人権として主張されたものにはしばしばあることなのだが、権利というのには、実は2通りある。

一つは、民法やその他の法律で保障される（普通の）権利である。これは民法が関わることが多いのでしばしば民事法上（私法上）の権利と呼ばれている。普通の権利は、個人同士や民間企業が尊重しあったり保障したり妨害や侵害してはならないものとされている。侵害すると「違法」であると言われる。

もう一つは、憲法で保障される基本的人権である。これは国が保障するものであり、一部（第18条や第28条）を除いては個人や民間企業が保障するものではない。もちろん社会的なマナーとしては基本的人権に当たるものは、尊重し合うべきであるとはされている。

新しい人権、ことに環境権やプライバシーの権利については民事法上の権利として呼ばれる場合と、基本的人権の保障を受けるという意味で使われる場合とがある。同じ言葉を用いているので少しややこしい。それに、この2つの権利は、最初は民事法上の権利として主張され始め、その後基本的人権としての保障の必要性も意識されるようになり、新しい基本的人権としての地位を手に入れるようになったのである。

(1) プライバシーの権利の沿革～民事法上の権利主張から

プライバシーの権利や利益の主張は、もともとは新聞記事（民間の新聞社）に個人生活について勝手に記事にされないよう主張したところから始まったものである。つまり民事法上の権利であった。

日本で最初にプライバシーの権利が意識されたのも、民間個人による被害者個人のプライベートの侵害が発端であった。これは大作家といわれた三島由紀夫が書いた「宴のあと」という小説が発端になった。いわゆる宴のあと事件［東京地判1964（昭39）.9.28］である。

これはモデル人物はいたものの小説であるから全くのフィクションであった。しかしモデル人物が非常に有名であり作家の筆力もあってかフィクションにもかかわらずいかにも本人がそう言い、振舞っているかのような印象を世の中の人に与えた。その結果、裁判ではフィクションでありながらも、「私生活上の事実らしく見える」ものまで保護されるべきプライバシーと認めることになった。

東京地方裁判所は「正当な理由がなく他人の私事を公開することが許されてはならない」とし、プライバシー権侵害の成立要件を提示した。

まず、保護されるべきプライバシーを以下のように規定した。

①私生活上の事実または私生活上の事実らしく受け取られるおそれのあることがら。

②一般人の感受性を基準にしてその私人の立場に立った場合公開を欲しないであろうと認められることがら。

③一般の人々に未だ知られていないことがら。

これらのいずれかが公開されることによって、その「私人が実際に不快、不安の念を覚えたこと」をもって侵害が行なわれたとみなしうるとした。さらに、その公開手段に芸術的な価値があることや、言論および表現の自由があるからといって、プライバシー侵害の違法性が無くなるわけではないとした。ただし、「公人ないし公職の候補者については、その公的な存在、活動に付随した範囲および公的な存在、活動に対する評価を下すに必要または有益と認められる範囲では、その私生活を報道、論評することも正当とされる。」と判示している。

その一方で、公人・公的人物（政治家・公職の候補者、のちには芸能人など）については一定程度プライベートな事項を報道したり論評することも正当（プライバシーの侵害に該当しない）ともされて、プライバシーの保護は公的人物なのか、全くの私人（一般人）なのかで差が設けられることにもなった。

さらには、フィクションだけでなく、ノンフィクションによって一般人のプライベートな情報が暴露されることも、プライバシーの侵害に当たるとする判例も現れた。ノンフィクション「逆転」事件（最判1994（平6）.2.8）である。

これは実際に起こった犯罪事件について実名を出して書かれたものであり、罪を償って社会復帰を果たし真面目に生活していた元被告人が大きなダメージを受けることになった。そのため、こうした過去の事件やできごとの公表が歴史的・社会的に意義があったり、書かれた本人の社会的活動の性質や影響力（公的人物かどうか）によってはプライベートな事項でも公表される正当性が生じるが、一般人であるならそれは許されないと判断されることになった。

(2) 基本的人権としてのプライバシーの侵害の発生

宴のあと事件よりのちになり、国家権力によってプライベートな情報に関する権利や利益が侵害される事件も発生した。ここからプライバシーの権利が基本的人権も意識されるようになっていった。

まず、京都府学連事件［最大判1969（昭44）.12.24］がある。

デモ参加者が本人の許可なしに警察官に容姿を写真撮影されたという事例である。ここで初めて憲法第13条がみだりに容貌等を撮影されない自由・肖像権を保障すると認められた。

ただし事件自体は、デモ参加者がルールに従わずに隊列を乱したところを写真撮影されたものでありしかも撮影後に警察官に暴力を振るっているところから、そもそも暴行罪による刑事裁判では有罪とされた。肖像権の侵害という国家からの人権侵害を割り引いても、デモのルール違反や犯罪行為は無罪とはできなかったということである。

次に、前科照会事件［最判1981（昭56）.4.14］である。

地方自治体の役所がある個人の前科について照会されたときに、安易にそれを開示してしまったことも、国による（地方自治体も国の一部である）プライバシーの権利の侵害であると認められた。

最高裁の判断は「前科および犯罪経歴は人の名誉、信用に直接関わる事項であり、前科等のある者もこれをみだりに公開されないという法律上の保護に値する利益を有する」。そこで、「市区町村長が、本来は選挙資格の調査のために作成保管する犯罪人名簿に記載されている前科等をみだりに漏洩してはならないことはいうまでもない」。ただし「前科等の有無が裁判等の重要な争点となっていて」「どうしても前科を照会しなければ他に裁判上の立証ができないような場合には、例外的に前科の回答が許されることがあるが、今回はそのような場合にはあたらない」というものであった。

また、伊藤正己裁判官による補足意見が出されており、それによると「他人に知られたくない個人の情報は、それがたとえ真実に合致するものであっても、その者のプライバシーとして法律上の保護を受け、これをみだりに公開することは許され」ない。それは「私人による公開であっても、国や地方公共団体による公開であっても変わることはない」、としている。

さらに長年にわたりくりかえし人権侵害であると指摘されてきた事例がある。

現在ではなくなった制度であるものの、かつては日本国籍をもたずに日本国内に居住している外国人には、毎年外国人登録更新のために両手の指紋を押捺して登録しなければならないという制度があった。指紋も個人個人で異なるので肖像権と同じく個人的な事項である。しかも日本国民には指紋押捺をさせる制度はなかった。そのためプライバシーの侵害だけでなく国籍差別であるとして長い間批判の的となっていた。最初は毎年両手の指を押捺するところから徐々に緩和され、1980年代初頭には親指のみ3年ごとに更新押捺となり、最後は1回のみ登録すれば更新は不要とするところまできた。しかし日本国民には行なわないそうした強制的指紋押捺制度に反発し、裁判が起こされた事例があった［最判1995（平7）.12.15］。訴えた人（原告）は裁判で勝訴できなかったものの、こうした裁判もきっかけになり最終的には指紋押捺制度は完全撤廃された。こうした制度はプライバシーの侵害・法の下の平等違反だけでなく、個人に屈辱を与えたという（つまりは個人の尊重にもとる、個人の尊厳を侵害している）意味でも人格権の侵害であったともいえる。

(3) 情報化社会、さらにはインターネット普及に伴うプライバシーの権利の変化

1960年代後半頃から広く社会的にコンピュータが導入され、役所でも民間企業でもさまざまな情報が電子データとして保有されるようになった。高度情報化社会の到来である。プライベートな事項も情報として管理されるようになり、そしてそれは個人情報と呼ばれるようになった。現在個人情報は、電子データかアナログデータかに限らず個人に関わる、とくに個人を特定できる情報のことをさすとされる。そこで自分の個人情報を「自己情報」と呼び、自分の個人情報をどこまで公表したり他人や企業が使うことを許すかは、自分自身でコントロールするものとされた。これを自己情報コントロール権と呼び、プライバシーの権利の読み替えとされた。

しかしながら、個人情報が電子データ化されるようになると、そのデータを集めたり他人が勝手に利用したりすることがますます容易になってゆく。本人たちの許可なく学校の卒業生名簿を作成され、知らないうちに民間の情報会社（と称するところ）が勝手にそれなりの金額で売買することも横行した。「個人情報は一体誰のもの？」というのがしばしば話題になっていた。

権利論でいうともともとプライバシーの権利は、個人的事項を勝手に公表されない「人格権的」な権利または人権であった。しかしこうして勝手に売買されたり、商品やサービス提供の対価のように個人情報の提供を求められるようになると、個人情報は一種のモノつまり財産権のような様相になってきた。原則としてはプライバシーの権利は人格権的な権利であると見なされてはいるが、財産権的な側面も全く否定できるともいい得ない状況になっている。

個人情報はその本人のものである、という意識はおそらく社会の中にあるであろう。だが、個人情報はその本人の財産なのだろうか？　あえて換金する人は（皆無ではないかもしれないが）いるのだろうか？　それを認めても良い、とすべきだろうか。これまでの社会情勢の中では、個人情報の経済的・金銭的価値があるとすればそれは他人が利用することで発生していた。それを本人自身が行なうことはできるのだろうか。

実際、戸籍の売買や名義を貸したり売買したりすることは、合法ではないが

行なわれている。多くは違法な営業行為や犯罪に利用されるためにである。個人情報が本人の「財産的なもの」という性質を帯びたとしても、本人の所有物扱いで売買することを（本人の希望で行なうとしても）安易に容認することはできないのではなかろうか。そのように考えると、個人情報を財産権と考えることも矛盾が出てきそうである。

そもそも個人情報を我々は我々自身が「使っている」という認識はあるのだろうか。通販の申し込み、さまざまな会員として入会すること、カード類（クレジット・デビット・ポイントなど種類に関わらず）を作ること、SNS に参加すること、その他のサービスを受けるあらゆる場面で我々は個人情報のなにがしかをサービス提供者に対し、登録している。提供者の出す規約を読むと、しばしば提供者が（時にはその提携先も加わって）なんらかのデータを（個人は特定できない形にするとしているが）収集し利用するとしている。個人情報を実際に「使っている」のはどうも我々自身ではないらしい。

サービス提供者のような平穏な相手だけでない。我々に対する侵害者も我々の個人情報を直接使って侵害行為をすることがある。SNS 上で個人を特定し誹謗中傷する者や、リベンジポルノを行なう者もいる。ネット上またはリアルでストーカー行為をする者も、個人情報を勝手に利用しての所業ということもできる。

こうして考えると個人情報は、売買できる財物ではないものの、我々にとっては財物同様かそれ以上に厳重に「保管すべき」「モノ」であり、それによって我々のプライバシーやプライベートを守ることになる、ということになるだろうか。人格権ではあるが、その人格を護るためには物を管理するようなそういう対応が必要だということになる。個人「情報」と呼ばれるようにすべて「データ」という形でプライバシーが形成されているのだ、と認識しなければならないのであろう。

そういうわけで現在ではプライバシーの権利というと、ほぼ個人情報の保護を意味するようになっている。この個人情報の保護もまた、民事法上の権利または利益の側面と、国が保障する基本的人権の側面をもっている。

現在プライバシーの権利または個人情報の保護が基本的人権として侵害される危険が指摘されているのは、マイナンバー制度の導入もあずかっている。この制度は2015年に始まり住民票を有する全ての住民に12桁のナンバーを当てて通知カードを発送した。マイナンバーは税・社会保障・災害対策のため、国や地方自治体の役所・勤務先・金融機関・年金や医療保険者に提供し、色々な届け出にはマイナンバーを記載しなければならない仕組みになってきている。しかし実態としてどの程度マイナンバーが役に立ったり行政の効率化に寄与したりしているかわからない。

実際、マイナンバーの前身の制度のような位置付けともいえる住民基本台帳ネットワークシステム（住基ネット）の導入に伴い住民票コード（ここでは各人に11桁の番号が割り当てられパスポートの申請や年金受給者の現況届などに用いられた）がつけられたが、あまり利用は広がらなかった前例がある。

4. 名誉に関する権利

プライバシーと関連する分野として名誉に関する保障も認められている。個人の名誉に関する権利は個人の人格権（の一部）として第13条によって根拠づけられる。プライバシーの権利同様、表現行為によって名誉が傷つけられる（名誉毀損）ことがある。そうした行為への規制として、刑法上は第230条の名誉毀損罪があり、民法上では第709条・第710条の不法行為として損害賠償の対象となる、というものがある。また必要があれば、名誉を侵害する表現をされた人は裁判所による事前差止めの仮処分を受けることができる。

ただし、公人と呼ばれる人々（政治家、芸能人など）に関する表現または情報は、知る権利の対象ともなる。そこで、刑法第230条の2は、公益を図る目的での表現行為で真実性の証明があれば処罰しないと定めている。

そうした事例の一つとして、「夕刊和歌山時事」事件［最大判1969（昭44）.6.25］がある。

最高裁は名誉毀損で起訴されたこの事件に刑法第230条の2を適用して、「事実が真実であることの証明がない場合でも、行為者がその事実を真実であると誤信し、その誤信したことについて、確実な資料、根拠に照らし相当の理由があるときは」「名誉毀損の罪は成立しないものと解するのが相当である」と判断した。

5. 自己決定権

(1) 自己決定権とは

自己決定権は、「個人の人格的生存に関わる重要な私的事項を公権力の介入・干渉なしで各自が自律的に決定できる権利」であるとされる。（なおアメリカ合衆国ではこれを、「プライバシーの権利」と呼んでいる。）

自己決定が問題となる分野は、主として以下の①～④の通りである。

①生殖（リプロダクション：子供を生む、生まない）

②死の迎え方（安楽死・尊厳死）

③ファッション（髪型なども含まれる）

④ライフスタイル（生活スタイルのほか家族のあり方、自分の性別認識なども含まれる）

基本は個人の「自律」「自主性」「自分らしさ」ということになる。しかしながら、そうした「自分らしさ」の追求が、これまでの社会のあり方・常識・法制度や道徳や社会規範と衝突してしまうこともある。

また、自らの生命を危険にさらすことや自殺することも自己決定とみなすべきなのか、というのもまだまだ社会的な議論が足りないところである。

(2) 裁判にもなった事例

まず一つは、宗教上の教えに基づく輸血拒否事件［最判 2000（平 12）.2.29］である。

「エホバの証人」の信者である原告は、その教えにより、いかなる場合にも輸血を受けることは固く拒否する意思をもっていた。その原告が病気で外科手術が必要となったとき、その意思を尊重してくれる病院で手術を受けることを決めた。ただし、その病院は、「エホバの証人」信者の患者にはできる限り輸血をしないが、輸血以外に救命手段が無くなったときは患者や家族の意志に関わらず輸血をする方針をとっていた。しかしそのことを前もって原告となる患者には伝えていなかった。

原告の手術の際多量の出血があり、輸血しないと救命できない可能性が高いとみた医師らは輸血を実施した。医師らはそのことを退院時、事後的にそれを告げた。

原告は①病院の運営を行なっている国に対して、輸血をしないという契約に違反したとして契約不履行（民法第415条参照）により、②医師らに輸血を行なう場合があることを説明せずに手術を行なって輸血したことについて、原告の自己決定権や信教上の良心を侵害した不法行為（民法第709条参照）により、それぞれ損害賠償を請求した。

この事例においては、医療者は救命を第一に考え、また救命措置をとる義務があること、さらには輸血を含めたインフォームドコンセントが十分であったかどうかなど、さまざまな問題があった。

最高裁は、「患者が、輸血を受けることは自己の宗教上の信念に反するとして、輸血を伴う医療行為を拒否するとの明確な意志を有している場合、このような意思決定をする権利は、人格権の一内容として尊重されなければならない。」患者が「宗教上の信念からいかなる場合にも輸血を受けることは拒否するとの固い意思を有しており、輸血を伴わない手術を受けることができると期待して」その「病院に入院したことを」担当医が知っていたなど本件の事実関係のもとでは、医師らが輸血に関する病院の方針を説明して、その病院でその「医師らの下で本件手術を受けるか否かを」患者「自身の意思決定にゆだねるべきであった」として、医師らが説明を怠ったとして不法行為による精神的損害の賠償を命じた。

病院側の説明責任を重くみたことになる。また患者の信仰（信教の自由）についても配慮したと考えられる。

次に、ライフスタイルに関わるものとしては、丸刈り校則事件［熊本地判

1985（昭60）.11.13］がある。

公立中学校による髪型の規制（男子は丸刈りとする）を入れた校則について、裁判所は以下の①～⑤の理由により、当該校則は違法ではないと判断した。

①学校による校則の違いや性別が関わる（女子は丸刈りにしない）平等の問題とはならない。

②校則は、それに従わなかった場合には強制的に頭髪を切除する規定を設けているわけではないから校則を設けることが第31条（法による適正な手続）に反しない。

③髪型が（とくに中学生の）思想等の表現とみることはきわめてまれであるから第21条の表現の自由侵害でない。

④校則は「非行化の防止や質実剛健の気風の養成や清潔さの維持」など教育目的で制定されたものであること。

⑤校則には従わなかった場合の措置をとくに定めてなく、繰り返しの指導を前提としている。

したがってこの校則の内容が著しく不合理であると断定することはできない、とした。

しかし学説上は髪型の自由を、自己決定権の一つとしてとらえている見解が多い。とはいえ、自己決定権の範囲については依然議論中ではある。

校則が問題となった事件としては、私立高校でのバイク通学制限事件［最判1991（平3）.9.3］もあり、最高裁はバイクの免許をとったり買ったり乗ったりしない旨（いわゆる三ない原則）を含んだ校則を支持し、校則違反等を理由とする退学処分を違法とはいえないと判示している。これもバイクに乗る自由（現行法では16歳でバイクの免許を取ることができる）が自己決定権として保障されるかどうか、学説上の議論もある。

さらにいうならこのような議論においては、上記で述べたように幸福追求権を人格的利益ととらえるか、一般的自由ととらえるかでも、意見が異なってくることになる。

(3) 自己決定権をどこまで尊重するか

輸血拒否事件のように自己決定が人命に関わる場合は、それをどこまで尊重してよいか、尊重するべきかの判断は難しい。しかしこの問題のキーワードは「自律」であり、権利とともにその選択や結果についての責任も、他の人権以上により自ら引き受けることについて重く考えられている。

自己決定できるのは個人的なこと、つまり「私事」であるが、その範囲が問題となる。人間は一人で生きているのではなく、社会の一構成員として、他人となんらかの影響を互いに及ぼしあって生きているからである。上記の輸血拒否事件はまさに医師の救命行為との擦り合わせが、ときに判断が困難な場合があることを教えている。

また、「私事」の範囲を考える問題点としては、まず第一に他者の存在や関係、場との絡みがある。校則がかかわる事件のように、学校の校則での服装や頭髪規制またはバイクの禁止が自己決定権を侵害しているものであるかどうかが問われることもある。その場合、自己決定する本人が生徒という「未成年者または子ども（子どもの権利条約の対象者）」であることも問題となろう。校則は「教育目的」を掲げ、一定程度の保護（場合によってはパターナリズムにも陥る可能性はあるが）を与えることも目的の一つに挙げられるからである。そうとはいえ、バイクの免許は16歳から取得して乗ることができるというのが法律の規定でもあり、校則によって在学中に規制をかけることが果たして合理的であるかどうかということも指摘されている。

第二にモラルとの関係もある。

いわゆる「援助交際」「パパ活」「セックスワークで働く」ことが自己決定権の範囲に入るものなのかどうか。いずれも性的サービスを伴うもしくは結びつきやすいことから、本人が中高生や未成年者であるならばこれはむしろ子ども（未成年者）への保護の必要性の方を考えるべきであるという意見は当然出てくるであろう。成人のセックスワークであっても、積極的にそれを選ぶ人ばかりではなく、他に従事していた仕事を失った結果やむなくその仕事を選んでいる場合もありうる。

自己決定権はこのようなさまざまな意味で自己加害に結びつくことがある、決定内容が場合によっては不道徳であるとして、自己決定権自体を認めないという意見もあるだろう。

また、究極の自己加害となるもの、つまり自殺・自傷などは禁じられることもある。「生きてゆく権利」は認められるけれども、「自殺する権利」は認められないことになる。いわゆる安楽死、尊厳死もここに含まれる。本人の自殺や自殺未遂が犯罪行為や法律違反にはならなくても、他人の自殺を手助けした場合には自殺幇助罪などの罪に問われることがある（ALS患者の安楽死を実施したとして医師が刑事告訴される事例もあった）。とくにこれらの場合、自分で決定はできるが実行は自分ではできない、すなわち他者に実行してもらわなければならないものを認めてよいものか議論がある。意識不明で救命装置をつけられ、しかも回復が望めない場合、尊厳死を認めるべきかどうか。本人の事前の明確な意思が伝えられていればまだしも、本人に意思を確認できない状態においては家族の代理決定で本人の意思に代えることができるかどうかも争いがある。

そもそも子どもや認知症などの人にも自己決定権を認めるか、もしくは自己決定したという実態があるのかという問題もある。自己決定権の前提は、あくまでもその結果について自分自身で責任を負えることであるはずである。意思決定能力が十分でなかったり、自己決定した結果について責任を負えないと思われたりした人には自己決定権を認めることには慎重にならざるをえない。

その意味で脳死による臓器移植は本人の事前の意思表明が（保険証などに記載欄がある）なされている場合にはよいのだが、問題になるとすれば本人が意思表明をあらかじめしていない場合や、年齢その他の事情により本人の意思表明がなく家族等の周囲に決断を求められた場合である。そういうとき「自己決定」がなされたとはたしてみなされるべきなのかどうか（実務上は家族の決断で処理されているのだが）。

(4) 自己決定のリスク

自己決定を行なうということは、同時にリスクを負う、ということでもある。自分自身の意思で決めたことについて、その結果が自分にとって不利益に働くこともあれば、損失を受けることもある。社会の中での少数者となる場合もある。

この場合、「平等」という観点でリスクが高くなることもありうる。実質的平等の考え方は、「同じものは同じに、異なるものは異なって扱うのが平等」であるとされるからである（第4章を参照されたい）。つまり異なった扱いを受けることがありうるし、必ずしもそれが自分にとって利益となるとは限らないのである。

また、近年は科学技術や医療技術が進んだことにより、以前は技術的に不可能であったことがらも、あえて行なうことができるようにもなった。不妊治療などが例としてあげられる。不妊治療は現在でも100％成功するとは限らないが、子どもをどうしても産みたい夫婦が（金銭的にも肉体的にも負担がかかるが）その治療にチャレンジすることが多くなっている。ただ、あえて治療までしたくなく、自然のままに任せたいと考える人の中には、周囲から今は治療方法があるから、と圧力をかけられた結果、治療に踏み切ることもあるという。そういう人まで本当の意味で「自己決定」しているといえるかどうか。

その他の病気でも、治療方法が何通りかあり、どれを選ぶか患者本人の意思にまかされることもある。（その前に充分に医師から情報を得ていても）技術面に関しては一般人にはよく理解できず、自分自身で判断することが困難な場合もある。そうした場合にも（最後には決定した自分が結果についても自ら引き受けなければならないにもかかわらず）自分自身で決めるというプレッシャーがかかることになる。

一般の国民、個人がどこまで自己決定権をもつことができるか、と同時に、どこまで自己決定を自らの責任で行なうことができるのか、という問題が生じているといえよう。

自分自身の生き方やどう死ぬかやライフスタイル、子どもをもつもたない、ファッションなどが含まれる。自分のことは、自分自身で決めたいという自律性からきている。

しかし、自分はたった一人で生きているとは限らない。自分自身のことなのに、家族や友人や周りに自分の生き方や決定がなんらかの影響を及ぼすことがある。さらには個人的な信念や信仰に関わるとはいえ、こと生命に関わる場合には医療関係者その他命に関与する職業の人もいる。さらには、国や社会の慣例などなんらかの圧力（日本の場合には同調圧力など）がかかってくることもある。それらを一切排除したり跳ね返して自己決定を行なうことができるのか。

自己決定をどこまで尊重するべきなのかの判断は難しい。自己決定するということは、責任も一切自分で負うことにつながる。全く後悔はしないと言えるのか。それとも歩き始めの幼い子どもが転ばないように、あらかじめ保護したり補助したりすべきなのか。

逆に医療の治療方針や危険を伴う治療や手術を受けるのか、といった本人の知識や判断に余るものに自己決定を強いることはできるのか。医療方針の決定においては、現在インフォームドコンセントを前提にしてはいるものの、予測が完璧でない事項に対し本人が承諾したから自己決定で全て本人の責任であるということが公正なのか。

逆に今、いかなる結果に終わろうともそれは個人が以前に自己決定した結果であり、責任は100％本人にある、とみなす風潮がある。どんな理由や事情があってであれ、本人やその家族が失業した、非正規雇用の働き口しか見つからなかった、生活保護を受給している人以下の収入しかない、そういったことすらすべて「自己責任」という言葉で片付けられている。（国や政府がそれをまた煽っているきらいがある。）しかし本当にその個人はたくさんの選択肢を用意され、何も妨げるものなく真に自由意思で決定をしてきたと言えるのか。自分で選択したかのように見えても、実はそれを「選ばされてきた」ということはないのか、本当に自分自身だけに責任を帰すべきなのか、ということを我々は今一度良く考えた上で、「自己決定」という意味を追求してゆかなければならなのではないだろうか。

自己決定で本人が自己責任を負うとしても、それはあくまでも①「私事」「プライベートな事項」であり（自律性が確保されるべき場面）、②本人に十分情報が与えられて複数の選択肢の中から決定でき、③他人の介在や技術に結果が左右されない場合、ということになるのではないだろうか。これらの条件が一つでも欠けている場合には、本人の全面的な自己責任（もちろん一部の責任はあるとみなすべき場合もあるだろうが）と決めつけることはできないのではないか、ということも考えなければならないのではなかろうか。

第3部

統治機構

第14章

戦争放棄と平和主義

1．日本国憲法と平和主義

近代以来憲法の三原則というと、国民主権・人権保障・権力分立である。日本国憲法では国民主権・基本的人権の尊重・平和主義と一部置き換わっている。権力分立は当然の制度として、あえて平和主義を入れている。日本国憲法が先の戦争の結果として制定されたものであるのは言うまでもない。戦争を二度と起こさない誓いとして平和主義が三原則の一つとなった。それだけ重視されているということである。

平和主義の一つのあり方として日本では憲法9条に戦争の放棄や戦力不保持を掲げている。しかし9条だけでなく、日本の平和主義への誓いは日本国憲法前文にも含まれている。テキスト巻末のジャバラを見てほしい。第1章天皇第1条の前に文章で書かれている部分が前文である。4つの段落から成っているが、それぞれ第1段～第4段と呼ぶ。

第1段2行め後半から「…政府の行為によって再び戦争の惨禍が起こることのないやう（よう）にすることを決意し…」、第2段では「…恒久の平和を念願し、…。…われらは、平和を維持し、専制と隷従、圧迫と偏狭を地上から永遠に除去しようと努めている…。われらは、全世界の国民が、ひとしく恐怖と欠乏から免かれ、平和のうちに生存する権利を有することを確認する。」などとある。ひととおり全部読んでほしい。いかに平和を求めて日本国憲法を制定したかわかるであろう。

なお、第3段には「われらは、いづれの国家も、自国のことのみに専念して他国を無視してはならないのであって、…」とある。日本の平和主義が一国平和主義であり、日本さえ戦争に巻き込まれず平和であればよいとする考えであるという批判が長年行なわれてきたが、日本国憲法前文では日本さえよければいいのだという考え方はとっていない。

第1段に戻ると「政府の行為によって戦争の惨禍」とあり、政府が国を戦争に巻き込むものであると指摘している。とはいえ、国民主権をとる日本国憲法においては、政府が戦争への道を歩み始めたならば、あるいはそれ以外であっても憲法違反・法律違反・不当な政治を行なおうとしたならばそれを止めるのは国民の役目である。そのことははっきりと認識してほしい。

たとえば、2020年5月15日国会の内閣委員会で検察庁法改定について質疑があった。これは、現東京高等検察庁検事長の黒川氏を検事総長にした上で、内閣の決定により定年延長を可能にする内容を盛り込んだものであると指摘されている。当時の安倍内閣にとって都合のいいお手盛り人事を可能にするものであるとして批判を浴び、その時開会中の国会会期中での改定は断念したと報じられた。Twitterや議事堂外での反対運動が効を奏したとされる。国民が批判の声を上げることが政権の暴走の歯止めになりうることを示したといえる。

ただし、平和主義の意味は、日本国憲法でと国際的に一般に言われているものとは少し違う。

2. 平和主義の意味

国際的には軍備を備えている国々でも「自国の憲法は平和主義をとっている」と主張していることが多い。軍備をもっているのに平和主義？と思うかもしれないが、国際社会の中での「平和主義」とは、「侵略戦争をしないこと」「紛争の解決に武力を用いないこと」にとどまり、自衛のための武力行使は必ずしも問題にはなっていないのである。

ここに、日本でいう「平和主義」の独自性と、それをめぐる議論の争点がある。

平和主義が国際的に真剣に議論されるようになったのは、20世紀に入ってのことである。ことに第一次世界大戦は、膨大な死傷者の数、戦闘員にとどまらない民間人への被害の拡大、新兵器（毒ガス、飛行機、戦車等）の破壊力の急発展と、大戦の惨禍は、主戦場となったヨーロッパを中心に世界の人々に大変なショックを与えた。そこから戦争は「違法」なものであるという考え方が生まれ、ことに侵略戦争を「違法化」することによって、これ以上の戦争の害悪を防ごうとした。代表的な取り組みが、1919年に初の常設国際機関としてつくられた国際連盟（主唱者のアメリカ合衆国の不参加のため十分には機能しなかったが）であり、1928年に締結されたいわゆる「パリ不戦条約」であった。日本は前者の常任理事国となり、後者にも調印した。

しかしこれらの努力は結局は実を結ばず、第二次世界大戦が勃発し、日本もアメリカとの開戦をもってこれに参戦することになる。しかし、日本はそれ以前の1937年から中国と戦争状態にあった（アメリカとの対立の原因もそれである）。これをあくまで「戦争」ではなく「事変」（満州事変など）と称したのは、先のパリ不戦条約の違反とみなされることを避けようとした側面がある。

20世紀前半の二度もの大規模な戦争の経験と反省は、今度こそは平和の維持をという国際社会の願いを高めた。連合国は大戦中から連盟よりも強力な国際機関の結成を模索し、1945年、国際連合の下での集団的安全保障体制が樹立された。大戦に敗れた後に定められた日本国憲法にも、その影響を見て取ることができる。

にもかかわらず、アメリカとソビエト連邦との二大超大国の対立によって、国連は充分に機能できない状況に陥った。核兵器の「恐怖の均衡」によって米ソの直接の全面衝突こそ避けられたものの、この「冷戦」は、その「周辺」に数々の「熱い」戦争をもたらした。東アジア、東南アジア諸国も例外ではなかったが、この近隣の戦火に、日本は巻き込まれることなく70年以上を過ごすことができた。しかし、日本におかれた米軍基地（特に沖縄本島には基地の占有率が高い）がそれらの戦争に大きな役割を果たしたことは、見過ごしてはならない。

1991年のソ連の崩壊によって「冷戦」は終焉するが、旧来の国家対立の再燃や、民族対立による国家崩壊など、新しい紛争の火種は尽きない。これに対し、積極的な役割を果たそうとする国際連合の努力も、また唯一の超大国となったアメリカによる軍事力の行使も、平和の達成には十全な成果を上げているとは言いがたく、むしろ少なからぬ困難に直面していると言うべきだろう。このような状況の中で、日本は何をなすべきか、何をなしうるか、が憲法のレベルでも問われている。

3.「積極的平和」の考え

日本国憲法が予定している平和主義につながり、さらに押し進めた考えとして、ノルウェー出身の学者ヨハン・ガルトゥングの積極的平和がある。平和とはただ戦争がない状態でなく、貧困や抑圧や差別のない、人々の人権や生活が十分保障される状態こそ真に目指すべき平和であるとする。これは日本国憲法前文第２段の「全世界の国民が、ひとしく恐怖と欠乏から免かれ…」という部分と共通する考え方ではないだろうか。対外戦争がなくても、内戦や内乱状態、あるいは政府や政権による国民や民衆への抑圧・弾圧がある状況も、平和とはとうていいえないことになる。

よく似た言葉として、10年ほど前から安倍総理（当時）がしばしば言及する「積極的平和主義」というのがあったが「積極的平和」とは内容とは全く異なるので注意が必要である。安倍前総理の言う「積極的平和主義」とは「積極的に武力も用いて平和を維持しようとする」主張であった。ガルトゥングのいう積極的平和とはむしろ真逆の考えである。また、ガルトゥングの「積極的平和」の提唱の方がすでに何十年も前に行なわれている。

4.平和的生存権

平和主義を、国家の問題ではなく、人権として位置づけようとする考えもある。

前文第２段には「平和のうちに生存する権利を有する」とある。いわゆる平和的生存権であり、平和を人権の問題として位置づける主張であるといえる。

なぜなら人の自由と生存は、平和が保たれているからこそ確保されうるからである。日本国憲法の三原則を見直すと、「政府の専制で再び戦争の惨禍が起こらないよう（前文第1段）」にするために政府をコントロールするための国民主権があり、政府が人権を侵害しないよう基本的人権の保障が憲法第3章に入れられ、かつ平和な状態こそ人権の基礎であるとの考えから平和主義がうたわれるのである。

平和的生存権の内容とは、①あらゆる人権の基礎となる理念的権利（上記のように平和が人権の基礎であるから）であり、②徴兵制や軍事目的で人権制限をすること（表現の自由や財産権など）を許さず、③戦争や武力行使を行なうことを禁じていると同時に軍備の保有も禁止（第9条との読み合わせで）するものだという。

平和的生存権は、必ずしも学界でも広く認められているわけではない。それは、権利とはいえ、憲法の条文中に根拠があるわけではなく、前文に記載されているだけだからである。前文は人権の法的根拠とならない、というのが通説であるため、平和的生存権を認める説は少数派である。

判例でも一般にはこの権利は認められていないが、一つだけ平和的生存権に言及している判決がある［長沼ナイキ訴訟第1審：札幌地判 1973（昭 48）. 9. 7］。北海道長沼町に地対空ミサイル基地を建設するため、森林の伐採が必要になり、国有保安林の指定が解除された。それに対し、地域住民が保安林指定解除の行政処分の取消しを求めて訴えを提起した。この訴えに対し札幌地裁は憲法前文（第二段末文）の「全世界の国民が…平和のうちに生存する権利を有する」という部分にふれ、「平和的生存権が、世界の国民に共通する基本的人権であることを宣言するもの」とした（この判決は、自衛隊を憲法第9条2項で禁じられている戦力に該当し、違憲である、ともいっている）。

5．9条の読み解き方と自衛権

9条の解釈については、研究者の間でも1項・2項をどう合わせて読んでゆくかでかなり多様なものになっている。本が1冊書けるほどに複雑なものになっている。ここでは、そこをかなり大胆に刈り込み簡略化して見通しをよくしたものになっている。おおむね、こういう筋道の解釈が行なわれている、という程度で読んでほしい。

第９条の内容は、大まかにいって３つに分けられる。１項で定められている「戦争の放棄」、２項に含まれる「戦力の不保持」と「交戦権の否認」である。このうち「戦争の放棄」で放棄されているのは、いわゆる戦争、つまり「国権の発動たる戦争」（国際法でいう、戦意が明示（宣戦布告や最後通牒）または黙示（武力行使を伴う外交断絶）に表明される戦争）、「武力の行使」（国家間の事実上の武力闘争）のみならず、「武力による威嚇」（武力を背景に自国の主張や要求を相手国に強要すること）も含まれている。

第９条が「放棄」しているというものは、何であり、そしてどこまでなのか、ということをめぐって解釈が分かれ、議論がなされている。その際、キーポイントになるのは「自衛」――つまり、そもそも日本国は実力で自衛をすることができるのか、ということである。

(1)「戦争放棄」の意味合い

第９条第１項でいう「国際紛争を解決する手段としては」放棄された「戦争」は、まず侵略戦争を示しているということに異論はない。ならば自衛を目的とする「戦争」を日本は放棄したのかどうかについて、主に以下のような説がある。

①自衛戦争肯定説　第１項は侵略戦争のみ放棄している。第２項でいう「前項の目的」とは侵略戦争の放棄の目的という意味である。したがって自衛のための戦争は放棄していない。

仮にこれが認められるとしても専守防衛ということになる。

②自衛戦争否定説　これはさらに２つに分けられる。

②－１　第１項は侵略戦争のみ放棄している。しかし第２項で戦力と交戦権を放棄しているため結局すべての戦争を放棄している。

②－２　戦争は歴史的に見て、侵略目的か自衛目的か区別できないことが多

い。だからすべての戦争を放棄している（すべきである）

これまでの政府の考え方としては、自衛戦争肯定説が採用されている。憲法研究者の間では否定説が多い。

(2)「戦力の不保持」の意味合い

戦力については、自衛戦争を肯定するか否定するかによって立場が異なる傾向にある。

①侵略のための戦力は不保持とする説は、自衛戦争を肯定する立場である。(学説上は少数説。)

②一切の戦力の不保持を意味するとする説は、自衛戦争を否定する立場からは当然である。ただし自衛戦争を肯定する論者にもこの立場の人はいる。

③戦力は不保持だが、自衛のために必要な最小限度の実力（「自衛力」という）を保持することは可能であるとする説。

これは自衛戦争を肯定する立場であり、政府見解として主張されたものである。

政府はこの③の説によることで、現在ある自衛隊は戦力未満の実力である「自衛力」に留まるものであるから憲法で禁じる「戦力」に該当しない、とその存在を正当化している。

しかし、戦力と「自衛力」が果たして区別は可能なのか、どの程度の兵器を保持することなら戦力未満でいられるのか、などの批判が出されている。

(3)「自衛権」の問題

上記「戦争放棄」や「戦力の不保持」の議論の前提である自衛権を、そもそも日本国憲法は放棄しているのかどうかについてもまた、幾つもの説が立てられている。

自衛権は以下のように定義される。「外国からの違法な侵害に対し、自国を防衛するため、緊急の必要がある場合、それに反撃するために武力を行使する権利」。これは武力行使を前提としている。

このような自衛権の有無に対して、たとえば、①国際法上、自衛権は独立国家に認められているのだから、日本国にも当然自衛権はある、という説があるが、これはさらに、①－1　武力または自衛力による自衛が可能である、①－2　日本は武力なき自衛権を保持している、の二説に分けられる。

①－1は、自衛戦争肯定説および侵略のための戦力不保持説（または自衛力の保持説）の立場をとる。①－2では、自衛戦争を肯定する立場だが、「一切の戦力」は不保持という立場をとるということになろう。

さらに、②日本は自衛権を放棄している、という説もある。

もっとも、理屈の上では、第９条を一切の戦争と戦力や武力を放棄したものと読むならば、①－2の立場を除いては、自衛権について議論する必要はない。自衛権の発動は上記のように武力行使をすることであるが、この解釈ではそのような武力行使を不可としているからである。

逆に、自衛戦争や自衛戦力または自衛力を認めるならば、それは自衛権の保持を前提としているから、やはり論じる意味はないといえる。

(4)　自衛権の種類

自衛権なる概念は、もともとは国際法（国際条約など国家間の約束に端を発する法分野）によって歴史的に作り出されたものであって、憲法から導かれるものではない。国家が個人と同様の次元で「権利」をもつと考えられるかどうかは、実ははっきりしないところもある。

しかも自衛権には以下の２種類がある。①個別的自衛権：自国を自分で防衛すること、②集団的自衛権：国際条約や同盟を結んだ国家同士で共同防衛・相互防衛すること。

日本では自衛権、とくに集団的自衛権行使については1970年代に否定する見解が政府から出されたのだが、2014年にその政府見解を変更している。先の安倍内閣が成立してからのことである。政府は日本の集団的自衛権行使は「限定的」なものであると説明しているが、「限定的」という意味や範囲は明確ではない。この政府見解は憲法解釈の変更であり、ごく一部を除くほぼ全員の憲法研究者をはじめ、数多くの批判を呼んだ。しかしこの解釈変更に基づき、2015年にはいわゆる安全保障関連法制と呼ばれる、新法1つの策定と自衛隊法など10の法改正を抱き合わせた一連の法案を異例の長期国会で審議し、強行採決して成立させている。

自衛権などのこうした問題は、こういう経緯を踏まえた上で現実の政治の動きも見すえて考えてゆかなければならない状況になっている。

6. 日米安全保障条約

日本国憲法を制定した当時は、アメリカを中心とする西側諸国と旧ソビエト連邦を中心とする東側諸国との間の冷戦はまだはっきりと現れていなかった。その後東西の対立が深まり朝鮮戦争を経て決定的になった。そのため日本も一度は否定された再軍備をするかが問題となっていった。朝鮮戦争が勃発した1950年に警察予備隊が設置され、保安隊と名前を変えた後、1954年に自衛隊が発足する。

また日本がアメリカの占領状態を脱し独立を回復しても引き続き米軍が駐留することになってゆく。独立とともに1952年に発効したのが日米（旧）安全保障条約である。さらに少し内容を変えた現行の日米安保条約が1960年に締結される。

旧条約は日本は基地提供の義務のみを負っていた。まだ自衛隊は発足前である。新条約になって防衛の相互援助が盛り込まれる。日本国は基地提供を継続し、日本の領土内への日米いずれか一方に対する武力攻撃に対し共通の危険に対処して行動する、とされる。アメリカ領土内への武力攻撃の場合、日本が出向いて共同で対処する（アメリカ領土を防衛するために日本が武力行使をするとは記載されていない）ことになっている。

自衛隊の存在や日米安保条約の締結は9条と違反していないかが問題となり、それぞれ裁判で争われた。日米安保条約に関しては砂川事件東京地方裁判所判決［東京地判1959（昭34）.3.30］と最高裁判所判決［最大判1959（昭34）.12.16］があり、地裁判決では9条違反（違憲）とされたが最高裁判決では統治行為論をもち出して積極的に違憲審査はしない、として違憲とはされなかった。自衛隊については、長沼ナイキ訴訟の札幌地裁判決［札幌地判 1973（昭48）.9.7］で違憲であると判断されたが最高裁［最判 1982（昭 57）.9.9］では統治行為論を再び出して違憲とはしなかった。また恵庭事件［札幌地判 1967（昭42）.3.29］においても、元は自衛隊法違反の刑事裁判として起訴された事件だったが、それを自衛隊法で裁かず刑法上の器物損壊罪を適用することで自衛隊法や自衛隊の存在そのものが憲法違反かどうか判断しない（いわゆる「憲法判断回避」のルールといわれる）、という形で違憲審査を避けた。したがって自衛隊も日米安保条約も判例では違憲とされず、司法権（とくに最高裁判所）は自衛隊設置や日米安保条約を締結した政府（行政権）の政策判断を尊重し一歩下がる形になっている（最高裁のこの姿勢は司法消極主義であるとして批判が出された。これについては第 18 章で触れる）。

7．ガイドラインと国内法整備

1960 年の現行日米安保条約の締結や 1970 年の条約更新の際に大きな反対運動が起こったためもあってか、日米安保条約はその後内容を変更していない。しかし日米の相互協力の内容は正式は法の形を取らないガイドライン（日米防衛協力のための指針）という形で盛り込まれてゆくことになる。これまでに 3 回合意されている（法ではないので締結とは呼ばない）。

ガイドラインを見比べると、新たなガイドラインの合意の度に日米の同盟関係が強化され共同計画や共同防衛がますます強調されてゆく。また自衛隊がアメリカ軍への支援を行なう責任が重くなっている。

ガイドラインは法ではないが政治的に日本を拘束するアメリカとの約束である。それを実施するためには国内の法律を整備する必要が出てくる。

1997 年ガイドラインでは日本周辺の（非常）事態に協力して対処することが盛り込まれた結果、周辺事態法が制定された。このガイドラインでは日本「周辺」の地理的な限定がガイドラインでは示されなかったため、自衛隊がアメリカ軍支援のために相当な遠方まで派遣されるのではないかという懸念が生じている。またいわゆる後方支援には民間人や地方自治体も強制的に協力に駆り出されるという不安や批判も提起された。戦争や戦闘・武力行使においては実際には「前線」と「後方」の区別はなされないといわれており、古くから戦術の一つとされてきた。そのためむしろ戦法として「後方支援」の部門が攻撃対象とされてしまうのではないかという指摘がなされている。

さらに有事関連法制の充実は続き、1997年ガイドラインを国内法として整備する立法や法律改定が行なわれてゆく。

2015年ガイドライン合意の直後には、安保関連法制として新法の立法やすでにあった法律改定が大々的に行なわれた。このときの立法は異例の過程を踏んでいる。国会の会期は通常年に2回設けられる（1月開会の通常国会と秋に開会の臨時国会）が、この2015年には通常国会を9月まで延長して安保関連法制の審議を行ない閉会間際の9月中旬に可決成立させた。その代わり野党が要求したにも関わらず（内閣は応じるべきだったのだが）臨時国会は開会されなかった。また周辺事態法立法のときから憲法違反の批判が出されていたが、2015年安保関連法制は集団的自衛権行使に関する政府見解の変更も相まって、憲法違反および立憲主義違反が強く主張されている。

8. 自衛隊の海外派遣

自衛隊は日本領土を防衛するための最低限の実力として設置されたものであり、国外へ出てゆく予定はなかった（専守防衛）。

ところが冷戦崩壊直後の1990年にイラクがクェートに侵攻したのをきっかけに1991年湾岸戦争が発生した。イラクの行為は国連憲章への重大な違反であり本来なら国連が中心になって対処しなければならない（その予定で国連憲章には国連軍を設置することが規定されているが、まだ設置されていない）。しかし国連は実力をもたなかったので代わりにアメリカ・イギリスを中心とする多国籍軍が編成されてイラクがクェートから撤退するまで武力攻撃したのである。日本は多額の資金援助はしたが人は出していない。戦後クェートは軍を派遣した国々への感謝を表明したが日本への感謝は示されなかった。このあと日本も平和維持に積極的に貢献すべく PKO 協力法を制定し、自衛隊などを海外派遣するようになったのである。

PKO は国際連合平和維持活動の略称である。内戦の停戦合意の監視や公正な選挙が行なわれるかの監視、人道救援活動などを行なう。軍だけでなく警察官を派遣することもある。日本国もカンボジアの内戦停戦後の選挙協力の際警察官を派遣したが残念ながら犠牲が出てしまった。日本からの PKO 派遣はほとんどが自衛官の派遣である。1992 年以来のべ 13 回に渡って派遣している。

また PKO 派遣の際の自衛隊の日報が、情報開示請求に対し文書不存在で不開示とされたことが国会でも問題となった。当初、文書は廃棄済みとされていたが再調査の結果データが残っていたことが判明し、防衛省・自衛隊の組織的な隠蔽が疑われた。日報も公文書として記録を残すべきものである。よほど開示したくない記述があったのではとの憶測も生んでいる。

さらにアフリカ北東部沖のインド洋に海賊が出現するため、海上自衛隊が派遣されるようになっている。

海賊に対しては本来警察が対応すべきものなのであるが、各国は海軍を出しているため日本もそれにならって海上自衛隊を派遣している。ただし自衛官だけでなく海上保安官（海上保安庁の巡視船はある程度の武装をしているが組織としては警察の範疇に入る）も護衛艦に同乗させている。

第15章

国民主権と天皇制

1. 国民主権

(1) 主権の意味

日本国憲法の第一原則が国民主権である。憲法条文には「国民主権」という用語ではかかれていない。これについての規定は、前文第1段の「主権が国民に存することを宣言し」という部分と、第1条の「主権の存する日本国民」という形式で示されている。

主権という概念は、歴史的におもにヨーロッパにおいて議論され、つくりあげられてきた概念であり、幾つもの意味をもっているが、日本国憲法を学ぶここでは以下の三つの意味を挙げておく。

①（国家の）統治権または国権（第9条、第41条での使い方）。

②国際上の対外主権。これは独立した国家であることを意味する（憲法前文第3段中の「自国の主権を維持し」の意味）。

③国政のあり方を最終的に決定する権能。いわゆる一般的に「国民主権」というときの使い方である。

また「国民」という用語もア．国家を構成する人（民）とイ．その国の国籍をもつ人とで意味が少し異なる。さらに「国民主権」というときの「国民」は、ウ．国政に参与する人、を意味している。「国民」もこのように複数の意味で使われている。

(2) 国民主権の意味

国民主権とは、上記③の意味の権能が国民にあることを意味する。つまり、国家の政治のあり方を国民が最終的に決定する力をもっているのだ、ということである。かつては「主権在民」という用語が使われることが多かった。それは主権は戦前のように「天皇」にあるのではなく「民」つまり一般国民にあるということを意味していたからである。

しかし、国民主権は、明白なように見えて、その内容が何を意味するかを細かく追及していくと、この原理は必ずしも明確ではないことがわかる。

そもそも、主権を有する「国民」とは何者なのだろうか。不可分な全体として考えるのか、それとも個々の具体的な人々のことを指すのか。あるいは、統一的な性格を求めるのか、それとも雑多なものの集合と考えるのか、と、その示すところはさまざまである。さらにその上で、国民に主権が属するということは、実際には何を意味するのか、いかなる制度が必要であるのか、が問題となる（人民主権という言い方もあるが、国民主権と人民主権とではやや意味するところが異なる）。

(3) 国民主権についての議論

国民主権における「国民」がどんな範囲の人を指すのかについては主として以下の二つの説がある。

①全国民主体説

すべての国民を、年齢を問わず「国民」ととらえる。それだけでなく、時間・世代的にも超越し、憲法制定時～現在の世代～将来世代までも含む抽象的な全体国民を意味する。

憲法制定時の国民の意思がどうであったかも含まれる。それだけでなく将来世代の意思がどうであるのかまで（それは現在の世代が想像することになろうが）含むことになる。

②有権者主体説

国民のうち、有権者（投票権をもつ人。この場合、「有権者団」という国家機関を構成するとされる）を「国民」という。

「主権が国民に属する」とはどういうことか、に関しても主に二つの見解に分かれる。

a. 権力の正当化の根拠となる：つまり国民に主権が存するとは、全体としての（抽象的な）国民が、国家権力の在り方を正当化することである、とする。

b. 法的権力の行使をすること：国家の最終的な意思決定にふさわしい権力の行使をすることという。

しかし、上記の「国民」の範囲に関する①②二つの説にはそれぞれ問題点が指摘されている。たとえば、①全国民主体説は独裁権力者を登場させる可能性をつくっていると指摘される。現在の世代の意思のみが主権者の意思とならないため、過去の世代や将来世代がどう望むかまで考慮しなければならない。そのときたとえば将来世代の意思を自分が代弁すると称して独裁を行なうものが現れたとしても十分に対抗・抵抗できるかどうか。また②有権者主体説は民主主義と矛盾が生じると批判されている。現在有権者は18歳以上の人であるが、それ未満の人たちの意思や希望は切り捨てられかねない。国民主権の原理は民主主義を体現すべきであるのだから、すべての人が対象となるべきであ。有権者だけで全てを決定することはおかしい、ということになる。

したがって、「国民主権」とは、一面では国民が国家のあり方および国政のあり方を最終的に決定する権力を行使する側面があること、そしてさらに、国民には国家の権力行使を正統化するだけの強い権威があるという側面も併せもつ、と複合的に捉える考えに落ち着くことになろう。

なお民主主義もどのようなものを指すのか諸説あるが、平たくいえば「自分たちに関することを自分たちで話し合い決定して、その結果も自分たちで責任を負う」ことである。国の政治もまさに「自分たちのこと」であるし、決定する前に十分に調べて徹底的に討論・討議するのがもっとも重要なプロセスである。

もしかしたら民主主義＝多数決原理と思っている人がいるかもしれないが、これは大間違いである。多数決というのは全員一致で物事を決することができない（たいていの場合そうであるが）とき、決定を下すためにその時の多数の人が賛同するものを、（仮に）最も良い判断として決するために用いるものであって、ただの決定手段に過ぎない。討論したり決定したりするときはさまざまな意見や選択肢が出るのは当然である。民主主義においては重要なことは、少数意見もまた尊重されるべきであること、多数派が少数派を抑圧してはならないということである（その意味で民主主義＝多数決というのは、多数派が自分たちを正当化するため詐欺的に用いる言葉でもある）。いったん決定を下しても、その決定がどうもうまくいかないとなればまた決定し直しても良い。どんな考え方も意見も平等に尊重するのが、本当の意味の民主主義である、ということに注意しよう（なお民主主義を達成するためには人権保障も重要で、とりわけ思想および良心の自由や表現の自由の保障が十分になされている必要がある）。

国民主権を具体的に国民から実行する手立てが、参政権である。選挙権や被選挙権、国民（住民）投票権などがある（詳しくは第 12 章参照）。

2. 天皇制

(1) 天皇の地位

明治時代中期に制定された大日本帝国憲法では、天皇が主権者と位置付けられていた。第 1 条に「大日本帝国は…天皇これを統治す」、第 4 条「天皇は国の元首にして統治権を総攬し」と規定されていた。また 3 条には「天皇は神聖にして侵すべからず」とあって天皇が条文上絶対的な権力をもつことになっていた。日本国憲法は、それを改めて国民主権を採用し、天皇は、主権の存する日本国民の総意に基づく（第 1 条）「象徴」という地位につくことにしたのである。そして第 4 条で天皇は国政に関する権能を有しない、として政治的な権限をもつことを排除した。

現在皇室に関する法規定は、皇室典範として存在している。今の皇室典範は国会が制定した法律の一種であり本来なら、「皇室法」または「皇室に関する法律」と称するところなのだが、戦前に存在した法の名称を引き継いだ。戦前の旧皇室典範はもっと膨大な量の法規定であり、しかも大日本帝国憲法と並ぶ憲法的な法として存在し、帝国議会で制定した法律よりも優位に立っていた。つまり二元的憲法秩序であるとされていたのである（当時の天皇と皇室の政治的な地位や権力を反映した法体系である）。現在は憲法といえる法は、日本国憲法のみであり皇室典範は一般の法律と同等である。したがって天皇や皇室に対しては憲法に基づき民主的なコントロールを及ぼす仕組みになっている。

(2)　皇位継承問題

皇位継承については、第2条にあるように世襲で皇室典範によるとある。皇室典範によれば現在のところ皇族男子のみが継承権をもつが、現徳仁天皇の後を継ぐ継承権者は、弟の皇嗣（秋篠宮）とその子の悠仁親王、天皇の叔父の常陸宮の3名のみである。とくに次世代が悠仁親王のみで現在の皇族は、天皇の子愛子内親王を含めて残りは全て女性である。皇位継承の将来が心配ということで、2000年代になって愛子内親王が誕生した前後に女性皇族にも皇位継承権を認めるかどうか一時議論されたことがある。しかしその後悠仁親王が誕生したことで議論は止まってしまったが、継承権者不足の状態は続いている。

この背景には、あくまでも皇位は男性に限定すべきであるという保守的な考え方がまだ根強いことがある。また歴史的には女性が天皇についたことはあるが、彼女たちは天皇または有力皇族の皇后または正妃であった未亡人か、または生涯独身であったかのいずれかであって皇位についている間に王配（王の配偶者）をもたなかったということもある。

女性天皇と女系天皇の違いもある。女性天皇は、天皇または皇族男子の娘で天皇になった人（母方もまた、皇族またはその血筋である場合もある）を指す。女系天皇は父が天皇や皇族ではなく、母のみが天皇または皇族である場合をいう。日本の歴史においては女系天皇は記録されていない。そのため女性天皇なら認めるが、女系天皇は受け入れられないと主張する意見もある。

世界的には国王のいる国はかなり少なくなってはいるもののまだ20数カ国ある。ヨーロッパで王室が残っている国々は立憲君主制または象徴君主制と呼ばれ、日本の天皇と立場はよく似ている。現在イギリス国王とデンマーク国王は女王であるし、オランダの前国王も女王であった。しかもオランダでは19世紀末から21世紀初頭までの120年余りの3代に渡って女王が続いており、王配を迎えて王位継承している。そのほかの国々でも男性国王が王妃を迎えるように、当たり前に女性国王は王配を迎えて子をなしている。王位継承順位も性別にかかわらず出生順にしているところが多い（厳密にいつから出生順にするかは国によって異なっている）。スウェーデンの次期国王は女性である。

ヨーロッパの王室では、国王は側室をもったとしても王位継承権があるのは王妃の生んだ子どもだけだった（なお昔は王妃の生んだ王女には直接の王位継承権がなかったとしても潜在的には有しており、そこから生まれた男子は王位継承権をもつとされていた）。側室の子は継承権がなくたとえばイギリスでは爵位を得て貴族となった。東アジアにおいては中国・朝鮮王朝・日本の皇室とも、皇帝・王・天皇または王族皇族の子であれば側室が生んでも継承権をもつとされていた。その点に違いがあるのかもしれない。

とはいえ、現に継承権者が少ないことや、皇位継承や皇族の結婚が性別について平等になっていない（女性皇族は結婚すると皇族身分を離れる：将来的には宮家の数も皇族の人数も減り皇族としての公務に支障をきたすことも一部で心配されている）ことなどが日本国憲法で保障されている法の下の平等に反しないか、など皇位継承その他天皇や皇室のあり方について考えなければならないことは多いのが現状である。

(3) 天皇の役割

天皇は政治的な権限をもたない代わり、憲法に基づく国事行為を行なうことになっている（第４条）。第６条にいう２つの任命行為と第７条に列挙されている10の行為である。これらには、第３条で内閣の助言と承認を必要とする、とあるが、いつどんな国事行為を天皇が行なうかは事実上内閣が決定権をもつことになる。たとえば衆議院の解散は第７条３号に記載されているが、いつ解散するか内閣が決定し、天皇の名による解散詔書をもって「憲法７条３号に基づき解散する」と宣言し解散を行なっている。

また第４条２項により「法律の定めるところにより」天皇は国事行為を委任することができる。病気や外国訪問など一時的に職務を行なえない場合に内閣の助言と承認を得て他の皇族に委任する。通常は皇太子（現在は皇嗣）が代行するが、それも無理である場合など委任される順序は皇室典範（第17条）に規定されている。天皇が未成年である場合や精神・身体に重大な疾患がある場合には成年皇族の摂政が置かれることになる。摂政は天皇の名で国事行為を行なう。摂政になる順位も上記の委任と同じである。

天皇家代々の宗教的行事や学術研究など私的行為もあるが、私的行為でも憲法に記載されている国事行為でもない、公的行為と呼ばれる一定の行為も天皇は行なっている。国体への出席・植樹祭・外国訪問の「お出まし」や国会開会式で参議院に出向いて「おことば」を述べるなどであるが、これらは法的な根拠（憲法や法律に記載・根拠）がないものである。ただ学説上、これらを象徴行為や公人的行為として位置付ける説もある。

天皇や皇族は現在は政治的な権限や権力はもたない。しかしながら国民の総意に基づき象徴としての地位に立ちそれが憲法に記載されている、という意味では、皇位継承も含め、天皇や皇族は実はきわめて「政治的な存在」でもあるということには注意を払う必要がある。

(4) 皇室財産

皇室の財産は、一部の私的なもの（ごくプライベートな物品や代々の由緒ある品々）を除いては住まいを含め国有財産である（第88条）。生活にかかる費用を含め国費（元は税金）から支出している。第88条により皇室の費用〔①内廷費：天皇家の日常生活費、②宮廷費：天皇や皇室の公的活動費（宮内庁の経理に属する）、③皇族費：天皇家以外の宮家の費用の三種類ある〕はすべて予算に計上して国会の議決を経ることになっている。また第8条により皇室に財産を譲渡すること、逆に皇室が財産を譲渡・賜与することも国会の議決を必要とする。

大日本帝国憲法時代には皇室は国有財産とは別に莫大な皇室財産を保有し、さらに国庫からも定額が支払われていた。しかし皇室の経済には議会のコントロールはなかったことを思えば、今はきちんと民主的コントロールが行なわれていることになる。

(5) 例外的存在としての皇族

式典に出席する際の式服などを除き通常の生活では皇族は質素に過ごしているといわれるが、天皇が象徴であることも含めて贅沢はむしろするわけにはいかない立場であるともいえる。とはいえ、生活は最低限以上を保障されていることは否めない。

しかしながら反面、天皇や皇族にはいくつかの基本的人権は保障されていない。たとえば参政権は享受せず、職業選択の自由も制限されている。表現の自由も実質的には保障されているとはいえないであろう。皇位継承その他もだがそもそもいくつもの人権保障が制約状態にあること自体法の下の平等の保障も不十分のように見える。もっとも、皇族が存在すること自体、全ての人が平等であり身分制を否定するという日本国憲法の基本的人権保障原則の例外中の例外ということにもなるのである。

第16章

国会と財政

1．国会とは

国会は、我々国民が選挙で選んだ議員が我々の代表として、法律制定や予算審議その他のさまざまな審議・議決を行なう国家機関であり、三権のうち立法権を担っている。第41条において「国権の最高機関」と位置付けられている。ただし三権分立の原則により行政権や司法権よりも特に突出した存在である、というわけではない。そのため国権の最高機関とはどういう意味かについてさまざまに解釈されている。国会議員は主権者たる国民から直接選ばれているゆえ最も国民と近いゆえの政治的な美称という説や、国会が財政もふくめ国政全般に対し広範な権限をもって他の国家機関と調整機能を果たすとする総合調整機能説などがある。

国会はさらに同じ第41条で「唯一の立法機関」とも定められている。これにより二つの原則が定められている。国会のみが立法を行なうという国会中心立法の原則と、国会のみで立法がで完結し他の機関が介入しないという国会単独立法の原則である。

戦前の大日本帝国憲法においては、帝国議会は天皇の協賛機関であり、立法権は天皇に属するものであった。さらに、天皇は、法律とは別に緊急勅令や独立命令を発することができた。現在の日本国憲法では、それらを否定し、立法権を国会のみに与えている。ただし例外はあり、行政を行なうための細かな決まりをすべて国会の場で定めることはできないため、国会の定める法律が委任することにより行政機関が細かな規定を定めることができる（行政立法と呼ぶ)。また地方自治体の議会が条例というその自治体内で適用される法を定めることもできることになっている。裁判所の内部規則を最高裁判所が制定すること（第77条）も許されている。

第43条1項では「両議院（衆議院と参議院）は、全国民を代表する選挙された議員でこれを組織する」とある。議員の選挙においては選挙区制がとられており（および政党に対する比例代表制が並立している）、それぞれの選挙区の有権者の投票によって代表者たる議員を選ぶのであるが、選挙区議員は決してその「選挙区」のみの利益を代表するのではなく、国民全体の代表者として両議院を構成することを意味することに注意が必要である。したがって、各議員は選出された選挙区の利益になることだけを考えて行動（利益誘導）してはならないことになっている。

2. 国会の組織

第42条により国会は衆議院と参議院と2つの議院から成り立っている。これを二院制という。かつて大日本帝国憲法では、当時身分制があったため帝国議会は衆議院と貴族院からなっており、衆議院は平民から選挙で、貴族院は華族（貴族）の身分をもつ者で構成されていた。アメリカ合衆国のような連邦制国家では、連邦議会は上院・下院と2つにわかれ、下院は国民代表、上院は各州の代表者という構成になっているが、日本においては今や身分制もなく、連邦国家でもなく、二院制をとる必要性があるか、疑問を呈されることもある。しかし、より審議を慎重に行なうことができる、審議に対し世論が反映できるのではないかといった利点もあるとされる。また衆議院および参議院議員の選出法の若干の違いで、より民意をくみ上げる同じ法律案や議案について複数の議院がそれぞれ審議・議決するため、1つの議院しかない場合に比べより慎重な審議ができるとされる。衆議院・参議院ともに議員は選挙区選出と比例代表制との併用になっているが、選挙区の区割りや比例代表制の運用は違いをもたせ、代表としての趣旨を変えている。

二院制をとっていれば、衆議院と参議院で議決が異なってしまうことがある。そこで衆議院の方が参議院に比べて優越的な地位に立つよう工夫もこらされている。衆議院の方が国民全体の代表としての性格（後述するように衆議院はたいてい任期満了に至る前に解散総選挙を行なうため参議院より頻繁に民意を汲み取るための選挙を行なっているからである）をより強くもっていると考えられているからである。

衆議院の優越が定められているのは第59条・第60条・第61条・第67条である。第59条2項ではいわゆる衆議院の再可決が定められている。

両議院で議決が食い違ったときは、一般的には両院協議会というものを開いて調整が行なわれている。調整がつかなかった場合に（そういうことはこれまでほとんどなかったが）衆議院の議決が優先されたり（たとえば内閣総理大臣の指名議決）、法案の議決のときは上記のように衆議院で2/3以上の賛同による再可決により決定されることになる。

予算審議では必ず衆議院が先に審議するのも優越的なものといえる。また、衆議院だけが議決することができる内閣不信任案決議がある（参議院にはこの権限は与えられていない）。

なお第48条の規定により、衆参両院の議員を兼職することは禁じられている。

3. 選挙

第47条により選挙に関する事項は法律で定められることになっている。そこで選挙については公職選挙法の定めにしたがうことになっている。

衆議院は全国を289選挙区に分けて1人ずつ候補者名を書いて選出する小選挙区制と、北海道、東北、北関東、南関東、東京、北信越、東海、近畿、中国、四国、九州・沖縄の11ブロックごとに合計176名を選出する比例代表制との併用になっている（合わせて定数465）。比例代表での当選の可否は、あらかじめ政党が届け出た順位に従う拘束名簿式になっている。任期は4年だが衆議院の解散があるため、任期満了を待たずに選挙が行なわれていることがほとんどである。

参議院は3年ごとに半数ずつ改選される。解散がないので議員はすべて6年の任期を満了する。各都道府県ごとの選挙区選出（選挙区により1～6人選出）と、比例代表制 98 名を選出との併用である。比例代表分で立候補している候補者名または政党名を書いて投票し、候補者名での得票が多かった者から順に所属政党での当選者となる（あらかじめ当選順序が定められていない）非拘束名簿式と、選出方法は衆議院とやや異なっている。なお 2022 年参議院の選挙から、参議院の定数は選挙区で１人、比例代表で２人増える予定で合計 248 名になる。

衆議院議員は任期４年（第 45 条）。しかし任期満了総選挙は滅多になく、解散総選挙によって実際には４年経たないうちに改選されることがほとんどである。被選挙権を有するのは 25 歳以上の者である。

参議院議員は任期６年であり、３年ごとに半数を改選する（第 46 条）。被選挙権を有するのは 30 歳以上の者である。

４．会期と議事手続

国会の活動期間を「会期」と呼ぶ。会期を定めず常に議会が活動している国もあるが、日本では会期制度をとっている。この会期には常会・臨時会・特別会の三種類がある。常会は、一般に通常国会と呼ばれており、毎年１月に開会し次年度の予算審議のほか法律制定・改正、その他の議決など最も忙しくなる（予算は３月 31 日までに成立させる必要があるからである）。

臨時会も臨時国会と呼び慣わされている。たいてい秋頃開会されている。また衆議院の任期満了総選挙の後や参議院議員選挙の後に召集される国会は臨時会と呼ばれる（それに対し、衆議院の解散総選挙を行なった後に召集されるのは特別会と名称が異なるので注意しよう）。第 53 条により臨時会の召集は内閣が決定できる。しかし同条により衆参いずれかの議院の総議員の 1/4 以上の要求があれば、内閣は臨時会の召集を決定しなければならないともある。国会議員からの要求により、内閣の臨時会召集は「義務」となることもあるのである。

なお衆参両院は同時に活動するので、衆議院が解散されたときには参議院も自動的に閉会する。しかし解散総選挙を行なっている間に緊急の必要がある場合には、内閣は参議院の緊急集会を開くよう求めることができ、緊急に審議議決しなければならない案件を参議院のみで処理する可能性がある。ただし緊急集会でとられた措置は、次の国会が開会されて10日以内に衆議院の同意がなければ効力を失うことになっている。

議事に入るのに必要な出席者数、つまり定足数は総議員の3分の1となっている。

総議員とは法律で定められた議員数（法定議員数：衆議院なら480名）とする説と、法定議員数から欠員を除いた数、つまり現に議員である者の数（現在議員数）とする説がある。国会での先例としては法定議員数を総議員と扱っている。

議決は憲法に特別の定めのある場合を除いて、出席議員の過半数により決せられる。賛否同数の場合は議長が決する。特別の場合には出席議員の3分の2の多数の議決が必要となる。その場合とは、第55条の議員の資格争訟の裁判、第57条1項の両議院の会議を非公開とする場合、第58条2項の議員の除名の議決、第59条2項の衆議院での再可決である。また第96条1項の憲法改正手続における国会議員による発議の場合には出席議員ではなく総議員の2/3の合意が必要である。

第57条により会議録は保存し、公開することが原則である。上記のように会議が秘密会とされた場合もその中で特に秘密を要すると認められる記録以外は公表することになる。

5. 国会の権能

国会の仕事や権限には、衆参両院が協力して行なうものと、衆議院と参議院がそれぞれ独自に行なうものとがある。前者を国会の権能と呼び、後者を議院の権能と呼ぶ（こちらは後述する）。

国会の権能の中には、日本国憲法の章立てでの第4章国会以外の第5章内閣や第7章財政などに含まれる条文も関係してくるものもある。

①法律制定（第59条1項）

法律案は憲法に特に定めがある場合を除いて、両議院で可決されることによって法律となる、と定めている。手続の流れは以下の通り。

法律案の提出権をもつ者は、議員（ただし一定数でまとまることが必要）（国会法第56条）、委員会（所管に関する事項）（同第50条の2）、内閣（内閣法第5条）の三者である。

法律案の審議の中心は、議院内の委員会で行なわれる（委員会中心主義）。法律案（衆・参両議院のいずれに先に出してもよいが、通常は衆議院に先に提出されることが多い）は、提出後まず本会議での趣旨説明が行なわれ、議長は法律案を適当な委員会へ審査するよう付託する。委員会は審査を経て議院に審査を報告し、本会議で議決され、可決すれば、もう一方の議院に送られる。そこでも同様に審査し、本会議で可決されれば法律が成立する。両院で一致した可決が法律の成立には必要である（第59条1項）。一致しない場合には、上述したように両院協議会で話し合って調整をはかることもできるが、調整をせずにあるいは調整が不調に終わったときに衆議院が再議決を行なって法案を成立させることができる。

②弾劾裁判所（第64条）

「国会は、罷免の訴追を受けた裁判官を裁判するため、両議院の議員で組織する弾劾裁判所を設ける」とあり、不適切または非行のあった裁判官を、司法権とは異なる機関で裁判する権限が国会に与えられている。このときの裁判員は、各議院から同数選ばれて組織される（手続の詳しくは、裁判官弾劾法の規定を参照）。

③内閣総理大臣の指名（第67条）

第67条1項により内閣総理大臣については、国会は、国会議員の中から議決して指名する。

また2項では両議院で異なった指名の議決をした場合、両院の協議がまとまらなかったり、参議院が一定期間内に指名議決をしなかったりしたときは、衆議院の議決を国会の議決とする。

なお、大日本帝国憲法においては、ほとんどの場合、内閣総理大臣を決めるのは天皇であった。

④条約承認（第73条）

国際条約を締結するのは内閣の事務であるが、第73条三号において、事前に、時宜によっては事後に国会の承認を経る必要があると規定されている。原則として条約の承認は事前に求められなければならない。国会による承認がなされてこそ、内閣は条約を締結できる。しかし国会による承認が事後になり、しかも承認が得られなかった場合はどうなるか。学説上は無効説、有効説、国際法有効・国内法無効説、条件付き無効説とさまざまに分かれている。このうち多数説は、無効説または条件付き無効説である。

仮に国会が事前に承認手続をとった際に、条約承認案に修正を加えることが可能かどうかも問題となる。条約の締結件自体は内閣の権限であり、相手国との交渉次第では国会による修正案は無意味になる可能性がある。そこで国会に実質的な修正権限があるかどうかは否定的な見解がとられている。

⑤財政監督（第83条、第60条ほか。後述財政の項目で詳述する）

国会は、法律の制定権限のみならず、国民の代表として国の財政を監督しコントロールすることが求められている。これに対し大日本帝国憲法下では、帝国議会には財政へのコントロールを行なう権限がなかった。

また予算の先議権（第60条）は衆議院にあるが、その後参議院に回送されそちらでも審議されなければならない。

⑥憲法改正の発議（第96条）

国会は、衆・参両院の総議員の3分の2以上の賛成で、憲法改正の発議をすることができる。

⑦その他の活動

国会法、内閣法その他の行政法において、国会の権能が定められている。

6. 議院の権能

議院の権能の内容は、それぞれが別個に自律して運営・運用できるものである。

①議員の資格争訟の裁判（第55条）

衆・参両議院は、それぞれその議員の資格に関する争訟を裁判できる。議員の資格が問題になるのは、その者が被選挙権を有しているか（停止されていないか）や兼職が禁じられている職に就いていないかどうか、という場合である（国会法第39条、第108条、第109条）。資格争訟の裁判を行なって議員の資格を失わせるためには、出席議員の３分の２以上の議決が必要になる。

②会議を秘密会とすること（第57条１項）

両議員の会議は原則公開だが、出席議員の３分の２以上の多数で秘密会にすることを議決できる。

③役員の選任（第58条１項）

両議院は、それぞれその議長その他の役員を選任できる。その他の役員とは、副議長、仮議長、常任委員長、事務総長である（国会法第16条）。

④議院規則の制定（第58条２項前段）

両議院は、それぞれその会議その他の手続や内部の規律に関する規則を定めることができる。つまり衆議院規則、参議院規則がそれぞれある。法律と議院規則とではどちらが優位になるかについては学説上見解が異なっている。議院規則の定めが法律に優位するというのが多数説である。

⑤議員の懲罰権（第58条２項後段）

両議院は、院内の秩序を乱した議員を懲罰することができる。これは国会議事堂内だけではなく、議事堂外での行為についても対象となる。国会法第122条によると、懲罰には、公開議場における戒告、一定期間の登院禁止、議員除名がある。除名には、出席議員の３分の２以上の多数による議決が必要である。

⑥国政調査権（第62条）

両議院はそれぞれ国政に関する調査を行ない、その問題に関連する証人喚問や記録の提出を要求することができる。その詳細は議院証言法で定められている。国政調査は主にいわゆる政界疑獄事件での政治責任を追及する手段として重要な役割を果たしてきた。

国政調査権の法的性格については学説が２つある。ひとつは独立機能説で、国会は国権の最高機関である（第41条）ことから国政をひろく統括するものであり、そのため国政調査権が議院の独立した権能であるとするものである。もうひとつは補助的機能説であり、議院が有する権限の行使を実効的にするための補助的権能として、国政調査権があるとする。

国政調査権を補助的権能ととらえたとしても、法律の制定など国会の権限は国政全般におよぶ可能性があるため、実質的には国政調査権のおよぶ範囲は広い。しかし、国政調査権にも踏み込んではならない限界線がある。

まず、調査は個人の人権を侵害してはならない。とくに、被疑者・被告人の権利保障の一つである不利益な供述の強要の禁止（第38条1項。第8章も参照）は、この国政調査の場合にも適用されるという。また議院証言法により、証人喚問されたときでも証言を拒否できる場合がある。

次に、司法権の独立の観点から、議院は裁判官の職権に影響を及ぼすような調査はできない。とくに、現在裁判所において審理中の事件での裁判官の訴訟指揮や、判決確定後であってもその判決の当否を調査することは認められない。ただし、調査の目的が政治責任の追及など、司法の目的とは異なるものである場合には、並行調査は許される。

さらに、検察官との並行調査も許されるが、検察官が事件を起訴するかしないかに圧力をかけるような調査や、事件に直接的に関係したり捜査にはなはだしく障害を与えるような調査は認められないという裁判例がある［日商岩井事件：東京地判1980（昭55）.7.24］。

調査のやり方は主として、第62条にあるように証人を議院に出頭させて証言させたり記録を提出させたりすることである。

7．国会議員の特権

国会議員にのみ認められている2つの特権がある。

①不逮捕特権（第50条）

国会議員は国会の会期中は原則逮捕されず、会期前に逮捕されていた者も所属する議院（衆議院議員なら衆議院の、参議院議員なら参議院の）の要求があれば会期中は釈放しなければならない。ただし院外での現行犯逮捕（犯罪を行なっている最中や行なった直後の逮捕）や、現行犯でなくても所属する議院の許諾があれば逮捕し勾留することはできる。国会議員に不逮捕特権が認められる理由は、歴史的にも国王が自分と異なる意見をもつ議員を不当逮捕することがあったため、このような特権が与えられるようになったものとされる（反対に、会期中でなければまたは会期の終了後は逮捕できることになる）。

②免責特権（第51条）

国会議員としての資格で行なった演説・討論・表決については民事責任・刑事責任、または公務員としての懲戒責任も問われない。もともとは議院（議事堂）内で行なった活動に対する特権であったが、院外でも免責対象とされるようになった。したがって国会の閉会中の行動でも免責される。ただし免責されるのは法的責任であって、政治的責任や道義的責任まで免れるわけではない。議院の権能の中に含まれる議員の懲罰や所属政党での懲戒を受けることは妨げられない。

これらの特権は、あくまでも国会議員としてまたは国会議員の「資格で行なった行為や発言」に対するものであり、内閣総理大臣や国務大臣の資格で行なった行為や発言に対する特権ではない。

地方議員や都道府県知事・市町村長にもこうした特権は認められていない。

以上の①、②のほか、国会議員は法律の定めるところにより、国庫から相当額の歳費を受ける。国会法第35条によると、歳費の額は、一般職の国家公務員の最高給料額より少なくない金額である。

8. 財政

財政の基本原則は、財政民主主義（第83条）と租税法律主義（第84条）である。

(1) 財政民主主義（第83条）

国の財政の処理は、国会の議決に基づかなければならない（間接的に国民によるコントロールを受ける形である）。国家の財政を支えているのはまず、国民の税金である。国民は納税の義務を負い、その反面国家は課税の権利（課税権）を有する。しかし課税権は濫用されると個人（国民）の財産権の侵害、つまり基本的人権の侵害ともなりうる。したがって、国家の課税や財政をコントロールする必要性が認識され、そのコントロールを国民の代表機関である国会が担うことになったのである。戦前の大日本帝国憲法の時代には、議会は財政への統制権をもたず、財政に帝国議会（当時）が民主的にコントロールする契機は全くなかった。

(2) 租税法律主義（第84条）

税金を課したり変更する時は、法律に基づかなければならない。地方の場合には地方議会の定める条例に基づく必要がある。「租税」とは「国家が、その課税権に基づき、特別の給付に対する反対給付としてでなく、その経費に充てるために資金を調達する目的を持って、一定の要件に該当するすべての者に課する金銭給付である」［サラリーマン税金訴訟：最大判1985（昭60）.3.27］と判決で定義された。問題となるのは、営業許可など各種の手数料が、「租税」と同様なものとして、つまり第84条の対象となるのか（法律で上記のようなさまざまな規定を設ける必要があるか）どうかである。これに対しては、学説上さまざまな意見がある。その中には、租税は、特別の給付に対する反対給付の性質をもたないものに限定すべきであるので、許認可に対する手数料などのうち、営業許可のような職業生活に不可欠なものをのぞく各種の手数料等については、金額のような細かいところまで法律で定めるよう要請はされていないという意見もある。

しかし、旭川市国民健康保険条例事件［最大判2006（平18）.3.1］のように、市の条例においては保険料率の算定基準が明確でなく、その代わりに保険料率を条例ではなく告示（行政上の規則の一種）で定めるようになっていたことが、租税法律主義（この場合地方議会の定める条例に準用している）に反しないかどうかが争われた事件があった。

最高裁は、市町村の事務である国民健康保険の保険料は、（住民税と異なり）被保険者（住民）が保険の給付を受けることに対する反対給付として徴収されるものであるから、国民健康保険料に憲法第84条の規定が直接に適用されることはない（条例に保険料率が明記されていなくても、租税法律主義には反しない）とした。その一方で、「憲法第84条は、国、地方公共団体等が賦課徴収する租税以外の公課であっても、その性質に応じて法律または法律の範囲内で制定された条例によって適正な規律がされるべきものと解すべきであり、憲法第84条に規定する租税ではないという理由だけから、そのすべてが当然に同条に現われた（租税法律主義という）原則の埒外であると判断することは妥当でない。租税以外の公課であっても、賦課徴収の強制の度合いの点において租税に類似する性質を有するものについては、憲法第84条の趣旨がおよぶと解すべきである。（そして）賦課要件が法律または条例にどの程度明確に定められるべきかなどその規律の在り方については、当該公課の性質、賦課徴収の目的、その強制の度合い等を総合考慮して判断すべきものである」、とも述べている。

9．予算

税やその他の国の収入（歳入）を、どのように使うか（歳出）を決めることを予算という。

予算を組んでそれを執行するのは会計年度（4月～翌3月）ごとである。1月に始まる通常国会（常会）で内閣が予算案を提出し3月末までに審議を行ない、議決する必要がある。衆議院に先に提出し審議し議決されると参議院に回され、そこでも審議と議決が行なわれる。必要に応じて予算を執行するための法律制定や、法改正も行なわれる。

予算は、一般的には「予算」という法規範の一種であるとみなされている。これは会計年度ごとに作成し、その会計年度のみに効力をもつものであるからである。

また、支出（歳出）のまとめは決算として次の会計年度に報告されて審議される。会計監査を行なうのは会計検査院という独立した機関である（行政権に属する機関とされる）。また内閣総理大臣は毎年1回以上国の財政状況の報告を国会で行なうことになっている。

第17章

行政権と内閣

1. 国家権力における行政権

国家権力三権のうち、立法権と司法権は定義が比較的はっきりしている。立法権は議会（国会）が担い、法律を作り議決を行なって民主的コントロールの働きをする。司法権は裁判所が、裁判によって法を適用し紛争を解決し、社会の公正さや正義を実現する役割を担っている。

しかしながら、行政権は明確な定義ができない。そのため、国家権力のうち立法権の働きと司法権の働きを除いたものという控除説や、「法の下に法の規制を受けながら、現実に国家目的の積極的な実現を目指して行なわれる全体として統一性をもった継続的な形成的国家活動」という田中二郎による積極説、行政権とは法律の執行を行なうものとする法律執行説、さらには行政の多様な作用から行政権とは政策決定や行政各部の指揮監督・統括・調整する執政権とする説などさまざまな定義が試みられている。

2. 行政権の担い手

行政権の主たる担い手は第65条により内閣に属するとされる。内閣の下に、各省庁（役所）が1府11省がある。そのほか東日本大震災からの復興を担当する復興庁が一時的な措置として設置されている。

それとは別に内閣直轄の組織には、内閣官房・内閣法制局・人事院、その他さまざまな戦略本部や会議が設置されている。

ただし、国の財政の監査を行なう会計検査院は独立性を保った組織になっている。この点について、第65条と矛盾しないかという問題があるが、そもそも内閣も含めた行政権の担い手は、国会によってコントロールされる（べき）存在である。会計検査院も国会からコントロールを受けるという意味では、内閣からの直接の統括を受けなくても問題にはならないとされている。

さらに厳密にいうと、地方自治体（地方公共団体・都道府県や市町村）の役所もその地方での行政権を担っていると言える。

行政権の携わる仕事は非常に多い。かつて国の行政権が担当する仕事は、近代初期においては警察（国内の治安維持）と外交（国際外交と軍事）くらいであった。しかし20世紀以降立法権や司法権では処理できない政策や任務がどんどん増えてきた。それは国家の役割が変化し生存権をはじめとする社会権の保障や経済政策・社会政策を行なうようになったからである。必然的に新しい国の任務は行政権が担うことになり、担当する役所（省庁）も増えてゆくことになった。

仕事が増えるとそこに集まる情報も増える。仕事や情報が多いところは役割が大きくなり、権限も権力も増大する。その結果三権の中で行政権の権限や権力が他の二権のそれよりも増大することになった。このように行政権の役割と権限が肥大し、行政権中心に国の政治が回るようになった状態を、行政国家もしくは行政国家化現象という。

もともと三権分立は、それぞれの権力が同等程度の権限をもち、お互いに抑制したりチェックし合う関係（図解するなら正三角形に近い）にあった。しかし行政国家化現象に至っては、行政権のみが特に大きくなり、三角形の形がいびつにならざるを得ない。

3. 国会と内閣との関係（議院内閣制）

立法権と行政権とがどういう距離感または関係にあるのかは、国によって異なる。大統領制をとる国では、立法権と行政権との間に一定程度の対抗関係にある場合もある。しかし日本においては立法権と行政権との関係は比較的密接である。それは議院内閣制を採用しているからである。

上記でも述べたように、国会は内閣をコントロールする役割を担っている。しかし議院内閣制においては、内閣は議会（国会）の信任の上に存立する。コントロールしつつも信用を置くことも前提としている。

議院内閣制においては、議会（国会）議員から内閣総理大臣を選出し（第67条に基づく）、内閣は連帯して国会に責任を負う（第66条3項による）。また内閣を構成する大臣のうち過半数も国会議員から出すことになっている（逆に半数足らずまでは国会議員でなくても大臣に任命できる。そのような例はこれまでも数例あった）。こういう状況では、国会と内閣とは抑制・コントロールを行なう関係というよりも、むしろ協調・協力関係に立ちやすくなる。

議院内閣制がどのような制度であるかその本質については、複数の見方（説）がある。それぞれの説はこうした国会と内閣との「距離感」の違いを表している。

①責任本質説：内閣が国会に連帯責任を負う（責任を負うことで国会が内閣にコントロールを及ぼしたことになるとされる）ことが議院内閣制の本質であるとする。

②均衡本質説：国会（特に衆議院）と内閣との関係は責任本質説よりももっと対立する可能性もはらんだ緊張関係に立つこともありうるとする。すなわち、衆議院は内閣に対し信任できないと判断すれば不信任決議案を出して可決することができる（第69条）。これが可決されると、内閣の取る選択肢は2つしかない。10日以内に衆議院を解散するか（当然総選挙となる）、内閣総辞職をするか、である（第69条）。こうした衆議院からは内閣に対し不信任決議を突きつける、内閣からは対抗措置として衆議院の解散（総選挙）を行なう、という点で緊張関係を生み議会と内閣との均衡を図るのが議院内閣制の本質であるとする。

どちらの説に立つにせよ、国会と内閣とではこうした、協力と均衡とのバランスを保ちつつ国の政策が行なわれてゆく、という前提に立っている。

議会（立法権）と内閣（行政権）との関係は、こうした比較的両者の距離が近い議院内閣制ばかりでなく、議会と内閣（政府）とが厳格に分離している大統領制をとっている国もある。

日本の地方自治制度も大統領制に近い。都道府県知事や市町村長も、地方議会議員も、それぞれ住民が直接選挙を行なって選出し、議会議員から行政権の担い手を出すことはない仕組みになっている。

4. 内閣の組織

内閣総理大臣の選出は、衆参両院がそれぞれ候補者を指名するところから始まる。たいてい最大勢力をもつ政党の党首（政党によって名称は異なり、代表または委員長と呼ぶ政党もある）が指名される。衆参両院の指名が異なれば両院協議会を行なうが、衆議院の指名が優先されることが多い。

選出された内閣総理大臣が国務大臣（閣僚）を選んで組閣する（第68条）。内閣法により、国務大臣の数は現在14人が原則である。ただし特別に必要がある場合においては、3人を限度にその数を増加することができるとする（つまり17名にできる：内閣法第2条2項）。

（現在はさらに例外的な時期で、復興庁が設置されている間はその長官1名、および東京オリンピック競技大会・東京パラリンピック競技大会推進本部や国際博覧会推進本部が置かれている間はその担当大臣各1名を置くことができるとして原則17名にできる。さらに3人増加できるため最大20人まで置ける）

国務大臣は内閣総理大臣と一蓮托生で、内閣総理大臣が欠ければ総辞職になる（第70条）。

内閣総理大臣と国務大臣には、「文民」であるという資格要件がついている（第66条2項）。文民とは職業軍人でないことを意味する。ただしその解釈は以下の①～④のように複数に分かれている。

①今現在職業軍人でない人

②職業軍人の経歴をもっていない人

③職業軍人の経歴をもたず、かつ軍国主義思想をもっていない人

④職業軍人の経歴をもたず現在も軍人でない人

自衛官や過去に自衛官だった人は職業軍人と言えるかどうか、微妙なところである。ただ少なくとも現役の自衛官は文民とはいえない、という点で見解は一致しているが、過去に自衛官だった人がその退官後国会議員になり閣僚（大

臣）に任命されるのは現実に行なわれている。

5. 総理大臣や国務大臣の権限

総理大臣の権限は、主に以下の①～⑥にまとめられる。

①国務大臣の任免権（第68条）

②内閣を代表する（第72条）

③法律・政令の署名や連署（第74条）：法律・政令を所管する省を統括する大臣は署名をし（環境問題に関する法律・政令ならば環境大臣が署名する）、内閣総理大臣は連署をする。内閣府管轄の法律・政令の場合には内閣総理大臣一人の署名だけになる。

④国務大臣の訴追に対する同意（第75条）

⑤議案について発言するために議院に出席する権利（第63条）。（ただし逆に議員から出席するよう求められれば出席する義務が生じる。）

⑥その他内閣法やその他の法律で定められているもの（閣議の主宰や自衛隊出動命令・緊急事態の布告等）

国務大臣の権限としては、閣議への出席や内閣運営参画、閣議を開くよう要求できる、内閣総理大臣同様議案について説明するため議院に出席できる（これも議員から求められれば出席が義務となる）、各省庁の大臣になったときはその担当の行政事務を管掌し、法律・政令に署名する、といったことがある。

なお内閣総辞職が行なわれるのは、衆議院の不信任決議案可決があったが衆議院を解散しなかった場合や、内閣総理大臣が欠けた場合のほか、衆議院議員総選挙後に初めて国会の召集が会った時も総辞職するとされる（この時の国会は、特別国会である）。つまり衆議院から不信任決議案を可決されたら、衆議院を解散総選挙したとしても、次の国会の開会と同時にどちらにせよ内閣は一旦は総辞職することになるのである。そして内閣総理大臣の指名議決をまたやり直すことになる。

6. 内閣の権限や職務

(1) 行政事務

果たすべき行政事務としては第73条の第一号～第七号にそれぞれ規定されている。

そのほかには、天皇の国事行為に対し内閣として助言と承認を与える（第3条・第7条）、臨時国会の召集（第53条）、参議院の緊急集会開催の請求（第54条）、衆議院の解散、最高裁判所長官の指名及び下級裁判所裁判官の任命などがある。

(2) 衆議院の解散

衆議院を解散する根拠には、いくつかの説がある。

①自律的解散説：衆議院が自ら解散することができるとするが、自ら解散した例はない。

②他律的解散説：内閣が解散の決定権をもつ。内閣が解散権をもつことについての憲法上の根拠に関してはさらに複数の解釈の違いがある。

②－1　第7条説：解散は天皇の国事行為であり、それに助言と承認を与えるのが内閣であるため、実質的に内閣が解散権を有するとする。

②－2　第65条説：衆議院の解散は立法権でも司法権でもないので、行政権に属する。したがって内閣が解散権を有する。

②－3　制度説：議院内閣制という「制度」に解散権の根拠が入っているとする。

②－4　第69条説：衆議院の不信任決議がなされたときだけ内閣は対抗措置として解散権を行使できる（これは内閣の解散権を狭く解釈している）。

実際にはほとんどの解散は天皇の国事行為を根拠として（内閣が助言と承認を行なうという建前で実質的な決定権をもって）行なわれている。そのためほとんどの解散は天皇の解散詔書を用意して解散が宣言される。衆議院の不信任決議案可決に対抗する解散総選挙も行なわれた例はあるが、それはごく少ない。

(3) 内閣の責任

行政権の行使について内閣は国会に対し政治上の連帯責任を負う。責任追及は国会での質疑・国政調査権行使、衆議院の不信任決議などで行なわれている。

第18章

司法権と違憲審査

1．司法権と裁判

司法権は文字通り法を司る国家権力であるが、そのほとんどの職責は裁判を行なうことである。裁判とは、具体的な争いごとを法を適用して裁く（裁定する）ことであり、法を適用できない争いや抽象的な争いには司法権は関与できない。

裁判所については、憲法第76条で最高裁判所と下級裁判所を設置するとされている。下級裁判所は裁判所法により、高等裁判所・地方裁判所・家庭裁判所・簡易裁判所の4種類が設けられている。全て審級制になっており、独立した特別裁判所を設置することは憲法第76条により認められていない。

裁判の対象とならないものには以下の場合がある。

①法を適用して解決できない、つまり法律上の争訟ではないもの。

②その他裁判所がタッチしないと定められている争い：憲法第55条による議員資格の裁判（議院が行なう）と第64条による裁判官の弾劾裁判（衆参両院から弾劾裁判所の裁判官をだす）。

③組織の自律権に属するものと判断されるもの（組織の内部規律に委ねるべきと判断されたもの）：第58条に定められた議院の自律権に属するものや、その他法律上の規定はないが民間団体・公的団体の内部規律に属するもの。

④立法権や行政権の裁量に属すると思われるもの。裁判所はこの裁量を広く認める傾向にある。もともと三権分立によってこうした裁量の尊重はある程度は必要であるとされている。

⑤特殊な例として、統治行為に属するとされ裁判の対象とされなかったものがある。その一例が砂川事件最高裁判決である（詳しくは第14章参照）。

以上のような場合には、たとえ憲法違反のおそれがあるとして訴えられた裁判であっても、違憲審査の対象とすることもない（かできない）。

2. 裁判官について

裁判官の職責は、公正に裁判を行なう事である。第76条3項によれば裁判官はその良心に従い独立して職権を行なうこと、そして憲法と法律にのみ拘束されるとある。裁判は裁判官一人で行なうこともあれば合議制といって複数で行なうこともあるが、その判断は一人一人独立して行なわれることになる（ただし合議制の判決は、実質的に多数の裁判官の意見が反映されているものと思われる）。

最高裁判所長官は、内閣の指名により天皇が国事行為として任命する（第6条）。その他の最高裁判所裁判官は内閣が任命する（第79条1項）。下級裁判所裁判官は、最高裁判所が指名作成した名簿に従って内閣が任命する（第80条）。この下級裁判所とは、上述した高等裁判所・地方裁判所・家庭裁判所・簡易裁判所のことである。

裁判官の身分保障は手厚い。第78条では、心身の故障のために職務を取ることができないと決定されない限り罷免されない（違法行為や不当な行為があって弾劾される場合を除く）。定年制が取られている（最高裁判所裁判官：第79条5項、下級裁判所裁判官：第80条ただし書）し、相当額の報酬を受けて在任中は減額されない（給与引き下げはない）（最高裁判所裁判官：第79条6項、下級裁判所裁判官：第80条2項）。こうした待遇の良さは、生活上の心配をすることなく裁判官が担当する裁判に集中できるようにするためであり、ひいては公正な裁判を行なうことに寄与する。

もっとも、下級裁判官の場合一応は10年の任期制になっているが再任を妨げられない（第80条）ので、ほとんどはそのまま再任される。なお各地の裁判所を転々と異動してゆく。

最高裁判所裁判官に対してだけ行なわれるのは、国民審査である。着任してから最初の衆議院議員選挙の際に初めて行なわれ、次に着任後10年を過ぎてから初めての衆議院議員選挙の時にまた審査を受けることになる。そのやり方は裁判官の氏名が記載された紙に、罷免させたい裁判官の欄に×を記入するだけ、×が投票の過半数を占めた時だけ罷免される仕組みなので、現在まで国民審査によって罷免された裁判官はいない。また最高裁判所裁判官に選出されるのは60代の人物ばかりなので（定年70歳）二度めの国民審査を受けた裁判官もいない。

3．最高裁判所の権限

最高裁判所は、規則を制定することができる（第77条）。これは訴訟に関する手続きや内部規律などを定めたものであり、弁護士や検察官もこれに従わなければならない。司法権にも一定の自律性が認められていることになる。

また、裁判においては終審（一つの事件における最後の裁判）ということになり、判決内容は判決が下された段階で直ちに確定する。

4．裁判の公正の確保

裁判は公平かつ公正でなければならない。そのため、裁判制度においていくつかの公平性の担保の仕組みがある。

(1) 裁判の公開（第82条1項）

裁判の審理（弁論・証拠調べ・証人尋問ほか）を対審と呼ぶ。それは訴えた側：原告と、訴えられた側：被告または被告人とが対面して裁判官の前で互いの主張をし合うからである。裁判の最後に裁判官が裁定するものは判決という。対審も判決も公開で行なう、ということは裁判のプロセスはほぼ公開されるということである。しかし、裁判の公開は、国会や議会の公開（録画・録音・中継もできるし傍聴もできる）と異なり、傍聴人を法廷内に入れるということであり録画や録音、ましては同時中継はできない。例外的に非公開とする場合は第82条2項に定められているが、非公開となるのは本当に例外中の例外である。なぜなら政治犯罪・出版に関する犯罪・基本的人権が問題となっている事件の場合は常に公開しなければならないからである。また、判決はどんな時でも絶対に公開される。

(2) 三審制

一つの事件について３回まで裁判を求めることができる。審級制に基づき、まず地方裁判所に訴え出て審理され判決がでる：第一審。そして上級の裁判所に控訴して、高等裁判所で審理・判決が出て第二審。さらに上級に訴える（上告）と最高裁判所に至る。ここで終審となるためここでの判決がファイナルアンサーとして確定する。一般的にはこのようであるが、裁判によっては簡易裁判所が第一審になることもある。民事裁判では通常、地方裁判所さらに高等裁判所に上訴して三審制が終わる。刑事裁判では高等裁判所で第二審、そして最高裁判所に至る、というこんな場合もある。

家庭裁判所は離婚や親権・財産相続・少年事件を扱い、裁判というより審判と呼ばれる少し異なる裁定を行なう。不服があれば高等裁判所などに上訴できるので、審級制の中に含まれている。

(3) 裁判手続の法定

裁判には主として民事訴訟・刑事訴訟・行政事件訴訟の３種類があり、民事訴訟法と刑事訴訟法が定められている。行政事件訴訟法もあるが、裁判手続は民事訴訟法を適用している。手続きをきちんと定めることで、原告・被告（人）のどちらにも偏らない公平な裁判が期待できる。

(4) 司法権と裁判官の独立

一般的には裁判官の独立も含めて「司法権の独立」と呼ばれることが多い。前者は司法権が、立法権や行政権といった他の国家権力から独立して裁判を行なう、という意味であり、三権分立の原則からすれば、むしろ当たり前のことである。

裁判官の独立は、上記で述べたように第76条に基づいている。

かつて明治時代には、この司法権の独立が問題となった大津事件という大事件があった。しかし外部的な司法権の独立は守ったものの、裁判官の独立を侵害？するという皮肉な事例でもある。

5. 違憲審査

第81条では、（最高）裁判所は、法律・命令（政令や府省令）・規則・処分（行政処分など）が憲法に適合するかしないかを決定する権限を有する、と定められている。第81条には最高裁判所とあるが、最高裁だけでなく司法権に属する全ての裁判所にこの権限が与えられていると解釈されているし、実際に高等裁判所や地方裁判所も違憲審査を行なっている。

この違憲審査は、第2章でも述べたように、この憲法が守られているかどうかを判断する（憲法保障となる）手段の一つとなっている。

(1) 違憲審査の種類

国際的にも多くの国がこうした違憲審査制を設けている。そのやり方・種類は大きく分けて2つある。

①抽象的違憲審査制

違憲審査を行なうために特別な機関を設置し、新たな法令が制定されたり発せられると訴えることのできる権利をもつ者（出訴権者）が審査を求めて訴え、具体的な事件がなくても憲法に適合しているかどうかその機関が判断する。ドイツの憲法裁判所が典型例である。

②付随的違憲審査制

個人の権利救済などの具体的な争いがあって裁判になった際に、その裁判所が事件の解決に必要な限りで、事件審理と合わせて法令等の違憲審査もする。アメリカ型と言われ、日本もこれを採用している。

どちらの制度が優れているかは、どちらも一長一短あるため一概にはいえない。

しかしアメリカにおいても個人の権利や利益に直接関係しない公共の利益に関わる訴え（公共訴訟）にも訴訟を提起する資格（原告適格）を広げている一

方（つまり抽象的な訴えも限定的ながら認められつつある）、ドイツでは基本権（人権）を侵害された個人が憲法裁判所に直接訴えを起こして救済を求める「憲法異議」の制度もあり（具体的な事件の審理も行なわれる）、両者の区別は制度上厳密とはいえなくなっている。

なお、この２つのパターンとは異なる制度をもつ国もある。

日本において第 81 条の解釈の問題として当初、最高裁判所に抽象的違憲審査を認める趣旨ではないかという主張もあった。それが最終的に否定され付随的審査制であるとされたのが、警察予備隊違憲訴訟［最大判 1952（昭 27）. 10. 8］である。

違憲審査について、付随的違憲審査を最初に導入したアメリカにおいては積極的に個人の人権を救済する判決を出した時期もあり、司法積極主義と呼ばれていた。それに対し、日本では違憲審査はあまり盛んには行なわれておらず、この傾向は特に最高裁判所に顕著であって司法消極主義と呼ばれている。違憲審査をしなくても争いになった事件の解決には差し支えないのならば、むしろ違憲審査を行なわない。こういうのは憲法判断回避のルールとも呼ばれているし、統治行為論を用いて違憲審査を避けた砂川事件の例もあった。

(2)　違憲判断の種類

違憲の判断をするのには２種類ある。それは法令違憲と適用違憲である。

前者は、法律や政令等の文言内容そのものが憲法に違反していないかどうか判断するものである。最高裁判所ではこれまで 10 件の法令違憲判決が出ている。（もちろん法令の内容について判断し、合憲とされた事例ははるかにたくさんあるのだが。）

後者は、法令の文言内容そのものには問題はないのだが、その当事者や事例に「適用」されたことや「運用面で」憲法違反があったとされた時に出されるものである。

1970 年代になるまでは最高裁での法令違憲の判例はなく、適用違憲が多く出されていた。とはいえ、両者合わせても 20 件を超える程度ではある。地方裁判所や高等裁判所では、どちらの違憲判決ももっと多く出されている。しかしながら、下級裁判所で違憲判決が出されても、最高裁判所で合憲判決にひっくり返されて確定してしまった例も数多い。全般的に言って、上級の裁判所へ行くほど、違憲判決が下されて個人の人権侵害が救済される例が少なくなり、合憲判決が出されて立法権や行政権の裁量を追認する傾向が強くなる。日本の例で見る限り、国家権力として司法権の力は強いとはいえない状況である。

(3) 違憲審査基準について

日本においてはアメリカ合衆国ほど精緻な基準はあまり用いられていない。

アメリカの連邦最高裁判所では歴史的に、表現の自由規制には厳しく審査し（違憲判決が出やすい）、経済活動の自由の規制には規制が合理的かどうかを審査する（合憲判決が出やすい）、といった二重の基準を設け、さらにどんな権利や利益を保護するかの分類をしつつ細かな基準を作りあげてきている。差別・平等についても人種差別か性差別かで異なる基準を適用してきた。

そのような違憲審査基準は日本にも紹介されたものの、日本の裁判所でアメリカの連邦最高裁と同様の使い方は滅多にされていない。とくに表現の自由の規制に対する審査基準として作られた厳格審査と呼ばれるものは、下級審では用いられた例はあるが最高裁ではほぼ適用されていない。

日本で有名な判例で用いられた主な基準には下記のものがある。

①LRA の基準（Less Restrictive Alternative：より制限的でない他の手段の基準。規制目的を達成する一番緩やかな規制手段を用いるべきところがそうではなく、より厳しい規制がかけられていたと判断される場合違憲とする）もともとは表現の自由の規制に対して作り出された基準である。

これは表現の自由の一部の政治活動の自由が問題となった猿払事件第1審判決で用いられたが最高裁では採用されなかった（第5章参照）。しかし、経済活動の自由の規制に関する薬局距離制限事件最高裁判決（第9章参照）ではこれが用いられて判断されている。

②明白性の基準

主として経済活動の自由の規制で、規制手段が著しく不合理であることが明白な場合、違憲とする。小売市場最高裁判決で採用されている（第9章参照）。

そのほかは政教分離事件で用いられる目的効果基準など独自の基準が作られているが、合憲判決を導きやすい基準が多い。

とはいえ、最高裁が出した判決やそこで示された一定の判断基準は「先例」としてその後の最高裁・下級審判決で用いられている。

第19章

地方自治

1．地方自治について

日本は、基本は中央集権（中央に国家権力が集まっている）の国で、国土面積も広いとはいえないが、全国の全ての地域の独自性や多様性には対応できない。そこで、身近な問題は身近（地方）で議論したり解決したりする仕組みになっている。これが地方自治である。身近で自分たちに直接関係のある問題だからこそ、そこの住民である自分たちで解決しようとする、これはまさしく民主主義の基本であるといえる。

日本国憲法では地方自治に関する条文は数少ない。地方自治の具体的な事項（どんな地方自治体の組織があるかや地方自治に関する基本的なことがら）は地方自治法で定めている。

とくに憲法の条文で書かれているわけではないが、地方自治の本旨とされているものが２つある。

①住民自治：その地域の問題は住民自身が民主的に自治を行なうべきであるとする。

②団体自治：地方自治体内部で解決すべき問題はその団体の自治に委ねるとするものである。つまり地域の問題への対応は、その地域の住民とそれが属する地方公共団体で行なうべきである
とするものである。

地方自治が認められる根拠についてはいくつかの説があったが、制度的保障説が一般的である。これは地方自治という制度を憲法上保障し、その制度の核心部分はたとえ法律をもってしても不可侵のものとする（法律で地方自治制度

の根幹を崩すことはできない）考えである。

2．地方自治の組織と事務

(1) 地方公共団体の種類（第93条）

地方自治を行なう団体は、地方公共団体と呼ばれ、2種類ある。

①普通公共団体：都道府県・市町村は普通公共団体で、地方の行政の主体となる。

②特別公共団体：東京23区や財産区など。

23区は市町村と同等にイメージされているが、法律上は東京都の下部組織の特別公共団体扱いになっている。しかし実態としては23区の各区は市町村と同様の事務を行なっているし、区長や区議会議員は選挙で選出されており、市町村とほぼ同じような扱いを受けるようになっている。その意味で23区も基礎的な地方公共団体というべき地位を占めているといえる。

また、都道府県と市町村と、地方自治組織は二段階に分かれている。この都道府県組織を改組して、道州制（現在の北海道地方・東北地方などの「地方」区分で道州を形成する）を導入する考えも提案されているが、地方自治の本旨に反しない限り道州制を否定する要素は憲法上はない。しかしながら現在のところ積極的に導入しようという動きはない。地方公共団体のエリアや単位が大きくなると行政上の効率が上がるという主張もあるが、逆に細かな行政サービスを提供しにくくなる欠点もある。たとえば20年ほど前からの10年近く市町村合併が行なわれたが、一つの市町村の中で過疎化や公共サービスの偏りが起こり、むしろ非効率になってしまった例もあるという。地方公共団体の規模が大きくなれば効率がよくなるというわけではないことは、この何年かですでに明確になっているばかりかむしろサービスの質を下げる結果になっている（一例として市町村合併やその他の地方再編により、病院の数・病床数や保健所の数がかなり削減された。これにより新規の感染症が大流行するときに、対応が困難になるだろうと以前から指摘されていた）。

(2) 地方公共団体の組織

地方公共団体は法律の定めるところにより議会を設置することになっている。また、地方公共団体の長（首長）・議会の議員および法律の定めるその他の吏員は、当該地方公共団体の住民の直接選挙を行なうことになっている。現行の法律では、選挙権は日本国籍をもつ者に限られている（ただし定住外国人、もしくは特別永住資格のある外国人には地方参政権を認めるべきである、という主張は一部でなされている。詳しくは第12章参照）。

①首長：都道府県ならば知事、市町村ならば市町村長と呼ばれている。

地方公共団体の長（首長）は地方行政権のトップであり、それを住民自身が直接選挙で選ぶ仕組みは、中央政府の行政権の長を国会議員の中から選ぶ議院内閣制とは異なり、むしろ大統領制に近い。ただし、地方自治法上、地方公共団体の議会と首長との関係について議院内閣制で採用されている制度が導入されている。それは、議会は首長の不信任決議を行なうことができ、反対に首長は議会を解散することができる、というものである。

都道府県知事の被選挙権を有する者は30歳以上、市町村長の被選挙権を有する者は25歳以上で、任期は4年である。

また住民からの解職請求も認められている。

②議会

議会の議員は住民が直接選挙を行なう。中央の国会とは異なり（国会は国権の最高機関とされる：第41条）、首長と対等な関係にある。議員の被選挙権は満25歳以上、任期は4年になっている。また首長の不信任決議を行なうことができる。

(3) 地方公共団体の事務（第94条）

地方行政の執行については長とその下の部局（○○局○○部○○課など）および行政委員会（教育委員会などいくつかの委員会組織がある）が担当している。おもしろいことに都道府県知事や市町村長が地方の行政権を一手に統括しているわけではなく、教育関係では教育長が教育委員会をもとに行政運営をするという、分権的な仕組みになっている。

現在の地方公共団体の事務は、「法定受託事務」とそれ以外の事務である「自治事務」とがある。法定受託事務は、中央政府等が行なうべき事務のうち、法律によって都道府県・市町村・特別区が処理すると定められたもので、国政選挙、国道の管理、ビザの発給などがある。法定受託事務も地方公共団体自身の事務と位置づけられており、それを執行するための条例を制定したり、監査を行うこともできる。

中央政府または都道府県が地方公共団体の事務に関与する場合は、法令の根拠を要する（関与法定主義）。同時にその関与は目的を達するための必要最小限度のものでなくてはならない（必要最小限度の原則）。地方公共団体の独立性に配慮することが必要とされる。

中央政府は、中央政府ならではの役割（外交・防衛・司法・公的年金・貨幣製造など、全国レベルで行なうべき行為または活動）を重点的に担うべきであり、住民に身近な行政はできるかぎり地方公共団体に委ねるべきだともされる（補完性の原則）。

地方公共団体の財源は、自主財源（地方税・手数料・地方債）と、中央政府から交付される地方交付税・地方譲与税・国庫支出金である。収入割合でいうと、中央政府からの交付金が多く、自主財源は乏しい。そのため、地方への税財源の移譲など、自主財源の比率を高めようとする改革が進められている。

(4) 条例制定権（第94条）

地方議会はその地方公共団体内で適用される条例を制定する権限を有している。ただしそれは「法律の範囲内」もしくは「法律に反しない限り」という限定がなされている。国会の制定する法律の方が、地方議会の制定する条例よりも上位に位置付けられているためでもある。しかし、地方の独自性を生かすには、法律で定められていない内容・範囲の定めを条例で設けることも認められている。また環境問題など一定地域でとくに汚染や環境破壊が進んでいる場合には、国の法律は必要最低限の基準（ナショナルミニマム）と考え、条例でそれよりも厳しい基準を設定する（たとえば大気汚染の原因物質を工場が排出する基準をもっと厳しくする、など）ことも認められているし、その他地域の特殊性に応じた条例が策定されている。

3. 住民自治のための仕組みについて

まず、地方行政のトップに立つ長を直接選挙できる。

また、地方自治法の規定により以下のことを請求できる。請求の際には、住民のうち何分の1以上の賛同者が集まって署名により請求しなければならない。

①条例制定・廃止の請求：地方議会の策定する条例について、住民がこういう条例を制定せよ、もしくは廃止せよと請求できる。

②議会の解散請求：議会を住民の要求により解散することもできる。

③地方議会議員や長、役所の役員の解職請求。

④監査請求：地方の会計について監査請求ができる。住民自身が払う税金が正当に使われているか、チェックできるのである。

⑤住民訴訟：④の監査の結果正当な会計でないことがわかれば、裁判所に住民訴訟を起こし会計の支出の責任者の責任を追及したり不当な支出によって地方会計に穴をあけた分を補填するよう請求できる。

このほか、地方自治法に基づいている制度ではないが、住民投票条例を制定し特定の施策について住民が直接意思表明をする住民投票を行なうこともできる。これは直接民主制を取り入れた制度であると言える。基地問題や市町村合併などで住民投票が行なわれた例がいくつもある。

第20章

大日本帝国憲法の内容および日本国憲法制定

1. 大日本帝国憲法の成立

制定・公布されたのは1889年でちょうど明治時代の中間地点頃になる。明治維新から文明開化・富国強兵と急速な近代化を行なってきた日本が、なぜこの時期に憲法を制定したのだろうか。それには対内的・対外的の二つの理由があった。

対内的には文明開化とともに欧米からもたらされた自然法思想・人権思想の影響で、自由民権運動が盛んになり、国会を開設するよう要望も高まってきていたからである。また民間からの憲法私案の作成も行なわれていた。そうしたいわば「下からの」民主化運動にイニシアティブを取られる前に先手を打って、時の政治運営者に都合のよい憲法や統治機構の整備が必要になったのである。

対外的には、江戸時代末に諸外国と結んでしまった日本にとって不利益になる条約について、20年来何度も改正交渉を進めてきたのが一向に進まなかったからである。日本が国際的に欧米諸国と同等の「一等国」として認められるためには、欧米諸国と同様の統治機構とそれを律する憲法をもたなければならない、当時の政治運営者たちはそう結論づけるしかなかった。

そこでよく知られているように、明治維新の立役者の一人であった伊藤博文がプロイセン憲法に範を取り、天皇が定める欽定憲法として大日本帝国憲法を作り上げたのである。プロイセンという現在のドイツの一部にあたる国はヨーロッパにおいては英仏に比べれば後進国であり、急速に「上から」の近代化を目指していた国であった。そのためプロイセン憲法は、典型的な近代市民憲法という形式にはなっていなかった。それを模範とした大日本帝国憲法もまた、近代市民憲法の正統な系譜を引いたものと言えるものではなかったのは当然であった。

2. 外見的「立憲主義」

近代市民憲法の正統派からは、大日本帝国憲法はどのように外れていたか。

近代市民憲法の三原則といえば、①国民主権、②人権保障、③権力分立である。大日本帝国憲法はこのどれをとっても異形のものになっている（以下、テキスト後ろのジャバラの裏側の大日本帝国憲法の条文も参照されたい。なおこの本文では所々は引用者である臼井が現代語の表現に変えている）。

①国民主権　→　天皇主権　（第1条・第4条より）　なおこの憲法では「国民」ではなく臣民として位置付けられている。

②人権保障　→　臣民の権利（第2章第18条以下）　自然権（天賦人権）という考えを否定していることになる。天皇が恩恵的に与えた権利という位置づけである。

さらに臣民の権利は、「『法律の範囲内において』○○の自由を有す」（例：第22条・第29条）とされた。法律の範囲内で＝法律によって権利の制限が可能である、という意味である。もしくは第28条のように「安寧秩序を妨げずおよび『臣民としての義務に背かない限りにおいて』信教の自由を有す」というものもあった。これはのちに神道や靖国神社への参拝・拝礼義務を人々が課されたことを考えると暗示的である。法律によって制限はされないが、実際キリスト教信者や新興宗教団体への弾圧がこののち行なわれたのである。

法律で規定さえすれば権利（人権）の制限も可能になる、という考え方は、日本国憲法の時代になっても「公共の福祉」を前面に出しさえすれば相当程度に人権の制限を行なうことが可能である、という1970年代まで一般的だった発想と非常によく似ているように思われる。

③権力分立　→　あいまいな分離　　立法権・行政権・司法権を担当する国家機関は作ったり条文中に入れたものの、本来の相互チェック機能は働かない。

というのも、帝国議会はいまの国会のように「立法」や「議決」を行なうのではなく、法律制定において「協賛」（第 5 条・第 37 条）する機関であるからである。日本国憲法に規定されている行政や財政へのコントロールはそもそも予定されていない。

行政を担当する内閣については大日本帝国憲法には記載されず、「各国務大臣は天皇を輔弼（ほひつ）しその責任を負う」（第 55 条）とされている。実際には 1888 年に初代内閣総理大臣として伊藤博文が就任しており代々組閣されることになるのだが。内閣総理大臣と称してはいるものの総理大臣もまた憲法上は一国務大臣である。そして各国務大臣がそれぞれ天皇を助けて（輔弼して）行政を担当し、責任は天皇に対して負うことになっている。陸軍大臣は陸軍から、海軍大臣は海軍から推挙されて入閣することになっているため、後述する統帥権との関係で、出身母体である軍部の主張を通そうとしばしば内閣を混乱させることになった。国会に対して内閣が連帯して責任を負う（それにより間接的に国民に対して責任を負う）日本国憲法での仕組みとはかなり異なっている。

司法権については「天皇の名において法律により裁判所がこれを行う」（第 57 条）とされている。

このように、全ての権力は、天皇を「仰ぎ見て」その手助けを取りおこなう。それによって天皇が統治権を総攬する（第 4 条）という形になっている。この中で、統治権を形の上で握る天皇と最も近いのは、いうまでもなく国務大臣（内閣）と諮問機関である枢密顧問（第 56 条）である。つまり行政権に該当する機関が直に天皇とつながっており、行政部門が権力の中で最も強い立場に立ちうることになる。日本国憲法においては権力の源泉は国民自身であるが、大日本帝国憲法下においては、臣民として被統治者というだけの存在であった。

こうして、（臣民の）権利保障や（あいまいながら）権力分立など一定の統治機構について憲法が定めている、という形はとっているところから、大日本帝国憲法のような憲法は、外見的立憲主義の憲法であると呼ばれている。

また、「天皇大権」ともいうべき、勅令や天皇の命令が「法」として機能する、という議会の手によらない事実上の立法権限も存在している。いわゆる緊急勅令（第 8 条、ただし次の議会の会期で承認を経る必要があるとはされる）や独立命令（第９条）と呼ばれるものである。

3. 憲法秩序から外れるもの

大日本帝国憲法のさらなる特徴は、自らの規定において、または暗黙のうちに、自らの憲法秩序から一定の権限や存在を外していることである。

①統帥権の独立

第 11 条の条文によれば、「天皇は陸海軍を統帥する」となっているが、これは帝国議会・国務大臣・司法と異なり第１章天皇に含まれていることもあって、統帥権が三権から独立していると見なされることになった。天皇自身大元帥として軍隊のトップでもあったからである。この規定もまたプロイセン憲法を模倣したものであった。この結果、大日本帝国憲法自身の手で軍事関係の権限が行政権から外れることになっているのである。

また、すでに述べたように行政権を担う内閣での一体性を陸・海軍大臣が乱す事態も生じた。（軍部が事実上国家内「国家」であるかのような状況を呈することにもなった。）

②大日本帝国憲法と同等の地位に立つ法：旧皇室典範

皇室の家憲として定められた旧皇室典範は、かつては「典憲」と呼ばれ憲法と同等の法的地位にあった。天皇及び天皇家が国家の根幹と成されたため、天皇家を秩序立てる典範が、国家を秩序立てる憲法と同等であるとされたのである。

これにより、当時は二元的憲法秩序であったとされる。

（現在の日本国憲法では皇室典範は、憲法に基づいて制定される法律の一つであることに留意されたい。）

4. 日本国憲法の基本的人権保障と大日本帝国憲法の臣民の権利の違い

日本国憲法では第３章が「国民の権利及び義務」となっているが、大日本帝国憲法では第２章に「臣民（の）権利義務」（（　）は引用者である臼井が入れた）というタイトルになっている。国民は、まず第一に天皇の臣下である、という意識がそのまま出ている。

臣民に保障される権利は、欧米で考えられた（自然法思想に基づく）自然権由来の、人として生まれながらに有する権利という考えに立っていなかった。天皇から恩恵的に与えられるもの、とされていたのである。

与えられた権利の種類も少ない。臣民の権利として挙げられているのは、以下の10項目である。

①第19条の文武官や公務につく権利（日本国憲法第15条の公務就任権、以下（　）内は対応する日本国憲法上保障された基本的人権を示す）

②第22条の居住移転の自由（第22条の一部）

③第23条の法律によらずに逮捕監禁審問処罰を受けない権利（第31条、第33条、第34条などの法律による適正手続・令状なく逮捕されない権利・抑留拘禁されない権利など）

④第24条の裁判を受ける権利（第32条裁判を受ける権利）

⑤第25条の許諾なく住居に侵入されない・捜索されない権利（第35条の令状なく住居侵入や捜索されない権利）

⑥第26条の信書の秘密を侵害されないこと（第21条2項の通信の秘密の保障）

⑦第27条の所有権の不可侵（第29条財産権の保障）

⑧第28条の信教の自由（第20条信教の自由）

⑨第29条の言論著作印行集会結社の自由（第21条表現の自由）

⑩第30条の請願権（第16条請願権）

日本国憲法と比べると、思想・良心の自由や経済活動の自由、信教の自由とセットになる政教分離原則もなければ、生存権・労働権・教育を受ける権利といった社会権もない。表現の自由の保障にとって重要な検閲禁止も存在しない。また、拷問禁止などもない。そもそも法の下の平等などかけらもない。

日本国憲法では、基本的人権を保障している条文は、第13条～第29条、第31条～第40条と27条分あると考えると（しかも一つの条文で複数の権利を保障している場合もある）、その少なさが呆れるほどである（もちろん19世紀に策定された憲法であるので、社会権が存在しないことについては無理もないが）。

また、第22条と第29条には、「法律の範囲内において」という言葉が入っている。この「法律の範囲内」という意味は、法律で許す範囲においてという意味である。つまり、法律（それから天皇の発する勅令も）によって、権利保障の範囲を狭めることができるのである。憲法で権利保障をすると規定されていても、法律や勅令によってほとんど権利保障がされない状態にまで至ることもあった。さらに第28条の信教の自由には「安寧秩序を妨げず及び臣民たる義務に背かない限りにおいて」という条件がついていた。事実上国が定めた宗教と位置付けられた国家神道への参拝・儀式参加は臣民としての義務とされ、キリスト教やその他の信仰をもつ者が、天皇崇拝や靖国神社その他の神社への参拝などを強制されそれを拒むことは不可能であった。実質的に信教の自由は保障されるものではなかったということになる。

臣民の義務には、第20条と第21条で兵役と納税が定められた。第19条の文武官任官・公務就任を除くと、これらの規定は臣民の権利よりも先に置かれている。権利保障よりも義務を課す方に重点があったことをうかがわせる。

5．大日本帝国憲法：コントロール主体も手法もない統治秩序

大日本帝国憲法の統治秩序の話に戻る。

日本国憲法では上記のように国会により行政や財政のコントロールを行なうのを重要な原則であるとしている。また立憲主義においては軍に対しては軍人以外の文民がコントロールするいわゆるシビリアンコントロールも重視されており、日本国憲法下でも自衛隊に対し同様のコントロールを行なうべきであるとされる。文民＞軍人という関係に立つ。

しかしながら大日本帝国憲法においてはいずれも存在していない。統帥権の独立によりシビリアンコントロールはあり得なくなり、皇室や天皇へのコントロールも含め、およそコントロールと呼べるものがなかった。

では、誰が統治について制御なり統御するのか？　建前としては統治権の総攬者である天皇であるが、同時に天皇は無答責（責任を負う主体ではない）とされた。統治を担うのは、明治の初期からはいわゆる維新の元勲と呼ばれた薩

摩・長州などの藩閥政治家や一部の公家出身者であり、彼らがのちに「元老」として表や裏から政治を動かすことになる。元老が世代交代するに従い天皇を取り巻く側近たち（内大臣や宮内大臣・侍従長がその任にあたる例が多かったようである）が情報を天皇にもたらしつつ、天皇の意向を行政担当者に伝えていた。宮内大臣が側近の一人として重用されることが多かったのは、皇族に関する職掌であることを考えると興味深い。内閣総理大臣を含め、任命はしばしば勅令として天皇が直接人選し、もしくは周囲の推薦によって、行なっていた。統治に関する責任は天皇に対して取られる形は取られていたはずだったが、その制御・統御効果が徐々に失われてゆくとともに、責任を取るべき主体も次第に消滅することになった、と思われる。

6. 大日本帝国憲法の立憲的運用の試みとうまくいかなかった理由

大正時代には、ドイツに範をとった憲法にも関わらず、イギリスに学んだ運用を理想とするようになった（実は伊藤は憲法案を練ろうとした当初イギリスを模範としようとしたものの日本への導入は時期尚早として断念した経緯があった）。これが大正デモクラシーと言われ、吉野作造が民本主義を唱え（さすがに大日本帝国憲法下では民主主義を実行するのは無理であった）、また美濃部達吉が国家法人説と天皇機関説を東京帝国大学で講じ当時の官僚や法律家での主流の解釈となっていた。

しかしながら、その機運は、以下の二つの主張によって瓦解することになる。

第一次世界大戦後において国際連盟が成立するなど軍備の制限または削減が行なわれるようになったが、それは陸・海軍の不満を高めることになり、軍縮は統帥権干犯であるとして抵抗が生じた。だがそれは憲法自体がもっていた矛盾を露呈させることになるのであった。

一方昭和になってから天皇機関説がその解釈は「不敬」であると攻撃を受けることになり、こうした立憲的解釈は挫折することになる。

そして昭和恐慌を経てこの二つの潮流は結びつき、軍部の突出と戦争への道にいたるのである。

大日本帝国憲法では天皇と近習が国の統治における暗黙の統御主体のようなものになり、いわばアクセルとブレーキを担っていたはずであった。ところがなまじ統帥権が独立しているかのような憲法上の規定があり、さらには統帥権侵犯の声が大きくなった昭和初期にはこの統帥権の独立をタテに軍事統御におけるブレーキを失うことになった。戦争を始めるアクセルは利くがブレーキは軍部自体もっていなかった（形式的には天皇に統帥権があったからである）。そのため、戦争を集結させるために、天皇の御前会議とそこにおける「ご聖断」という異例の形を（天皇は無答責であるから天皇自身が具体的決定をする主体ではないとされていた）取らざるを得なくなった。結局責任意識が薄くなることで何かを止めるブレーキも弱体化する。誰が責任を負うのか、が明確化されていることの意味と重要性に関する戒めともいえる。このことが、戦争責任は誰にあったか、という問いに今でもはっきりと答えることができない理由の一つかもしれない。

このような戦争に至った時、統帥権の独立がいかに役に立たないか、というのは実は先例があった。統帥権の独立はプロイセン憲法の模倣であるのはすでに述べたが、そのプロイセン国が発展して建てたドイツ帝国は第一次世界大戦で壊滅的な敗北を喫している。それは統帥権の独立が参謀本部の独占的優位をもたらしたことにもよる。戦争とはもともと外交の一部であり、戦争によってなんらかの国益や利益を得るための手段として行なわれるものであった。ところがそれが参謀本部の独走により手段ではなく目的化してしまい、総力戦になったあげく「戦争すらうまくいかない」状況で行き詰まり破滅を迎えたのだった。第一次世界大戦では日本は欧州の惨状を直接は見ていなかったかもしれないが、大日本帝国憲法を制定しから約 30 年経ったその時、その範をとった国の憲法にどのような弱点があったのかということにも、どうやら目を向けていなかったようである。

7. 日本国憲法の制定

大日本帝国憲法は、1. で説明したように、内政的には自由民権運動という抵抗をかわしての国家統合と、国際的に一等国として（名誉を）認められ（そして直接的には不平等条約を改正し）たいという対外的な欲求との合成物であった。

しかし、その憲法体制が帰結したところは、主権者たる天皇の地位を危うくし、統治される「臣民」の多くの幸福を破壊した、第二次世界大戦の敗戦であった。（さらには戦争の惨禍に巻き込まれ、植民地とされた地域や、占領下の圧政に苦しんだ周辺諸国の苦しみも忘れてはならない。）

1945年7月26日ドイツのポツダムで米・英・中（・のちにソ連）による共同宣言が出された。それは日本に対し無条件降伏*を求めたものではあるが、各項には以下のような文が付されていた。

すなわち第6項には、「日本の人々をだまし、間違った方向に導き、世界征服に誘った影響勢力や権威・権力は、排除されなければならない。無責任な軍国主義が世界からなくなるまでは、平和、安全、正義の新秩序は実現不可能である」と記されている。

さらに第10項には、「我々は、日本を人種差別し、奴隷化するつもりもなければ国を絶滅させるつもりもない。しかし、われわれの捕虜を虐待した者を含めて、全ての戦争犯罪人に対しては厳重なる処罰を行うものとする。日本政府は、日本の人々の間に民主主義的風潮を強化しあるいは復活するにあたって、障害となるものは排除する。言論、宗教、思想の自由及び基本的人権の尊重が確立されなければならない」と記されている。

日本人が第6項が述べるような、ただ軍国主義にミスリード「された」受動的な立場にしかなかったかは議論の余地がある。しかし、ポツダム宣言が求めていたのは第10項にあったように、日本が民主主義を本格的に導入し、言論・思想その他の基本的人権の尊重を確立することであった。

このポツダム宣言の受諾は、日本はこの第10項の内容を実現する義務を負ったことを意味する。その具体的な現れが新憲法――日本国憲法の制定だった。

日本国憲法制定案の策定過程には多くの曲折があった。その始まりは日本政府側の憲法案を策定する委員会（いわゆる松本委員会）が大日本帝国憲法を換骨奪胎した程度の草案に留めようとしたことである。つまり当時の日本政府はポツダム宣言を受諾したにもかかわらず、大日本帝国憲法をそのまま維持し、運用面を改めることですますつもりであった。しかし連合国軍最高司令官D・マッカーサーによって大日本帝国憲法の改正をうながされたことで、1945年10月、松本烝治を委員長とする憲法問題調査委員会が立ち上げられた。その際の基本方針は依然いわゆる「国体の護持」（天皇制国家の維持）であり、おおよそ以下の4原則にまとめられた。

①天皇の統治権の総攬を維持する。

②天皇大権をある程度削り、議会の議決事項を増やす。

③国務大臣は国務にあたり議会に責任を負うことにする。

④権利保障は拡大し、議会以外の立法によっては侵害されない。

政府は、若干の改正で民主化を導入しつつ、天皇主権や権利に対する法律の留保などを残して「外見的立憲主義」の本質を保とうとしていた。こうした考えに基づく草案が連合国軍総司令部に提出される直前の1946年2月、宮沢俊義委員の作成案の一つが毎日新聞のスクープによって報道された。これをマッカーサーは、改正の態をなしていないと判断し、C・ホイットニー民政局長に、日本が範とすべき憲法草案を作成するよう指示した。

その際、基本事項としたマッカーサー3原則は、概略次のような内容のものであった。

①天皇は元首の地位を保つが、天皇の職務および権能は、憲法に基づき行使され、憲法に示された国民の基本的意思に応えるものとする。

②国権の発動たる戦争は廃止する。紛争解決の手段としての戦争、自己の安全を保持するための手段としての戦争をも放棄する。軍は将来的にももたない。交戦権も放棄する。

③日本の封建制度の廃止、皇族以外の貴族の権利の現世代一代以上に及ばないこと、予算はイギリスの制度にならうこと、など。

しかしながら松本案を元に作成し連合国軍総司令部に提出された憲法改正要綱（1946年2月8日）は、このポツダム宣言の求めるところに沿ったものとは言えなかった。つまりは降伏の条件を日本側が守っていない、それどころか宣言の意味すら理解していない、と総司令部にみなされたのも無理はなかった。そこでマッカーサー総司令官が改めていわゆる3原則を出し、総司令部案を新憲法策定のたたき台とするべく日本側に提供することになった。

この事態を招いたのは、無条件降伏*をした日本がポツダム宣言の内容を「誠実に」実行することを怠った結果であったからである。

総司令部案は9日間で作成され、2月13日に日本側に渡された。日本政府は、大日本帝国憲法とあまりにも異なる内容に驚愕したが、極東委員会で天皇が戦争責任を追及されて、安泰でいられなくなるおそれから、総司令部案に沿って憲法改正案を作成することにした。

4月17日に憲法改正草案が公表され、6月8日に憲法改正案が枢密院を通過し、帝国議会の衆議院に、「帝国憲法改正案」が提出された。衆議院、貴族院とも修正可決されて、最終的にふたたび枢密院で採択され、11月3日の公布に至った。そして半年後の1947年5月3日に「日本国憲法」として施行されたのである。

この間、議会での審議中に修正されたり追加された語句や規定がある。たとえば第1条は、「(天皇の地位は) 主権の存する日本国民の総意に基づく」と修正されたことで、国民主権の原理が明確にされた。第9条1項には「日本国民は、正義と秩序を基調とする国際平和を誠実に希求し」の語句が追加された。また国民の権利として第17条の国家賠償請求権、第25条の生存権、第40条の刑事補償請求権が、追加して規定された。その一方、国民の義務として第30条の納税の義務が入れられた。その他、第15条3項の普通選挙制の規定、第59条3項の法律案の議決に関し両院協議会を行なう旨、第66条2項の内閣総理大臣その他の国務大臣が「文民」である旨、などが追加された。

こうした追加修正の中でとくに活躍したのが衆議院帝国憲法改正小委員会委員を務めた鈴木義男である。彼は元東北帝国大学教授でのちに弁護士を経て政治家となった人物であり、特に第25条の生存権を入れることを強く主張したのがであったことが近年再評価されている。このように社会権規定も入れることによって、ポツダム宣言第10項の内容をさらに充実させたとも言えるであろう。

日本国憲法制定過程でのこのような経緯を考えると、日本国憲法が「押し付けられた」と主張するには無理があろう（なおこうした制定過程と並行して、日本国憲法の草案について複数の政党やグループが作成している。作成したのは憲法研究会、日本共産党、社会党（当時）などである）。

繰り返し述べるが、日本国憲法は戦争の結果の産物であり、そのことが強く刻印されている。

平和主義について説明した際、前文について紹介した。その第１段の２行めにある「政府の行為によって再び戦争の惨禍が起こることのないようにする」はポツダム宣言第６項とも通じる。そして第３段の平和への念願において「名誉ある地位を占めたいと思う」とは、明治以来、列国に伍し、そして日本が獲得できる領土や資源を増やして「大国」になることが国の誉れとする考えから、しかし今や、日本が率先して平和を維持し「他国を無視」せずに世界全体の「恐怖と欠乏」を除いて行こうとする、それこそが日本国の真の名誉であるとする考えへの転換を意味しているとするべきであろう。

現行の日本国憲法を改正するかどうか、どのように改正するか、は戦後間も無くからずっと議論されてきたし今後もされてゆく、またされるべきことであるかもしれない。

しかし日本国の統治と政治原則は、国民主権の憲法によって律せられるものだ、という立憲主義は常に意識されてゆかなければならない。それが憲法というものの存在意義だからであり、どのような為政者であれ政権担当者であれ、それを無視することは許されないのである。

＊「無条件降伏」とは今さら言うまでもないことだが、文字どおり降伏した側にはなんら条件をつけることなどできないのである。

【参考】旧皇室典範を参照するなら、以下を検索していただきたい。

旧皇室典範の条文：https://ja.wikisource.org/wiki/ 皇室典範 _（明治二十二年二月十一日）

コラム Plus-1　教育勅語

教育勅語は 1890 年に発せられた。大日本帝国憲法制定の翌年である。内容は、明治天皇自らが、児童生徒たちに対しこのような大人になりなさい、と教え諭すものであった。子どもたちに心構えを説く文書に過ぎないにもかかわらず、天皇自らの言葉であるということによって、軍人勅諭と並び、戦前には実質的に憲法典と同等のものとして機能した。

便宜上、コラム最後につけた教育勅語の現代語訳では三段落構成にしてあるが、中心となるのは第二段落である。その前半は「父母への孝行、兄弟仲良く、夫婦調和し」（とはいえ家制度を前提としているのはいうまでもない）「友人とも信じあい、学問を学び、手に職をつけ、世のため人のためになることをし、憲法を重んじ法律に従い」（厳密にいうと、憲法の規定を遵守するのは個人ではないのだが）等々と一項目ずつ見る限り、儒教的色彩の強い道徳的な教えである。「教育勅語は結構いいことをいっていた」と発言した元首相があり、文部科学省の中央教育審議会でも評価する意見が出されたこともあるように、多くの（すべての、ではない）日本人には、あまり抵抗感がないものかもしれない。

しかし、この段落は、「…法律を守り」のあと、「ひとたび国家の一大事になれば、身も心もお国のために捧げ（よ）」（戦争となれば勇んで兵士として戦場へおもむけ）と続いている。つまり、文脈全体からいうと、第二段落はまさに「忠君愛国」思想を教えるものであったと解すべきである。実は、教育勅語の教えはここが一番重要なのであり、第二段落前半の諸項目は、そのための準備としてあるべき人間（臣民）像を描いたものといえる。教育勅語は、子どもたちに天皇を絶対的に仰ぐことを求めるものであり、のちの軍国主義日本を形づくる基礎となったのである。

第三段落では、教育勅語の教えはいつの時代でもどこの国へ行っても通用する普遍性を備えていると結んでいる。これの妥当性は読者の皆さんに、外国の、あるいは国内の少数者の視点に立って判断してもらいたい。

教育勅語を子どもたちに教えることは、教育、思想の統制そのものであったといえる。これに対する反省から、戦後に定められた旧教育基本法は、第 10 条に

図３【教育勅語　原文】

朕《チン》惟《オモ》フニ我《ワ》カ皇祖《クワウソ》皇宗《クワウソウ》國《クニ》ヲ肇《ハジ》ムルコト宏遠《クワウエン》ニ徳《トク》ヲ樹《タ》ツルコト深厚《シンコウ》ナリ我《ワ》カ臣民《シンミン》克《ヨ》ク忠《チユウ》ニ克《ヨ》ク孝《カウ》ニ億兆《オクチヤウ》心《ココロ》ヲ一《イツ》ニシテ世々《ヨヨ》厥《ソ》ノ美《ビ》ヲ濟《ナ》セルハ此《コ》レ我《ワ》カ國體《コクタイ》ノ精華《セイクワ》ニシテ教育《ケウイク》ノ淵源《エンゲン》亦《マタ》實《ジツ》ニ此《ココ》ニ存《ソン》ス爾《ナンヂ》臣民《シンミン》父母《フボ》ニ孝《カウ》ニ兄弟《ケイテイ》ニ友《イウ》ニ夫婦《フウフ》相和《アヒワ》シ朋友《ホウイウ》相信《アヒシン》シ恭儉《キヨウケン》己《オノ》レヲ持《ヂ》シ博愛《ハクアイ》衆《シユウ》ニ及《オヨ》ホシ學《ガク》ヲ修《ヲサ》メ業《ゲフ》ヲ習《ナラ》ヒ以《モツ》テ智能《チノウ》ヲ啓發《ケイハツ》シ徳器《トクキ》ヲ成就《ジヤウジユ》シ進《スス》テ公益《コウエキ》ヲ廣《ヒロ》メ世務《セイム》ヲ開《ヒラ》キ常《ツネ》ニ國憲《コクケン》ヲ重《オモン》シ國法《コクハフ》ニ遵《シタガ》ヒ一旦《イツタン》緩急《クワンキフ》アレハ義勇《ギユウ》公《コウ》ニ奉《ホウ》シ以《モツ》テ天壤《テンジヤウ》無窮《ムキユウ》ノ皇運《クワウウン》ヲ扶翼《フヨク》スヘシ是《カク》ノ如《ゴト》キハ獨《ヒト》リ朕《チン》カ忠良《チユウリヤウ》ノ臣民《シンミン》タルノミナラス又《マタ》以《モツ》テ爾《ナンヂ》祖先《ソセン》ノ遺風《ヰフウ》ヲ顯彰《ケンシヤウ》スルニ足《タ》ラン

斯《コ》ノ道《ミチ》ハ實《ジツ》ニ我《ワ》カ皇祖《クワウソ》皇宗《クワウソウ》ノ遺訓《ヰクン》ニシテ子孫《シソン》臣民《シンミン》ノ倶《トモ》ニ遵守《ジユンシユ》スヘキ所《トコロ》之《コレ》ヲ古今《ココン》ニ通《ツウ》シテ謬《アヤマ》ラス之《コレ》ヲ中外《チユウグワイ》ニ施《ホドコ》シテ悖《モト》ラス朕《チン》爾《ナンヂ》臣民《シンミン》ト倶《トモ》ニ拳々《ケンケン》服膺《フクヨウ》シテ咸《ミナ》其《ソノ》徳《トク》ヲ一《イツ》ニセンコトヲ庶幾《コヒネガ》フ

明治《メイヂ》二十三年《ニジフサンネン》十月三十日《ジフグワツサンジフニチ》

御《ギヨ》名《メイ》　御《ギヨ》璽《ジ》

高嶋伸欣『教育勅語と学校教育　思想統制に果した役割』岩波ブックレット No.174（1990年）16頁

図４　現代語訳

天皇（明治天皇）ご自身がお考えになるに、天照大神《あまてらすおおみかみ》以来の天皇の御先祖たちが我が日本を建国するにさいし、その規模は広大で、いつまでもその基礎が揺《ゆる》ぐことのないようにされ、さらに、御先祖たちは身をつつしみ、国民をたいせつにして、後の徳政のお手本を示された。天皇の臣民である日本国民は、いつの時代も忠孝をつくし、国民が心を一つにしてその美徳を発揮してきたこと、これこそ我が国体（天皇制社会）のもっともすぐれた点であり、教育の大もともここに根ざしていなければならない。

お前たち臣民（児童・生徒）は、父母に孝行し、兄弟は仲良く、夫婦も仲睦《むつま》じく、友人とは信頼しあい、礼儀を守り、みずからは身をつつしみ、人びとには博愛の心で親切にし、学業に励《はげ》み、仕事を身につけ、さらに知識をひろめ才能をみがき、人格を高め、すすんで公共の利益の増進を図り、社会のためになる仕事をし、いつも憲法を大事にし、法律を守り、ひとたび国家の一大事（戦争）になれば、勇気をふるいたて身も心もお国（天皇陛下）のために捧げることで、天にも地にも尽きるはずのない天皇陛下の御運勢が栄えるようにお助けしなければならない。こうすることは、単に天皇の忠良な臣民として行動するというだけのものではなく、同時に、お前たちの祖先が残したすぐれた点を継承し、それをほめたたえることにもなるのだから。

このような教えに従うことは、まさしく我が天皇の祖先たちが残されたおさとしで、皇室の子孫も臣民もともに守るべきものであり、之《これ》を過去現在のどの時代に当てはめても間違っていないし、国の内外、世界中に当てはめても誤りではない。自分（天皇）は、お前たち臣民たちとともに、このことを自分自身によくいい聞かせ、その教えを守り、君臣一体となってその徳をより高めたいと思う。

明治二十三年十月三十日

御名（明治天皇、睦仁《むつひと》）　御璽（天皇の印）

高嶋・前掲書、17頁

おいて、「教育は不当な支配に服することなく」行なわれるべきだと規定していた。平成 18 年（2006 年）に改正された現行の教育基本法にも、この文言自体は、第 16 条において引き継がれている。しかし同時に、国や地方公共団体の介入を認めるような規定ももりこまれ、国による教育統制を懸念させるものになってしまっている（第 11 章コラム Plus-1 参照）。

【主要参考文献一覧】

本書執筆にあたり参考または引用に供した文献は数多いが、紙幅の都合上、それらのうち主要な単行本だけを以下に列挙する。

新井誠・曽我部真裕・佐々木くみ・横大道聡『憲法1　総論・統治［第2版］』日本評論社、2021年。

新井誠・曽我部真裕・佐々木くみ・横大道聡『憲法2　人権［第2版］』日本評論社、2021年。

芦部信喜編『憲法Ⅱ』有斐閣、1978年。

芦部信喜編『憲法Ⅲ』有斐閣、1981年。

芦部信喜『憲法訴訟の現代的展開』有斐閣、1981年。

芦部信喜『憲法学Ⅰ』有斐閣、1992年。

芦部信喜『憲法学Ⅱ』有斐閣、1994年。

芦部信喜『憲法学Ⅲ〔増補版〕』有斐閣、2000年。

芦部信喜（高橋和之補訂）『憲法〔第5版〕』岩波書店、2011年。

阿部照哉・畑博行編『世界憲法集〔第3版〕』有信堂高文社、2005年。

伊藤正己『憲法〔第3版〕』弘文堂、1995年。

上田健介・尾形健・片桐直人『スタートアップ　憲法判例50！（第2版）』有斐閣、2020年

鵜飼信成『憲法〔新版〕』弘文堂、1968年。

内野正幸『憲法解釈の論点〔第4版〕』日本評論社、2005年。

浦部法穂『憲法学教室〔全訂第2版〕』日本評論社、2006年。

大石眞『憲法講義Ⅰ』有斐閣、2004年。

大石眞『憲法講義Ⅱ』有斐閣、2007年。

大石眞・石川健治編『憲法の争点』有斐閣、2008年。

大須賀明『生存権論』日本評論社、1984年。

岡田信弘編著『憲法のエチュード』八千代出版、2004年。

奥野恒久『人権論入門　日本国憲法から考える』法律文化社、2019年。

小栗実編著『新・検証日本国憲法〔第3版〕』法律文化社、2007年。

尾吹善人『憲法教科書』木鐸社、1993年。

覚道豊治『憲法〔改訂版〕』ミネルヴァ書房、1977年。

粕谷友介編著『憲法主要判例　Post2000』上智大学出版、2006年。

ヨハン.ガルトゥング著、藤田明史訳『ガルトゥング平和学の基礎』法律文化社、2019年。

ヨハン.ガルトゥング著、木戸衛一・藤田明史・小林公司訳『ガルトゥングの平和理論』法律文化社、2006年。
ヨハン.ガルトゥング・藤田明史編著『ガルトゥング平和学入門』法律文化社、2003年。
君塚正臣編『ベーシックテキスト憲法』法律文化社、2007年。
清宮四郎『憲法Ⅰ〔第3版〕』有斐閣、1979年。
清宮四郎・佐藤功編著『憲法講座4巻』有斐閣、1964年。
小泉洋一・倉持孝司・尾形健・福岡久美子『憲法の基本』法律文化社、2008年。
小嶋和司『憲法概説』信山社、2004年。
後藤光男『共生社会の参政権』成文堂、1994年。
小林武『ようこそ日本国憲法へ〔第二版〕』法学書院、2009年。
小林直樹『憲法講義（上）新版』東京大学出版会、1980年。
小林直樹『憲法講義（下）新版』東京大学出版会、1981年。
小山剛・山本龍彦・新井誠編『憲法のレシピ』尚学社、2007年。
近藤敦『「外国人」の参政権』明石書店、1996年。
坂本秀夫『現代流通の理論と実相』同友館、2021年。
佐々木惣一『改訂日本国憲法論』有斐閣、1952年。
佐藤功『憲法（上）新版〕』有斐閣、1983年。
佐藤功『憲法（下）新版〕』有斐閣、1983年。
佐藤功『日本国憲法概説〔全訂第5版〕』学陽書房、1996年。
佐藤幸治編著『要説コンメンタール日本国憲法』三省堂、1994年。
佐藤幸治『憲法〔第3版〕』青林書院、1995年。
渋谷秀樹・赤坂正浩『憲法1〔第3版〕』有斐閣、2007年。
渋谷秀樹・赤坂正浩『憲法2〔第3版〕』有斐閣、2007年。
渋谷秀樹『憲法（第3版）』有斐閣、2017年
初宿正典『憲法2〔第2版〕』成文堂、2001年。
初宿正典・大石眞・松井茂記・市川正人・高井裕之・藤井樹也・土井真一・毛利透・松本哲治・中山茂樹・上田健介『憲法Cases and Materials憲法訴訟』有斐閣、2007年。
初宿正典・大沢秀介・高橋正俊・常本照樹・高井裕之編著『目で見る憲法〔第3版〕』有斐閣、2007年。
初宿正典・高橋正俊・米沢広一・棟末快行『いちばんやさしい憲法入門〔第3版〕』有斐閣、2006年。
初宿正典・辻村みよ子編『新解説世界憲法集』三省堂、2006年。
神野潔『教養としての憲法入門』弘文堂、2016年。
高橋和之『立憲主義と日本国憲法』有斐閣、2005年。
高橋和之編『世界憲法集〔新版〕』岩波書店、2007年。

高橋和之・大石眞編『憲法の争点〔第3版〕』有斐閣、1996年。
高柳賢三・大友一郎・田中秀夫編著『日本国憲法制定の過程Ⅰ』有斐閣、1972年。
竹田昌弘『知る、考える裁判員制度』（岩波ブックレット727号）岩波書店、2008年。
田中二郎『行政法総論』有斐閣、1957年。
団藤重光『死刑廃止論〔第6版〕』有斐閣、2000年。
辻村みよ子『市民主権の可能性―21世紀の憲法・デモクラシー・ジェンダー』有信堂、2002年。
辻村みよ子『憲法〔第7版〕』日本評論社、2021年。
辻村みよ子編著『基本憲法』悠々社、2009年。
戸波江二『憲法〔新版〕』ぎょうせい、1998年。
戸波江二『やさしい憲法入門〔第4版〕』2008年。
中村睦男『論点憲法教室』有斐閣、1990年。
中村睦男『憲法30講〔新版〕』青林書院、1999年。
中村睦男編著『はじめての憲法学』三省堂、2008年。
中山充『環境の共同利用権』成文堂、2006年。
野中俊彦・中村睦男・高橋和之・高見勝利『憲法1〔第5版〕』有斐閣、2012年。
野中俊彦・中村睦男・高橋和之・高見勝利『憲法2〔第5版〕』有斐閣、2012年。
橋本公亘『日本国憲法〔改訂版〕』有斐閣、1988年。
長谷部恭男『新日本ライブラリー2　憲法第7版』新世社、2018年。
長谷部恭男・石川健治・宍戸常寿編『憲法判例百選Ⅰ・Ⅱ（第7版）』有斐閣、2019年。
樋口陽一『憲法〔第3版〕』創文社、2007年。
樋口陽一『国法学〔補訂版〕』有斐閣、2007年。
樋口陽一・大須賀明編『日本国憲法資料集〔第4版〕』三省堂、2000年。
樋口陽一・佐藤幸治・中村睦男・浦部法穂『注釈日本国憲法　上』青林書院、1984年。
樋口陽一・佐藤幸治・中村睦男・浦部法穂『注釈日本国憲法　下』青林書院、1988年。
樋口陽一・佐藤幸治・中村睦男・浦部法穂『憲法Ⅰ』青林書院、1994年。
樋口陽一・佐藤幸治・中村睦男・浦部法穂『憲法Ⅱ』青林書院、1997年。
樋口陽一・佐藤幸治・中村睦男・浦部法穂『憲法Ⅲ』青林書院、1998年。
樋口陽一・佐藤幸治・中村睦男・浦部法穂『憲法Ⅳ』青林書院、2004年。
樋口陽一・野中俊彦編『憲法の基本判例〔第2版〕』有斐閣、1996年。
樋口陽一・石川健治・蟻川恒正・宍戸常寿・木村草太『憲法を学問する』有斐閣、2019年。
深瀬忠一『戦争放棄と平和的生存権』岩波書店、1987年
法学協会編『註解日本国憲法　上〔改訂版合本〕』有斐閣、1953年。
法学協会編『註解日本国憲法　下〔改訂版合本〕』有斐閣、1954年。

松井茂記『日本国憲法〔第3版〕』有斐閣、2007年。
宮沢俊義『憲法の原理』岩波書店、1967年。
宮沢俊義『憲法Ⅱ〔新版〕』有斐閣、1971年。
宮沢俊義（芦部信喜補訂）『コンメンタール日本国憲法』日本評論社、1978年。
山内敏弘『平和憲法の理論』日本評論社、1992年。
山中永之佑・高田敏・奥正嗣・三吉修・白石玲子・高倉史人編著『資料で学ぶ日本国憲法』法律文化社、2001年。
渡辺康行・宍戸常寿・松本和彦・工藤達朗『憲法1　基本権』日本評論社、2016年。
渡辺康行・宍戸常寿・松本和彦・工藤達朗『憲法2　総論・統治』日本評論社、2020年。

『岩波講座　憲法　全6巻』岩波書店、2007年。
『ジュリスト総合特集（1）現代都市と自治』有斐閣、1975年。

判例索引

事項索引

[あ 行]

[か 行]

［さ行］

［ た 行 ］

［ な 行 ］

［は　行］

［ま 行］

［や 行］

［ら 行］

【著者紹介】

臼井　雅子（うすい　まさこ）

1985年　早稲田大学教育学部卒業
1988年　早稲田大学大学院法学研究科博士前期課程修了
1995年　早稲田大学大学院法学研究科博士後期課程単位取得満期退学
現　在　明星大学経済学部特任教授、神奈川大学非常勤講師
公　職　東村山市情報公開運営審議会委員、東村山市公正入札等監視委員会委員
主要業績　『日本国憲法への招待』同友館、2009年
『日本国憲法への招待（改訂版）』同友館、2012年
「光害—『見えない』環境問題の法学的検討」（『中央学院大学法学論叢』22巻１号、2009年）、「環境権の新しい基盤への予備的考察—景観権とコモンズ論を手がかりにして—」（『中央学院大学法学論叢』22巻第２号、2009年）、「判例研究・鞆の浦景観事件」（『中央学院大学法学論叢』23巻第２号、2010年）、「個人情報保護、プライバシー権および権利主体の行方に関する一考察」（『中央学院大学法学論叢』24巻第１・２号、2011年）、坂本秀夫・臼井雅子「限界的零細小売業者の生存権に関する若干の考察」（『明星大学経済学研究紀要』第55巻第２号、2024年）など

2021 年 10 月 30 日　第 1 刷発行
2024 年 4 月 20 日　第 2 刷発行

日本国憲法を読む

ⓒ著　者　臼　井　雅　子
発行者　脇　坂　康　弘

〒113-0033　東京都文京区本郷 2-29-1
TEL. 03 (3813) 3966
FAX. 03 (3818) 2774
https://www.doyukan.co.jp/

発行所　株式会社 同友館

乱丁・落丁本はお取り替えいたします。
三美印刷・松村製本
ISBN 978-4-496-05558-4
Printed in Japan

日本国憲法

朕は、日本国民の総意に基いて、新日本建設の礎が、定まるに至つたことを、深くよろこび、枢密顧問の諮詢及び帝国憲法第七十三条による帝国議会の議決を経た帝国憲法の改正を裁可し、ここにこれを公布せしめる。

御名御璽
昭和二十一年十一月三日

内閣総理大臣兼
外務大臣　吉田茂
国務大臣　男爵　幣原喜重郎
司法大臣　木村篤太郎
内務大臣　大村清一
文部大臣　田中耕太郎
農林大臣　和田博雄
国務大臣　斎藤隆夫
逓信大臣　一松定吉
商工大臣　星島二郎
厚生大臣　河合良成
国務大臣　植原悦二郎
運輸大臣　平塚常次郎
大蔵大臣　石橋湛山
国務大臣　金森徳次郎
国務大臣　膳桂之助

日本国憲法

日本国民は、正当に選挙された国会における代表者を通じて行動し、われらとわれらの子孫のために、諸国民との協和による成果と、わが国全土にわたつて自由のもたらす恵沢を確保し、政府の行為によつて再び戦争の惨禍が起ることのないやうにすることを決意し、ここに主権が国民に存することを宣言し、この憲法を確定する。そもそも国政は、国民の厳粛な信託によるものであつて、その権威は国民に由来し、その権力は国民の代表者がこれを行使し、その福利は国民がこれを享受する。これは人類普遍の原理であり、この憲法は、かかる原理に基くものである。われらは、これに反する一切の憲法、法令及び詔勅を排除する。

日本国民は、恒久の平和を念願し、人間相互の関係を支配する崇高な理想を深く自覚するのであつて、平和を愛する諸国民の公正と信義に信頼して、われらの安全と生存を保持しようと決意した。われらは、平和を維持し、専制と隷従、圧迫と偏狭を地上から永遠に除去しようと努めてゐる国際社会において、名誉ある地位を占めたいと思ふ。われらは、全世界の国民が、ひとしく恐怖と欠乏から免かれ、平和のうちに生存する権利を有することを確認する。

われらは、いづれの国家も、自国のことのみに専念して他国を無視してはならないのであつて、政治道徳の法則は、普遍的なものであり、この法則に従ふことは、自国の主権を維持し、他国と対等関係に立たうとする各国の責務であると信ずる。

日本国民は、国家の名誉にかけ、全力をあげてこの崇高な理想と目的を達成することを誓ふ。

第1章　天皇

〔天皇の地位と主権在民〕
第1条　天皇は、日本国の象徴であり日本国民統合の象徴であつて、この地位は、主権の存する日本国民の総意に基く。

〔皇位の世襲〕
第2条　皇位は、世襲のものであつて、国会の議決した皇室典範の定めるところにより、これを継承する。

〔内閣の助言と承認及び責任〕
第3条　天皇の国事に関するすべての行為には、内閣の助言と承認を必要とし、内閣が、その責任を負ふ。

〔天皇の権能と権能行使の委任〕
第4条　天皇は、この憲法の定める国事に関する行為のみを行ひ、国政に関する権能を有しない。
2　天皇は、法律の定めるところにより、その国事に関する行為を委任することができる。

〔摂政〕
第5条　皇室典範の定めるところにより摂政を置くときは、摂政は、天皇の名でその国事に関する行為を行ふ。この場合には、前条第一項の規定を準用する。
〔天皇の任命行為〕
第6条　天皇は、国会の指名に基いて、内閣総理大臣を任命する。
2　天皇は、内閣の指名に基いて、最高裁判所の長たる裁判官を任命する。

〔天皇の国事行為〕
第7条　天皇は、内閣の助言と承認により、国民のために、左の国事に関する行為を行ふ。

一　憲法改正、法律、政令及び条約を公布すること。
二　国会を召集すること。
三　衆議院を解散すること。
四　国会議員の総選挙の施行を公示すること。
五　国務大臣及び法律の定めるその他の官吏の任免並びに全権委任状及び大使及び公使の信任状を認証すること。
六　大赦、特赦、減刑、刑の執行の免除及び復権を認証すること。
七　栄典を授与すること。
八　批准書及び法律の定めるその他の外交文書を認証すること。
九　外国の大使及び公使を接受すること。
十　儀式を行ふこと。

〔財産授受の制限〕
第8条　皇室に財産を譲り渡し、又は皇室が、財産を譲り受け、若しくは賜与することは、国会の議決に基かなければならない。

第2章　戦争の放棄

〔戦争の放棄と戦力及び交戦権の否認〕
第9条　日本国民は、正義と秩序を基調とする国際平和を誠実に希求し、国権の発動たる戦争と、武力による威嚇又は武力の行使は、国際紛争を解決する手段としては、永久にこれを放棄する。
2　前項の目的を達するため、陸海空軍その他の戦力は、これを保持しない。国の交戦権は、これを認めない。

第3章　国民の権利及び義務

〔国民たる要件〕
第10条　日本国民たる要件は、法律でこれを定める。

〔基本的人権〕
第11条　国民は、すべての基本的人権の享有を妨げられない。この憲法が国民に保障する基本的人権は、侵すことのできない永久の権利として、現在及び将来の国民に与へられる。

〔自由及び権利の保持義務と公共福祉性〕
第12条　この憲法が国民に保障する自由及び権利は、国民の不断の努力によつて、これを保持しなければならない。又、国民は、これを濫用してはならないのであつて、常に公共の福祉のためにこれを利用する責任を負ふ。

〔個人の尊重と公共の福祉〕
第13条　すべて国民は、個人として尊重される。生命、自由及び幸福追求に対する国民の権利については、公共の福祉に反しない限り、立法その他の国政の上で、最大の尊重を必要とする。

〔平等原則、貴族制度の否認及び栄典の限界〕
第14条　すべて国民は、法の下に平等であつて、人種、信条、性別、社会的身分又は門地により、政治的、経済的又は社会的関係において、差別されない。
2　華族その他の貴族の制度は、これを認めない。
3　栄誉、勲章その他の栄典の授与は、いかなる特権も伴はない。栄典の授与は、現にこれを有し、又は将来これを受ける者の一代に限り、その効力を有する。

〔公務員の選定罷免権、公務員の本質、普通選挙の保障及び投票秘密の保障〕
第15条　公務員を選定し、及びこれを罷免することは、国民固有の権利である。
2　すべて公務員は、全体の奉仕者であつて、一部の奉仕者ではない。
3　公務員の選挙については、成年者による普通選挙を保障する。
4　すべて選挙における投票の秘密は、これを侵してはならない。選挙人は、その選択に関し公的にも私的にも責任を問はれない。

〔請願権〕
第16条　何人も、損害の救済、公務員の罷免、法律、命令又は規則の制定、廃止又は改正その他の事項に関し、平穏に請願する権利を有し、何人も、かかる請願をしたためにいかなる差別待遇も受けない。

〔公務員の不法行為による損害の賠償〕
第17条　何人も、公務員の不法行為により、損害を受けたときは、法律の定めるところにより、国又は公共団体に、その賠償を求めることができる。

〔奴隷的拘束及び苦役の禁止〕
第18条　何人も、いかなる奴隷的拘束も受けない。又、犯罪に因る処罰の場合を除いては、その意に反する苦役に服させられない。

〔思想及び良心の自由〕
第19条　思想及び良心の自由は、これを侵してはならない。

〔信教の自由〕
第20条　信教の自由は、何人に対してもこれを保障する。いかなる宗教団体も、国から特権を受け、又は政治上の権力を行使してはならない。
2　何人も、宗教上の行為、祝典、儀式又は行事に参加することを強制されない。
3　国及びその機関は、宗教教育その他いかなる宗教的活動もしてはならない。

〔集会、結社及び表現の自由と通信秘密の保護〕
第21条　集会、結社及び言論、出版その他一切の表現の自由は、これを保障する。
2　検閲は、これをしてはならない。通信の秘密は、これを侵してはならない。

〔居住、移転、職業選択、外国移住及び国籍離脱の自由〕
第22条　何人も、公共の福祉に反しない限り、居住、移転及び職業選択の自由を有する。
2　何人も、外国に移住し、又は国籍を離脱する自由を侵されない。

〔学問の自由〕
第23条　学問の自由は、これを保障する。

〔家族関係における個人の尊厳と両性の平等〕
第24条　婚姻は、両性の合意のみに基いて成立し、夫婦が同等の権利を有することを基本として、相互の協力により、維持されなければならない。
2　配偶者の選択、財産権、相続、住居の選定、離婚並びに婚姻及び家族に関するその他の事項に関しては、法律は、個人の尊厳と両性の本質的平等に立脚して、制定されなければならない。

〔生存権及び国民生活の社会的進歩向上に努める国の義務〕
第25条　すべて国民は、健康で文化的な最低限度の生活を営む権利を有する。
2　国は、すべての生活部面について、社会福祉、社会保障及び公衆衛生の向上及び増進に努めなければならない。

〔教育を受ける権利と受けさせる義務〕
第26条　すべて国民は、法律の定めるところにより、その能力に応じて、ひとしく教育を受ける権利を有する。
2　すべて国民は、法律の定めるところにより、その保護する子女に普通教育を受けさせる義務を負ふ。義務教育は、これを無償とする。

〔勤労の権利と義務、勤労条件の基準及び児童酷使の禁止〕
第27条　すべて国民は、勤労の権利を有し、義務を負ふ。
2　賃金、就業時間、休息その他の勤労条件に関する基準は、法律でこれを定める。
3　児童は、これを酷使してはならない。

〔勤労者の団結権及び団体行動権〕
第28条　勤労者の団結する権利及び団体交渉その他の団体行動をする権利は、これを保障する。

〔財産権〕
第29条　財産権は、これを侵してはならない。
2　財産権の内容は、公共の福祉に適合するやうに、法律でこれを定める。
3　私有財産は、正当な補償の下に、これを公共のために用ひることができる。

〔納税の義務〕
第30条　国民は、法律の定めるところにより、納税の義務を負ふ。

〔生命及び自由の保障と科刑の制約〕
第31条　何人も、法律の定める手続によらなければ、その生命若しくは自由を奪はれ、又はその他の刑罰を科せられない。

〔裁判を受ける権利〕
第32条　何人も、裁判所において裁判を受ける権利を奪はれない。

〔逮捕の制約〕
第33条　何人も、現行犯として逮捕される場合を除いては、権限を有する司法官憲が発し、且つ理由となつてゐる犯罪を明示する令状によらなければ、逮捕されない。

〔抑留及び拘禁の制約〕
第34条　何人も、理由を直ちに告げられ、且つ、直ちに弁護人に依頼する権利を与へられなければ、抑留又は拘禁されない。又、何人も、正当な理由がなければ、拘禁されず、要求があれば、その理由は、直ちに本人及びその弁護人の出席する公開の法廷で示されなければならない。

〔侵入、捜索及び押収の制約〕
第35条　何人も、その住居、書類及び所持品について、侵入、捜索及び押収を受けることのない権利は、第三十三条の場合を除いては、正当な理由に基いて発せられ、且つ捜索する場所及び押収する物を明示する令状がなければ、侵されない。
2　捜索又は押収は、権限を有する司法官憲が発する各別の令状により、これを行ふ。

〔拷問及び残虐な刑罰の禁止〕
第36条　公務員による拷問及び残虐な刑罰は、絶対にこれを禁ずる。

〔刑事被告人の権利〕
第37条　すべて刑事事件においては、被告人は、公平な裁判所の迅速な公開裁判を受ける権利を有する。
2　刑事被告人は、すべての証人に対して審問する機会を充分に与へられ、又、公費で自己のために強制的手続により証人を求める権利を有する。
3　刑事被告人は、いかなる場合にも、資格を有する弁護人を依頼することができる。被告人が自らこれを依頼することができないときは、国でこれを附する。

〔自白強要の禁止と自白の証拠能力の限界〕
第38条　何人も、自己に不利益な供述を強要されない。
2　強制、拷問若しくは脅迫による自白又は不当に長く抑留若しくは拘禁された後の自白は、これを証拠とすることができない。
3　何人も、自己に不利益な唯一の証拠が本人の自白である場合には、有罪とされ、又は刑罰を科せられない。

〔遡及処罰、二重処罰等の禁止〕
第39条　何人も、実行の時に適法であつた行為又は既に無罪とされた行為については、刑事上の責任を問はれない。又、同一の犯罪について、重ねて刑事上の責任を問はれない。

〔刑事補償〕
第40条　何人も、抑留又は拘禁された後、無罪の裁判を受けたときは、法律の定めるところにより、国にその補償を求めることができる。

第4章　国会

〔国会の地位〕
第41条　国会は、国権の最高機関であつて、国の唯一の立法機関である。

〔二院制〕
第42条　国会は、衆議院及び参議院の両議院でこれを構成する。

〔両議院の組織〕
第43条　両議院は、全国民を代表する選挙された議員でこれを組織する。
2　両議院の議員の定数は、法律でこれを定める。

〔議員及び選挙人の資格〕
第44条　両議院の議員及びその選挙人の資格は、法律でこれを定める。但し、人種、信条、性別、社会的身分、門地、教育、財産又は収入によつて差別してはならない。

〔衆議院議員の任期〕
第45条　衆議院議員の任期は、四年とする。但し、衆議院解散の場合には、その期間満了前に終了する。

〔参議院議員の任期〕
第46条　参議院議員の任期は、六年とし、三年ごとに議員の半数を改選する。

〔議員の選挙〕
第47条　選挙区、投票の方法その他両議院の議員の選挙に関する事項は、法律でこれを定める。

〔両議院議員相互兼職の禁止〕
第48条　何人も、同時に両議院の議員たることはできない。

〔議員の歳費〕
第49条　両議院の議員は、法律の定めるところにより、国庫から相当額の歳費を受ける。

〔議員の不逮捕特権〕
第50条　両議院の議員は、法律の定める場合を除いては、国会の会期中逮捕されず、会期前に逮捕された議員は、その議院の要求があれば、会期中これを釈放しなければならない。

〔議員の発言表決の無答責〕
第51条　両議院の議員は、議院で行つた演説、討論又は表決について、院外で責任を問はれない。

〔常会〕
第52条　国会の常会は、毎年一回これを召集する。

〔臨時会〕
第53条　内閣は、国会の臨時会の召集を決定することができる。いづれかの議院の総議員の四分の一以上の要求があれば、内閣は、その召集を決定しなければならない。

〔総選挙、特別会及び緊急集会〕
第54条　衆議院が解散されたときは、解散の日から四十日以内に、衆議院議員の総選挙を行ひ、その選挙の日から三十日以内に、国会を召集しなければならない。
２　衆議院が解散されたときは、参議院は、同時に閉会となる。但し、内閣は、国に緊急の必要があるときは、参議院の緊急集会を求めることができる。
３　前項但書の緊急集会において採られた措置は、臨時のものであつて、次の国会開会の後十日以内に、衆議院の同意がない場合には、その効力を失ふ。

〔資格争訟〕
第55条　両議院は、各々その議員の資格に関する争訟を裁判する。但し、議員の議席を失はせるには、出席議員の三分の二以上の多数による議決を必要とする。

〔議事の定足数と過半数議決〕
第56条　両議院は、各々その総議員の三分の一以上の出席がなければ、議事を開き議決することができない。
２　両議院の議事は、この憲法に特別の定のある場合を除いては、出席議員の過半数でこれを決し、可否同数のときは、議長の決するところによる。

〔会議の公開と会議録〕
第57条　両議院の会議は、公開とする。但し、出席議員の三分の二以上の多数で議決したときは、秘密会を開くことができる。
２　両議院は、各々その会議の記録を保存し、秘密会の記録の中で特に秘密を要すると認められるもの以外は、これを公表し、且つ一般に頒布しなければならない。
３　出席議員の五分の一以上の要求があれば、各議員の表決は、これを会議録に記載しなければならない。

〔役員の選任及び議院の自律権〕
第58条　両議院は、各々その議長その他の役員を選任する。
２　両議院は、各々その会議その他の手続及び内部の規律に関する規則を定め、又、院内の秩序をみだした議員を懲罰することができる。但し、議員を除名するには、出席議員の三分の二以上の多数による議決を必要とする。

〔法律の成立〕
第59条　法律案は、この憲法に特別の定のある場合を除いては、両議院で可決したとき法律となる。
２　衆議院で可決し、参議院でこれと異なつた議決をした法律案は、衆議院で出席議員の三分の二以上の多数で再び可決したときは、法律となる。
３　前項の規定は、法律の定めるところにより、衆議院が、両議院の協議会を開くことを求めることを妨げない。
４　参議院が、衆議院の可決した法律案を受け取つた後、国会休会中の期間を除いて六十日以内に、議決しないときは、衆議院は、参議院がその法律案を否決したものとみなすことができる。

〔衆議院の予算先議権及び予算の議決〕
第60条　予算は、さきに衆議院に提出しなければならない。
２　予算について、参議院で衆議院と異なつた議決をした場合に、法律の定めるところにより、両議院の協議会を開いても意見が一致しないとき、又は参議院が、衆議院の可決した予算を受け取つた後、国会休会中の期間を除いて三十日以内に、議決しないときは、衆議院の議決を国会の議決とする。

〔条約締結の承認〕
第61条　条約の締結に必要な国会の承認については、前条第二項の規定を準用する。

〔議院の国政調査権〕
第62条　両議院は、各々国政に関する調査を行ひ、これに関して、証人の出頭及び証言並びに記録の提出を要求することができる。
〔国務大臣の出席〕
第63条　内閣総理大臣その他の国務大臣は、両議院の一に議席を有すると有しないとにかかはらず、何時でも議案について発言するため議院に出席することができる。又、答弁又は説明のため出席を求められたときは、出席しなければならない。

〔弾劾裁判所〕
第64条　国会は、罷免の訴追を受けた裁判官を裁判するため、両議院の議員で組織する弾劾裁判所を設ける。
２　弾劾に関する事項は、法律でこれを定める。

第５章　内閣

〔行政権の帰属〕
第65条　行政権は、内閣に属する。

〔内閣の組織と責任〕
第66条　内閣は、法律の定めるところにより、その首長たる内閣総理大臣及びその他の国務大臣でこれを組織する。
２　内閣総理大臣その他の国務大臣は、文民でなければならない。
３　内閣は、行政権の行使について、国会に対し連帯して責任を負ふ。

〔内閣総理大臣の指名〕
第67条　内閣総理大臣は、国会議員の中から国会の議決で、これを指名する。この指名は、他のすべての案件に先だつて、これを行ふ。
２　衆議院と参議院とが異なつた指名の議決をした場合に、法律の定めるところにより、両議院の協議会を開いても意見が一致しないとき、又は衆議院が指名の議決をした後、国会休会中の期間を除いて十日以内に、参議院が、指名の議決をしないときは、衆議院の議決を国会の議決とする。

〔国務大臣の任免〕
第68条　内閣総理大臣は、国務大臣を任命する。但し、その過半数は、国会議員の中から選ばれなければならない。
２　内閣総理大臣は、任意に国務大臣を罷免することができる。

〔不信任決議と解散又は総辞職〕
第69条　内閣は、衆議院で不信任の決議案を可決し、又は信任の決議案を否決したときは、十日以内に衆議院が解散されない限り、総辞職をしなければならない。

〔内閣総理大臣の欠缺又は総選挙施行による総辞職〕
第70条　内閣総理大臣が欠けたとき、又は衆議院議員総選挙の後に初めて国会の召集があつたときは、内閣は、総辞職をしなければならない。

〔総辞職後の職務続行〕
第71条　前二条の場合には、内閣は、あらたに内閣総理大臣が任命されるまで引き続きその職務を行ふ。

〔内閣総理大臣の職務権限〕
第72条　内閣総理大臣は、内閣を代表して議案を国会に提出し、一般国務及び外交関係について国会に報告し、並びに行政各部を指揮監督する。

〔内閣の職務権限〕
第73条　内閣は、他の一般行政事務の外、左の事務を行ふ。
一　法律を誠実に執行し、国務を総理すること。
二　外交関係を処理すること。
三　条約を締結すること。但し、事前に、時宜によつては事後に、国会の承認を経ることを必要とする。
四　法律の定める基準に従ひ、官吏に関する事務を掌理すること。
五　予算を作成して国会に提出すること。
六　この憲法及び法律の規定を実施するために、政令を制定すること。但し、政令には、特にその法律の委任がある場合を除いては、罰則を設けることができない。
七　大赦、特赦、減刑、刑の執行の免除及び復権を決定すること。

〔法律及び政令への署名と連署〕
第74条　法律及び政令には、すべて主任の国務大臣が署名し、内閣総理大臣が連署することを必要とする。

〔国務大臣訴追の制約〕
第75条　国務大臣は、その在任中、内閣総理大臣の同意がなければ、訴追されない。但し、これがため、訴追の権利は、害されない。

第６章　司法

〔司法権の機関と裁判官の職務上の独立〕
第76条　すべて司法権は、最高裁判所及び法律の定めるところにより設置する下級裁判所に属する。
２　特別裁判所は、これを設置することができない。行政機関は、終審として裁判を行ふことができない。
３　すべて裁判官は、その良心に従ひ独立してその職権を行ひ、この憲法及び法律にのみ拘束される。

〔最高裁判所の規則制定権〕
第77条　最高裁判所は、訴訟に関する手続、弁護士、裁判所の内部規律及び司法事務処理に関する事項について、規則を定める権限を有する。
２　検察官は、最高裁判所の定める規則に従はなければならない。
３　最高裁判所は、下級裁判所に関する規則を定める権限を、下級裁判所に委任することができる。

〔裁判官の身分の保障〕
第78条　裁判官は、裁判により、心身の故障のために職務を執ることができないと決定された場合を除いては、公の弾劾によらなければ罷免されない。裁判官の懲戒処分は、行政機関がこれを行ふことはできない。

〔最高裁判所の構成及び裁判官任命の国民審査〕
第79条　最高裁判所は、その長たる裁判官及び法律の定める員数のその他の裁判官でこれを構成し、その長たる裁判官以外の裁判官は、内閣でこれを任命する。
２　最高裁判所の裁判官の任命は、その任命後初めて行はれる衆議院議員総選挙の際国民の審査に付し、その後十年を経過した後初めて行はれる衆議院議員総選挙の際更に審査に付し、その後も同様とする。
３　前項の場合において、投票者の多数が裁判官の罷免を可とするときは、その裁判官は、罷免される。
４　審査に関する事項は、法律でこれを定める。
５　最高裁判所の裁判官は、法律の定める年齢に達した時に退官する。
６　最高裁判所の裁判官は、すべて定期に相当額の報酬を受ける。この報酬は、在任中、これを減額することができない。

〔下級裁判所の裁判官〕
第80条　下級裁判所の裁判官は、最高裁判所の指名した者の名簿によつて、内閣でこれを任命する。その裁判官は、任期を十年とし、再任されることができる。但し、法律の定める年齢に達した時には退官する。
２　下級裁判所の裁判官は、すべて定期に相当額の報酬を受ける。この報酬は、在任中、これを減額することができない。

〔最高裁判所の法令審査権〕
第81条　最高裁判所は、一切の法律、命令、規則又は処分が憲法に適合するかしないかを決定する権限を有する終審裁判所である。

〔対審及び判決の公開〕
第82条　裁判の対審及び判決は、公開法廷でこれを行ふ。
２　裁判所が、裁判官の全員一致で、公の秩序又は善良の風俗を害する虞があると決した場合には、対審は、公開しないでこれを行ふことができる。但し、政治犯罪、出版に関する犯罪又はこの憲法第三章で保障する国民の権利が問題となつてゐる事件の対審は、常にこれを公開しなければならない。

第7章　財政
〔財政処理の要件〕
第83条　国の財政を処理する権限は、国会の議決に基いて、これを行使しなければならない。

〔課税の要件〕
第84条　あらたに租税を課し、又は現行の租税を変更するには、法律又は法律の定める条件によることを必要とする。

〔国費支出及び債務負担の要件〕
第85条　国費を支出し、又は国が債務を負担するには、国会の議決に基くことを必要とする。

〔予算の作成〕
第86条　内閣は、毎会計年度の予算を作成し、国会に提出して、その審議を受け議決を経なければならない。

〔予備費〕
第87条　予見し難い予算の不足に充てるため、国会の議決に基いて予備費を設け、内閣の責任でこれを支出することができる。
２　すべて予備費の支出については、内閣は、事後に国会の承諾を得なければならない。

〔皇室財産及び皇室費用〕
第88条　すべて皇室財産は、国に属する。すべて皇室の費用は、予算に計上して国会の議決を経なければならない。

〔公の財産の用途制限〕
第89条　公金その他の公の財産は、宗教上の組織若しくは団体の使用、便益若しくは維持のため、又は公の支配に属しない慈善、教育若しくは博愛の事業に対し、これを支出し、又はその利用に供してはならない。

〔会計検査〕
第90条　国の収入支出の決算は、すべて毎年会計検査院がこれを検査し、内閣は、次の年度に、その検査報告とともに、これを国会に提出しなければならない。
２　会計検査院の組織及び権限は、法律でこれを定める。

〔財政状況の報告〕
第91条　内閣は、国会及び国民に対し、定期に、少くとも毎年一回、国の財政状況について報告しなければならない。

第8章　地方自治
〔地方自治の本旨の確保〕
第92条　地方公共団体の組織及び運営に関する事項は、地方自治の本旨に基いて、法律でこれを定める。

〔地方公共団体の機関〕
第93条　地方公共団体には、法律の定めるところにより、その議事機関として議会を設置する。
２　地方公共団体の長、その議会の議員及び法律の定めるその他の吏員は、その地方公共団体の住民が、直接これを選挙する。

〔地方公共団体の権能〕
第94条　地方公共団体は、その財産を管理し、事務を処理し、及び行政を執行する権能を有し、法律の範囲内で条例を制定することができる。

〔一の地方公共団体のみに適用される特別法〕
第95条　一の地方公共団体のみに適用される特別法は、法律の定めるところにより、その地方公共団体の住民の投票においてその過半数の同意を得なければ、国会は、これを制定することができない。

第9章　改正
〔憲法改正の発議、国民投票及び公布〕
第96条　この憲法の改正は、各議院の総議員の三分の二以上の賛成で、国会が、これを発議し、国民に提案してその承認を経なければならない。この承認には、特別の国民投票又は国会の定める選挙の際行はれる投票において、その過半数の賛成を必要とする。
２　憲法改正について前項の承認を経たときは、天皇は、国民の名で、この憲法と一体を成すものとして、直ちにこれを公布する。

第10章　最高法規
〔基本的人権の由来特質〕
第97条　この憲法が日本国民に保障する基本的人権は、人類の多年にわたる自由獲得の努力の成果であつて、これらの権利は、過去幾多の試錬に堪へ、現在及び将来の国民に対し、侵すことのできない永久の権利として信託されたものである。

〔憲法の最高性と条約及び国際法規の遵守〕
第98条　この憲法は、国の最高法規であつて、その条規に反する法律、命令、詔勅及び国務に関するその他の行為の全部又は一部は、その効力を有しない。
２　日本国が締結した条約及び確立された国際法規は、これを誠実に遵守することを必要とする。

〔憲法尊重擁護の義務〕
第99条　天皇又は摂政及び国務大臣、国会議員、裁判官その他の公務員は、この憲法を尊重し擁護する義務を負ふ。

第11章　補則
〔施行期日と施行前の準備行為〕
第100条　この憲法は、公布の日から起算して六箇月を経過した日〔昭二二・五・三〕から、これを施行する。
２　この憲法を施行するために必要な法律の制定、参議院議員の選挙及び国会召集の手続並びにこの憲法を施行するために必要な準備手続は、前項の期日よりも前に、これを行ふことができる。

〔参議院成立前の国会〕
第101条　この憲法施行の際、参議院がまだ成立してゐないときは、その成立するまでの間、衆議院は、国会としての権限を行ふ。

〔参議院議員の任期の経過的特例〕
第102条　この憲法による第一期の参議院議員のうち、その半数の者の任期は、これを三年とする。その議員は、法律の定めるところにより、これを定める。

〔公務員の地位に関する経過規定〕
第103条　この憲法施行の際現に在職する国務大臣、衆議院議員及び裁判官並びにその他の公務員で、その地位に相応する地位がこの憲法で認められてゐる者は、法律で特別の定をした場合を除いては、この憲法施行のため、当然にはその地位を失ふことはない。但し、この憲法によつて、後任者が選挙又は任命されたときは、当然その地位を失ふ。

大日本帝国憲法

告文

皇朕レ謹ミ畏ミ
皇祖
皇宗ノ神霊ニ誥ケ白サク皇朕レ天壌無窮ノ宏謨ニ循ヒ惟神ノ宝祚ヲ承継シ旧図ヲ保持シテ敢テ失墜スルコト無シ顧ミルニ世局ノ進運ニ膺リ人文ノ発達ニ随ヒ宜ク
皇祖
皇宗ノ遺訓ヲ明徴ニシ典憲ヲ成立シ条章ヲ昭示シ内ハ以テ子孫ノ率由スル所ト為シ外ハ以テ臣民翼賛ノ道ヲ広メ永遠ニ遵行セシメ益々国家ノ丕基ヲ鞏固ニシ八洲民生ノ慶福ヲ増進スヘシ茲ニ皇室典範及憲法ヲ制定ス惟フニ此レ皆
皇祖
皇宗ノ後裔ニ貽シタマヘル統治ノ洪範ヲ紹述スルニ外ナラス而シテ朕カ躬ニ逮テ時ト倶ニ挙行スルコトヲ得ルハ洵ニ
皇祖
皇宗及我カ
皇考ノ威霊ニ倚藉スルニ由ラサルハ無シ皇朕レ仰テ
皇祖
皇宗及
皇考ノ神祐ヲ祷リ併セテ朕カ現在及将来ニ臣民ニ率先シ此ノ憲章ヲ履行シテ愆ラサラムコトヲ誓フ庶幾クハ
神霊此レヲ鑒ミタマヘ

憲法発布勅語

朕国家ノ隆昌ト臣民ノ慶福トヲ以テ中心ノ欣栄トシ朕カ祖宗ニ承クルノ大権ニ依リ現在及将来ノ臣民ニ対シ此ノ不磨ノ大典ヲ宣布ス
惟フニ我カ祖我カ宗ハ我カ臣民祖先ノ協力輔翼ニ倚リ我カ帝国ヲ肇造シ以テ無窮ニ垂レタリ此レ我カ神聖ナル祖宗ノ威徳ト並ニ臣民ノ忠実勇武ニシテ国ヲ愛シ公ニ殉ヒ以テ此ノ光輝アル国史ノ成跡ヲ貽シタルナリ朕我カ臣民ハ即チ祖宗ノ忠良ナル臣民ノ子孫ナルヲ回想シ其ノ朕カ意ヲ奉体シ朕カ事ヲ奨順シ相与ニ和衷協同シ益々我カ帝国ノ光栄ヲ中外ニ宣揚シ祖宗ノ遺業ヲ永久ニ鞏固ナラシムルノ希望ヲ同クシ此ノ負担ヲ分ツニ堪フルコトヲ疑ハサルナリ

朕祖宗ノ遺烈ヲ承ケ万世一系ノ帝位ヲ践ミ朕カ親愛スル所ノ臣民ハ即チ朕カ祖宗ノ恵撫慈養シタマヒシ所ノ臣民ナルヲ念ヒ其ノ康福ヲ増進シ其ノ懿徳良能ヲ発達セシメムコトヲ願ヒ又其ノ翼賛ニ依リ与ニ倶ニ国家ノ進運ヲ扶持セムコトヲ望ミ乃チ明治十四年十月十二日ノ詔命ヲ履践シ茲ニ大憲ヲ制定シ朕カ率由スル所ヲ示シ朕カ後嗣及臣民及臣民ノ子孫タル者ヲシテ永遠ニ循行スル所ヲ知ラシム
国家統治ノ大権ハ朕カ之ヲ祖宗ニ承ケテ之ヲ子孫ニ伝フル所ナリ朕及朕カ子孫ハ将来此ノ憲法ノ条章ニ循ヒ之ヲ行フコトヲ愆ラサルヘシ
朕ハ我カ臣民ノ権利及財産ノ安全ヲ貴重シ及之ヲ保護シ此ノ憲法及法律ノ範囲内ニ於テ其ノ享有ヲ完全ナラシムヘキコトヲ宣言ス
帝国議会ハ明治二十三年ヲ以テ之ヲ召集シ議会開会ノ時ヲ以テ此ノ憲法ヲシテ有効ナラシムルノ期トスヘシ
将来若此ノ憲法ノ或ル条章ヲ改定スルノ必要ナル時宜ヲ見ルニ至ラハ朕及朕カ継統ノ子孫ハ発議ノ権ヲ執リ之ヲ議会ニ付シ議会ハ此ノ憲法ニ定メタル要件ニ依リ之ヲ議決スルノ外朕カ子孫及臣民ハ敢テ之カ紛更ヲ試ミルコトヲ得サルヘシ
朕カ在廷ノ大臣ハ朕カ為ニ此ノ憲法ヲ施行スルノ責ニ任スヘク朕カ現在及将来ノ臣民ハ此ノ憲法ニ対シ永遠ニ従順ノ義務ヲ負フヘシ

御名御璽

明治二十二年二月十一日

内閣総理大臣　伯爵　黒田清隆
枢密院議長　伯爵　伊藤博文
外務大臣　伯爵　大隈重信
海軍大臣　伯爵　西郷従道
農商務大臣　伯爵　井上　馨
司法大臣　伯爵　山田顕義
大蔵大臣兼内務大臣　伯爵　松方正義
陸軍大臣　伯爵　大山　巌
文部大臣　子爵　森　有礼
逓信大臣　子爵　榎本武揚

大日本帝国憲法

第1章　天皇

第1条　大日本帝国ハ万世一系ノ天皇之ヲ統治ス
第2条　皇位ハ皇室典範ノ定ムル所ニ依リ皇男子孫之ヲ継承ス
第3条　天皇ハ神聖ニシテ侵スヘカラス
第4条　天皇ハ国ノ元首ニシテ統治権ヲ総攬シ此ノ憲法ノ条規ニ依リ之ヲ

行フ

第5条　天皇ハ帝国議会ノ協賛ヲ以テ立法権ヲ行フ

第6条　天皇ハ法律ヲ裁可シ其ノ公布及執行ヲ命ス

第7条　天皇ハ帝国議会ヲ召集シ其ノ開会閉会停会及衆議院ノ解散ヲ命ス

第8条　天皇ハ公共ノ安全ヲ保持シ又ハ其ノ災厄ヲ避クル為緊急ノ必要ニ由リ帝
国議会閉会ノ場合ニ於テ法律ニ代ルヘキ勅令ヲ発ス

2　此ノ勅令ハ次ノ会期ニ於テ帝国議会ニ提出スヘシ若議会ニ於テ承諾セサルトキハ政府ハ将来ニ向テ其ノ効力ヲ失フコトヲ公布スヘシ

第9条　天皇ハ法律ヲ執行スル為ニ又ハ公共ノ安寧秩序ヲ保持シ及臣民ノ幸福ヲ
増進スル為ニ必要ナル命令ヲ発シ又ハ発セシム但シ命令ヲ以テ法律ヲ変更スルコトヲ得ス

第10条　天皇ハ行政各部ノ官制及文武官ノ俸給ヲ定メ及文武官ヲ任免ス但シ此ノ憲法又ハ他ノ法律ニ特例ヲ掲ケタルモノハ各々其ノ条項ニ依ル

第11条　天皇ハ陸海軍ヲ統帥ス

第12条　天皇ハ陸海軍ノ編制及常備兵額ヲ定ム

第13条　天皇ハ戦ヲ宣シ和ヲ講シ及諸般ノ条約ヲ締結ス

第14条　天皇ハ戒厳ヲ宣告ス

2　戒厳ノ要件及効力ハ法律ヲ以テ之ヲ定ム

第15条　天皇ハ爵位勲章及其ノ他ノ栄典ヲ授与ス

第16条　天皇ハ大赦特赦減刑及復権ヲ命ス

第17条　摂政ヲ置クハ皇室典範ノ定ムル所ニ依ル

2　摂政ハ天皇ノ名ニ於テ大権ヲ行フ

第2章　臣民権利義務

第18条　日本臣民タル要件ハ法律ノ定ムル所ニ依ル

第19条　日本臣民ハ法律命令ノ定ムル所ノ資格ニ応シ均ク文武官ニ任セラレ及其ノ他ノ公務ニ就クコトヲ得

第20条　日本臣民ハ法律ノ定ムル所ニ従ヒ兵役ノ義務ヲ有ス

第21条　日本臣民ハ法律ノ定ムル所ニ従ヒ納税ノ義務ヲ有ス

第22条　日本臣民ハ法律ノ範囲内ニ於テ居住及移転ノ自由ヲ有ス

第23条　日本臣民ハ法律ニ依ルニ非スシテ逮捕監禁審問処罰ヲ受クルコトナシ

第24条　日本臣民ハ法律ニ定メタル裁判官ノ裁判ヲ受クルノ権ヲ奪ハル、コトナシ

第25条　日本臣民ハ法律ニ定メタル場合ヲ除ク外其ノ許諾ナクシテ住所ニ侵入セラレ及捜索セラル、コトナシ

第26条　日本臣民ハ法律ニ定メタル場合ヲ除ク外信書ノ秘密ヲ侵サル、コトナシ

第27条　日本臣民ハ其ノ所有権ヲ侵サル、コトナシ

2　公益ノ為必要ナル処分ハ法律ノ定ムル所ニ依ル

第28条　日本臣民ハ安寧秩序ヲ妨ケス及臣民タルノ義務ニ背カサル限ニ於テ信教ノ自由ヲ有ス

第29条　日本臣民ハ法律ノ範囲内ニ於テ言論著作印行集会及結社ノ自由ヲ有ス

第30条　日本臣民ハ相当ノ敬礼ヲ守リ別ニ定ムル所ノ規程ニ従ヒ請願ヲ為スコトヲ得

第31条　本章ニ掲ケタル条規ハ戦時又ハ国家事変ノ場合ニ於テ天皇大権ノ施行ヲ妨クルコトナシ

第32条　本章ニ掲ケタル条規ハ陸海軍ノ法令又ハ紀律ニ牴触セサルモノニ限リ軍人ニ準行ス

第3章　帝国議会

第33条　帝国議会ハ貴族院衆議院ノ両院ヲ以テ成立ス

第34条　貴族院ハ貴族院令ノ定ムル所ニ依リ皇族華族及勅任セラレタル議員ヲ以テ組織ス

第35条　衆議院ハ選挙法ノ定ムル所ニ依リ公選セラレタル議員ヲ以テ組織ス

第36条　何人モ同時ニ両議院ノ議員タルコトヲ得ス

第37条　凡テ法律ハ帝国議会ノ協賛ヲ経ルヲ要ス

第38条　両議院ハ政府ノ提出スル法律案ヲ議決シ及各々法律案ヲ提出スルコトヲ得

第39条　両議院ノ一ニ於テ否決シタル法律案ハ同会期中ニ於テ再ヒ提出スルコトヲ得ス

第40条　両議院ハ法律又ハ其ノ他ノ事件ニ付キ各々其ノ意見ヲ政府ニ建議スルコトヲ得但シ其ノ採納ヲ得サルモノハ同会期中ニ於テ再ヒ建議スルコトヲ得ス

第41条　帝国議会ハ毎年之ヲ召集ス

第42条　帝国議会ハ三箇月ヲ以テ会期トス必要アル場合ニ於テハ勅命ヲ以テ之ヲ延長スルコトアルヘシ

第43条　臨時緊急ノ必要アル場合ニ於テ常会ノ外臨時会ヲ召集スヘシ

2　臨時会ノ会期ヲ定ムルハ勅命ニ依ル

第44条　帝国議会ノ開会閉会会期ノ延長及停会ハ両院同時ニ之ヲ行フヘシ

2　衆議院解散ヲ命セラレタルトキハ貴族院ハ同時ニ停会セラルヘシ

第45条　衆議院解散ヲ命セラレタルトキハ勅令ヲ以テ新ニ議員ヲ選挙セシ

メ解散ノ日ヨリ五箇月以内ニ之ヲ召集スヘシ

第46条　両議院ハ各々其ノ総議員三分ノ一以上出席スルニ非サレハ議事ヲ開キ議決ヲ為ス事ヲ得ス

第47条　両議院ノ議事ハ過半数ヲ以テ決ス可否同数ナルトキハ議長ノ決スル所ニ依ル

第48条　両議院ノ会議ハ公開ス但シ政府ノ要求又ハ其ノ院ノ決議ニ依リ秘密会ト為スコトヲ得

第49条　両議院ハ各々天皇ニ上奏スルコトヲ得

第50条　両議院ハ臣民ヨリ呈出スル請願書ヲ受クルコトヲ得

第51条　両議院ハ此ノ憲法及議院法ニ掲クルモノヽ外内部ノ整理ニ必要ナル諸規則ヲ定ムルコトヲ得

第52条　両議院ノ議員ハ議院ニ於テ発言シタル意見及表決ニ付院外ニ於テ責ヲ負フコトナシ但シ議員自ラ其ノ言論ヲ演説刊行筆記又ハ其ノ他ノ方法ヲ以テ公布シタルトキハ一般ノ法律ニ依リ処分セラルヘシ

第53条　両議院ノ議員ハ現行犯罪又ハ内乱外患ニ関ル罪ヲ除ク外会期中其ノ院ノ許諾ナクシテ逮捕セラルヽコトナシ

第54条　国務大臣及政府委員ハ何時タリトモ各議院ニ出席シ及発言スルコトヲ得

第4章　国務大臣及枢密顧問

第55条　国務各大臣ハ天皇ヲ輔弼シ其ノ責ニ任ス

２　凡テ法律勅令其ノ他国務ニ関ル詔勅ハ国務大臣ノ副署ヲ要ス

第56条　枢密顧問ハ枢密院官制ノ定ムル所ニ依リ天皇ノ諮詢ニ応ヘ重要ノ国務ヲ審議ス

第5章　司法

第57条　司法権ハ天皇ノ名ニ於テ法律ニ依リ裁判所之ヲ行フ

２　裁判所ノ構成ハ法律ヲ以テ之ヲ定ム

第58条　裁判官ハ法律ニ定メタル資格ヲ具フル者ヲ以テ之ニ任ス

２　裁判官ハ刑法ノ宣告又ハ懲戒ノ処分ニ由ルノ外其ノ職ヲ免セラルヽコトナシ

３　懲戒ノ条規ハ法律ヲ以テ之ヲ定ム

第59条　裁判ノ対審判決ハ之ヲ公開ス但シ安寧秩序又ハ風俗ヲ害スルノ虞アルトキハ法律ニ依リ又ハ裁判所ノ決議ヲ以テ対審ノ公開ヲ停ムルコトヲ得

第60条　特別裁判所ノ管轄ニ属スヘキモノハ別ニ法律ヲ以テ之ヲ定ム

第61条　行政官庁ノ違法処分ニ由リ権利ヲ傷害セラレタリトスルノ訴訟ニシテ別ニ法律ヲ以テ定メタル行政裁判所ノ裁判ニ属スヘキモノハ司法裁判所ニ於テ受理スルノ限ニ在ラス

第6章　会計

第62条　新ニ租税ヲ課シ及税率ヲ変更スルハ法律ヲ以テ之ヲ定ムヘシ

２　但シ報償ニ属スル行政上ノ手数料及其ノ他ノ収納金ハ前項ノ限ニ在ラス

３　国債ヲ起シ及予算ニ定メタルモノヲ除ク外国庫ノ負担トナルヘキ契約ヲ為スハ帝国議会ノ協賛ヲ経ヘシ

第63条　現行ノ租税ハ更ニ法律ヲ以テ之ヲ改メサル限ハ旧ニ依リ之ヲ徴収ス

第64条　国家ノ歳出歳入ハ毎年予算ヲ以テ帝国議会ノ協賛ヲ経ヘシ

２　予算ノ款項ニ超過シ又ハ予算ノ外ニ生シタル支出アルトキハ後日帝国議会ノ承諾ヲ求ムルヲ要ス

第65条　予算ハ前ニ衆議院ニ提出スヘシ

第66条　皇室経費ハ現在ノ定額ニ依リ毎年国庫ヨリ之ヲ支出シ将来増額ヲ要スル場合ヲ除ク外帝国議会ノ協賛ヲ要セス

第67条　憲法上ノ大権ニ基ツケル既定ノ歳出及法律ノ結果ニ由リ又ハ法律上政府ノ義務ニ属スル歳出ハ政府ノ同意ナクシテ帝国議会之ヲ廃除シ又ハ削減スルコトヲ得ス

第68条　特別ノ須要ニ因リ政府ハ予メ年限ヲ定メ継続費トシテ帝国議会ノ協賛ヲ求ムルコトヲ得

第69条　避クヘカラサル予算ノ不足ヲ補フ為ニ又ハ予算ノ外ニ生シタル必要ノ費用ニ充ツル為ニ予備費ヲ設クヘシ

第70条　公共ノ安全ヲ保持スル為緊急ノ需要アル場合ニ於テ内外ノ情形ニ因リ政府ハ帝国議会ヲ召集スルコト能ハサルトキハ勅令ニ依リ財政上必要ノ処分ヲ為スコトヲ得

２　前項ノ場合ニ於テハ次ノ会期ニ於テ帝国議会ニ提出シ其ノ承諾ヲ求ムルヲ要ス

第71条　帝国議会ニ於イテ予算ヲ議定セス又ハ予算成立ニ至ラサルトキハ政府ハ前年度ノ予算ヲ施行スヘシ

第72条　国家ノ歳出歳入ノ決算ハ会計検査院之ヲ検査確定シ政府ハ其ノ検査報告ト倶ニ之ヲ帝国議会ニ提出スヘシ

２　会計検査院ノ組織及職権ハ法律ヲ以テ之ヲ定ム

第7章　補則

第73条　将来此ノ憲法ノ条項ヲ改正スルノ必要アルトキハ勅命ヲ以テ議案ヲ帝国議会ノ議ニ付スヘシ

２　此ノ場合ニ於テ両議院ハ各々其ノ総員三分ノ二以上出席スルニ非サレ

ハ議事ヲ開クコトヲ得ス出席議員三分ノ二以上ノ多数ヲ得ルニ非サレハ改正ノ議決ヲ為スコトヲ得ス

第74条　皇室典範ノ改正ハ帝国議会ノ議ヲ経ルヲ要セス

２　皇室典範ヲ以テ此ノ憲法ノ条規ヲ変更スルコトヲ得ス

第75条　憲法及皇室典範ハ摂政ヲ置クノ間之ヲ変更スルコトヲ得ス

第76条　法律規則命令又ハ何等ノ名称ヲ用ヰタルニ拘ラス此ノ憲法ニ矛盾セサル現行ノ法令ハ総テ遵由ノ効力ヲ有ス

２　歳出上政府ノ義務ニ係ル現在ノ契約又ハ命令ハ総テ第六十七条ノ例ニ依ル